现代教育教学创新探索

罗元元 ◎ 著

吉林出版集团股份有限公司

版权所有　侵权必究

图书在版编目（CIP）数据

现代教育教学创新探索 / 罗元元著. — 长春：吉林出版集团股份有限公司，2024.2
ISBN 978-7-5731-4647-2

Ⅰ. ①现… Ⅱ. ①罗… Ⅲ. ①教育改革－研究－中国 Ⅳ. ①G521

中国国家版本馆CIP数据核字（2024）第050005号

现代教育教学创新探索
XIANDAI JIAOYU JIAOXUE CHUANGXIN TANSUO

著　　者	罗元元
出版策划	崔文辉
责任编辑	刘　洋
助理编辑	邓晓溪
封面设计	文　一
出　　版	吉林出版集团股份有限公司
	（长春市福祉大路5788号，邮政编码：130118）
发　　行	吉林出版集团译文图书经营有限公司
	(http://shop34896900.taobao.com)
电　　话	总编办：0431-81629909　营销部：0431-81629880/81629900
印　　刷	廊坊市广阳区九洲印刷厂
开　　本	710mm×1000mm　　1/16
字　　数	220千字
印　　张	13.5
版　　次	2024年2月第1版
印　　次	2024年2月第1次印刷
书　　号	ISBN 978-7-5731-4647-2
定　　价	78.00元

如发现印装质量问题，影响阅读，请与印刷厂联系调换。电话：0316-2803040

前　言

随着时代的进步与发展，社会各个领域都发生了重大的变化，人们对教育的重视程度也有所提高，随之提高的还有对于教学质量的要求，这意味着教育教学管理需要相应发生一些变化。不仅如此，在教育改革不断深入的背景下，人们对教育教学管理质量提出了更高的要求。教育教学管理工作一直是我国教育领域的核心工作内容之一，是我国学校素质培养战略实施的主要途径。教育教学管理能决定人才素质培养的最终目标和培养效果。因此，我国教育需要培养一批高素质、专业知识强，且创新能力突出的教育教学管理人才，只有这样，各级各类学校的素质培养战略才能更好地发挥出应有的教育效果。目前，我国教育界对教育教学管理与素质培养问题的研究还处于不断探索中。

基于此，笔者以"现代教育教学管理工作及其创新发展"为题，首先，从现代教育教学管理工作的原则与目标、现代教育教学环节与质量管理、现代教育教学管理的发展方向、现代教育教学管理的具体规律等不同角度切入，探讨现代教育教学管理工作；其次，对现代教育教学工作的创新理念、现代教育教学管理中教师队伍建设进行探讨；再次，进一步论述学校教育教学中的德育管理、美育管理；最后，围绕创新发展，对现代教育教学管理新媒体技术的运用、新媒体环境下教学环境的构建与管理、大数据时代教育教学管理的路径创新、大数据时代教育教学管理的双创实践进行论述。

全书内容丰富详尽，结构逻辑清晰，客观实用，以认识学校教育为基本的逻辑起点，遵循着教育的本质以及当代学校教育教学发展的具体内容，对学校教育发展的相关问题领域进行系统的、全方位的探究，旨在帮助相关读者进行参考。

在写作的过程中，笔者得到许多专家学者的帮助和指导，参考大量的相关学术文献，在此表示真诚的感谢。但是由于笔者水平有限，书中难免会有疏漏之处，希望同行学者和广大读者予以批评指正。

目　录

第一章　现代教育教学管理工作概论 ··· 001
第一节　现代教育教学管理工作的原则与目标 ························· 001
第二节　现代教育教学环节与质量管理 ································· 003
第三节　现代教育教学管理的发展方向 ································· 007
第四节　现代教育教学管理的具体规律 ································· 009

第二章　现代教育教学管理工作创新理念 ······································ 012
第一节　把握现代教育教学管理工作的职能定位 ····················· 012
第二节　构建现代教育教学管理工作的权力结构 ····················· 015
第三节　健全现代教育教学管理工作的机构设置 ····················· 017
第四节　保障现代教育教学管理工作的运行机制 ····················· 019

第三章　现代教育教学管理及教师队伍建设 ································ 024
第一节　现代教育教学管理的组织系统与队伍结构 ·················· 024
第二节　现代教育教学管理的特征分析与内容体系 ·················· 028
第三节　现代教育教学管理中教师教学能力培养 ····················· 030
第四节　现代教育教学管理中教师创新能力培养 ····················· 049

第四章　现代教育管理工作中的德育管理 ···································· 061
第一节　德育与现代德育内容解读 ······································· 061
第二节　德育课程与教学模式分析 ······································· 069
第三节　教师德育素养的培养策略 ······································· 074
第四节　多维视角下的现代教育德育管理创新 ······················· 092

第五章 现代教育管理工作中的美育管理与创新 104

第一节 现代美育理论与课程构建分析 104

第二节 校园文化建设中的美育管理分析 129

第三节 现代教育班级管理中的美育渗透 137

第四节 现代教育美育管理及其考核研究 139

第六章 现代教育教学管理信息化创新发展 142

第一节 现代教育教学管理新媒体技术的运用 142

第二节 新媒体环境下教学环境的构建与管理 144

第三节 大数据时代教育教学管理的路径创新 149

第四节 大数据时代教育教学管理的双创实践 153

第七章 高校教育教学的实践创新 157

第一节 高校教育教学创新之VR课堂 157

第二节 高校教育教学创新之慕课 164

第三节 高校教育教学创新之微课 185

参考文献 208

第一章　现代教育教学管理工作概论

第一节　现代教育教学管理工作的原则与目标

一、教育教学管理的原则

（一）管理情境的多变性原则

管理情境的多变性是由课程实施情境的多样性决定的。课程实施既要考虑学校的具体情况，如学校所在的地域或社区的经济文化发展状况、当地教育管理水平以及学校自身办学传统、师资力量等，又要考虑具体课程实施的条件，如教学设施、师资学历、知识及年龄结构以及学生人数及年级分布等。课程管理在不同时期遇到的问题，会因为主要矛盾的不同而表现出差异，这种差异正是由众多因素的不同组合造成的。在课程管理中应弄清楚自己的状况，准确抓住课程实施面临的主要矛盾和问题，制订适合特定情况的计划。

随着课程实施的推进，在学校内部系统与外部系统交互作用下，先前的问题和矛盾会转化为其他矛盾和问题，使课程实施的情境发生变化，这又要求课程管理及时调整重点、修订计划，甚至重新确定目标。课程实施中，不同科目、不同类型的课程会有不同的要求，这也使课程管理情境具有多变性。不同科目、不同课程类型对教学设施、教学环境要求不同，具体实施步骤、策略以及形式更是各不相同。

（二）管理主体的多元性原则

教育教学管理主体的多元性要求在课程管理中要明确各级职能组织的权责，让每一级机构都能在课程管理中发挥自身的作用。这与自上而下分层管理的分工在本质上存在明显区别，各级职能机构并不是不对等的权责利害关系，需要对上级部门负责，而是充分放权过程中让每一级组织机构学会选择自己的行为方式和重点并自负其责。

（三）管理过程的复杂性原则

教育教学管理伴随课程实施过程的始终。首先，课程实施不是独立于教师与学生之外的过程，既同管理者的教育和管理观念有关，也同教师的专业素养与学生的知识结构、态度情感密切相关，它完全依靠教师的专业活动进行。这要求管理者应认清并理解教师和学生个人价值观的影响。其次，课程管理充满不确定因素，很难做到准确预测。科学主义管理理论企图简化管理过程，通过总结出普遍的管理定律指导人们的实践活动。

二、教育教学管理的目标

第一，重视提高教学质量。传统应试教育环境下的教学管理目标，过度注重量化教师的日常教学活动，却忽视教师的教学质量。教师是教学管理的参与者、执行者，教师素质的高低直接决定着教学管理的成败。在素质教育背景下学校管理者应当加强对教师教学过程的观察和引导，而不是仅仅让教师完成一定数量的任务。学校管理者在组织教师进行教学时，要规定教师必须认真进行备课，注重提高教学水平和改正自己的教学失误，鼓励教师相互之间进行教学心得的交流。学校管理者还可以根据学生对教师的教学满意度来对教师进行评定，而不是单一地参考所带班级的考试成绩。当然，量化教师教学活动也是一种可行的办法，但不能过度依赖量化管理，因为素质教育主要是看学生是否得到全面发展。

第二，注重教师的职业道德教育。在素质教育背景下，教学管理者需要加强教师的职业道德建设，让教师给学生做好榜样。在学校教师队伍中，要培养先进带头人，起到一个示范作用。只有通过各种职业道德教育活动，切实提高教师的敬业精神和道德水平，才能更好地促进学生道德素质的提升。

第三，充分发展学生和教师的个性。"学校教育教学管理不仅要考虑整体教育教学目标实现，而且需要兼顾学生的个体差异，关注学生的心理问题和思想意识，实现学生健全人格塑造养成"[1]。在教学管理过程中，如果片面要求教师必须服从上级领导的安排，学生群体必须听从学校领导和教师的命令，则不利于学生和教师的个性发展，也不利于素质教育的开展。素质教育强调学生之间的个体差

---

[1] 王伟梅.学校教育教学管理与思政教育协同育人探论[J].中学政治教学参考，2023（12）：110.

异性，注重根据学生的个性特点进行因材施教，为每一名学生的发展和提高提供可能。因此，教师应该树立学生的课堂主体地位，让学生主导课堂进程，并且教师在日常教学活动中要注重调整学生情绪和学习态度。同时，学校管理者应该给予教师更多的自由，让教师多参与到学校管理活动中来。学校管理者要注意学生之间的差别，从而要求教师加强对不同学生群体的教育。

第二节　现代教育教学环节与质量管理

一、教育教学的环节管理

（一）作业布置环节

作业的形式与要求，要以最大限度地调动学生学习的积极性为目的。以下是布置家庭作业的有效方法：

第一，促使家长参与家庭作业的所有过程。首先，应让家长了解家庭作业的重要性，并具体说明教师的期望和目标；其次，教师需要给家长介绍完成作业的整个过程，并要求家长签字；最后，教师可以建议家长定期对自己孩子的作业情况提出评价。与家长进行良好的交流，是获得家长支持、顺利达到布置作业目的的关键因素。

第二，布置作业前，教师需要了解学生对所学东西的掌握程度。没有掌握课堂内容的学生是无法独立完成作业的。教师可以在课程结束后，进行一个包含四道题的小测验，可以正确回答3～4个问题的同学肯定能完成作业，其他学生必须在教师进一步指导和训练下完成。

第三，布置的作业不要超过学生的理解范围。学生无法理解题意，或是理解时太费劲，都会分散学生做好作业的精力。

第四，教师需要保证学生能够找到完成作业所需的资料。在布置作业时，要考虑到学生做作业所需的字典、百科全书等相关的工具书，并确保能到图书馆广泛查阅。学生放学时教师务必提醒其检查所带资料是否齐全或适当。

第五，教师可以为学生提供完成某一特定作业类型的大体结构和思维过程。例如，在社会学学习中，要向学生提供适当的知识背景、关键字、词以及要达到的目标等。

第六，写专题报告或课外自修题时，教师需要教给学生正确的技能、技巧和程序。例如，要求学生写一篇关于《我们的学校》的说明文，需要教给学生如何观察、收集资料、确定中心思想。只有当学生具备完成作业的背景知识后，才能比较顺利地完成作业，否则作业无法发挥应有的效果。

第七，教师可以把某一知识点的作业分解开来，在学习前和学习后分别进行。例如，星期三学习的知识，要在星期二布置一点，作为铺垫，星期四作为巩固知识的环节，再做其余的。同时，教师可以要求学生适当做一些知识卡片，为每一个单元的新知识学习做准备。

第八，家庭作业多具有实践性、思维性。例如，教学生写信，不光要读范例，还要试着让他们具体写信，看其能否真正在信中表达自己的思想，并注意检查写信的格式等。

第九，时刻检查作业。检查作业能督促学生重视作业，同时教师给出评语，提供反馈，让学生的努力得到公正的评价。

第十，改正作业。成功来源于不断地改正错误，让学生改正作业中的错误，在改正错误中学习对学生具有积极的作用。

（二）教师备课环节

在设计教案前，应先完成以下备课内容，然后再进行设计教案：①学期备课，是指开学前要求教师把课本通读一遍。明确教学任务，了解教材的知识体系，厘清知识安排的顺序，掌握教材章节之间的联系和各个章节的重点以及教材骨架。②章节（单元）备课，是指在通读教材的基础上，着重进行教材分析。教师要明确本章节及每节课的教学目的和基本要求；要求对每课时的教材，深入细致甚至是逐字逐句地研究；掌握本章节的深度和广度，判断出学生接受的难易程度；挖掘本章节教材中，有利于培养和发展学生学习能力的内容；还要研究本章节重点、难点和关键，并深入了解教材的重点与关键，对前后教材所起到的承前启后的作用。

设计教学方案是备课过程中的最后一个程序。教师备课的效果，集中反映在教学方案里。教学方案一般包括以下项目：课题、教学目的或任务、教材分析、教学重点和难点、教学方法、教学用具、教学步骤、巩固教材（或测试效果）和布置作业。

（1）教师备课需要先明确教学目的。教师备课的目的包括：德育目的、智育目的和能力发展目的。德育目的是每一节课必不可少的。把德育放在首位，是教育工作的普遍规律。课堂教学把德育放在首位，才能真正遵循学校工作以"教学为中心"的客观规律。寓德育于教学之中是德育的主要途径。加强课堂教学管理，必须使各科教师明确，对学生进行思想政治教育和道德品质教育是义不容辞的职责。教书是手段，育人是目的，教书育人是教师的职责。各科教学本身都有丰富的德育因素，不论社会科学，还是自然科学都是如此。结合教学对学生进行德育，是学生乐于接受的一种教育形式，特别是有威信的教师，这种作用更为突出。教师备课时，除了挖掘教材的科学性、知识性外，还要注意挖掘教材的思想性，这就要求教师在不断提高自己的思想认识的同时，必须具有渊博的知识作为基础，同时懂得教育科学，才能提高教学艺术，获得良好德育效果。

（2）教师备课需要建立"一课一得"的观念。一节课主要解决的问题，解决方式，所运用的方法或手段，都需要教师确立清晰的思路。在确定教学目的，即智育目的时，必须以国家统一颁发的课程计划、教学大纲和教科书为依据，要加强"双基教学"，即加强基础知识和基本技能的训练。一般而言，基础知识是指学习中那些具有迁移性、适应性、概括性及对了解和掌握一个学科最必需的那些知识。教师应在备课时，将每一节课的基础知识、基本技能界定准确，最好确定出质量标准和数量标准。

（三）教案设计环节

教学最本质的规律就是教会学生学习，如果想教会学生学习，要侧重发展学生的能力。"能力是心理学中的一个概念，指一个人完成某种活动所具有的本领"。一般能力包括：观察力、记忆力、想象力、注意力、创造力、意志力、思维能力。一节课不可能同时发展所有的能力，教师需要结合教材的内容确定课程的方向和内容。

第一，教案设计的要求。必须纠正照抄教学参考书的做法，需要根据教材内容中的概念，着眼于指导学生学习活动的选择，要求学生把已具有的知识、技能与新学习的概念、技能衔接起来。教案应体现教师在教学上的特色与风格，体现教师知识的储备，严谨的治学态度和较强的教学能力。

第二，教案设计的分类。教案设计分为详细和简略两种，教师可以根据教学经验决定。对新任课的教师，要求熟练地掌握教材内容，写出详细的教案。但在授课过程中不能出现边看边讲的现象，教师应该在课堂教学中主动地组织教学活动，自如地表露自己的思想感情，创设课堂教学情境。教学经验丰富的教师，需要不断进行变化和创新。经验丰富的教师需要达到新的要求，对教材和课程进行深度研究，同时积累其他知识，不断扩大自己的知识面，从而丰富教学内容。

第三，教案设计中教材的运用。从讲授角度而言，通常教材可以分成三个部分：①必须讲授的内容，即基本点、难点和关键，包括本课程的基本知识，必须费力阐释的内容以及值得学生思考的问题等；②可以不讲授的内容，大都属于叙述性内容，学生自己可以看懂，但讲起来较烦琐的内容；③灵活讲授的内容，教师可以视讲授对象决定。教师需要侧重于必须讲授的部分，着意于求精不求全。在备课时要注意发挥画龙点睛和举一反三的作用。能否引导学生向学科的深处思考，是衡量教学水平的一个重要指标。这个"深处"应指本学科中新崛起的理论研究方法和正在发展着的东西，它是学科的生长点，但教材通常不能完全涵盖这些内容。因此，教师需要不断阅读新资料，掌握本学科发展的脉搏，然后及时反馈到课堂教学中。

第四，教案的书写方法。可以用文字叙述，也可用图表，或图表、文字并用。教师可以根据课的类型，选择合适的写法。

二、教育教学的质量管理

教学质量管理是一个十分复杂、较为困难的问题，因为教学过程是一个多参数的复杂系统，涉及许多因素，教学质量是诸多因素共同影响的综合指标；教学是培养人的活动，对人才质量的管理远比对物质产品质量的管理复杂得多；教学过程的周期比较长，其效果不能完全依据眼前或近期的某些指标来衡量。尽管如此，由于教学活动是有规律的，因此，教学质量管理还是有客观依据。

教师勤教、学生勤学是提高教学质量的重要条件。在基础教育由应试教育向素质教育转变的新形势下，仅仅满足于埋头苦干是不够的，提高教学质量先要转变教学思想，向教学科研要质量，使教师真正把教书育人当作一种有意义的事业来追求。因此，教学质量管理首先要转变教学思想，同时还要革新课程内容、优化教学过程、加强教学检查和教学质量评价。

在教学思想的转变过程中，按照现代教学论的要求，把传授结构化的、理论性强的基础知识和发展学生智力、培养学生各种能力结合起来。在革新课程内容方面，既要增设反映科技成果的科目，又要加强基础学科教学，还要增设职责认知课和生活指导课。在优化教学过程方面，把教师的主导作用和学生的主体地位结合起来，把统一要求和因材施教结合起来，充分利用现代化教学手段，严格考试制度和毕业要求。

教学质量管理主要通过教学检查和教学评价进行。教学检查是我国传统的教学质量检测手段。完善教学评价体系有利于及时发现国家教育体系中的成绩和问题，从而为教育决策提供依据，也能帮助社会公众了解教学改革。近年来，我国的教学评价有较大的发展，已基本完成由主观臆断的视导、检查到编制指标、搜集信息、科学评价的转变。各种各样的评价方案应运而生，教学评价的科学水平日渐提高。

教学检查不等同于教学评价，尽管二者在检测、考核教学情况，改进教学活动中，确有相同的一面，但也存在区别：教学检查是教学评价的必要手段和前提，教学检查可以为教学评价提供必要的教学资料信息；教学评价是教学检查的进一步深化，教学评价重在做出价值上的判断，能促进教学检查的深度和广度的提高。二者既互相独立，又互相依托，共同统一于具体的教学质量管理之中。

第三节 现代教育教学管理的发展方向

一、教育教学管理思想的提升

"职业教学管理是高校自身发展的重要方面，也是提升高校教研水平的重要保证。强化职业教学管理能够为学生带来个性化的体验，帮助学生克服学习中的困难"[1]。高职院校应坚持以人为本的教育观念，提升管理思想的先进性，综合开展人性化管理，使学校管理人员具备较强的创造能力，适时结合社会经济发展的实际情况转变管理思想，依据新课改的具体要求，调整教学管理结构，以满足学生与教师对教育工作的需求，侧重实施学生与教师的双主体思想教育工作，还要进行适当的精神激励，便于师生在教学活动中展现出优异的创造能力，从而为教育教学管理的深层次发展提供创造性思路。

教师作为教学管理的指导人员，应格外关注学生的性格发展趋势、学习需求等内容，精准掌握学生的内在潜能、学科学习优势等，增强教育与教学双重管理工作的执行效果。教育与教学双重管理工作，以教师教学、学校管理为两个重要执行方向，教师作为教学管理的关键指导人员，应将学生作为教学的主体元素，实施翻转课堂，建立全新的师生关系，在师生间形成优质的沟通机制，便于学生

---

[1] 马子涵. 强化职业教学管理的思考 [J]. 山西青年，2022（19）：169-171.

高效完成学习任务。学校作为教育管理的主体，应加强对学生能力的培养效果，如在体育课程中培养学生的坚毅性格，在思想政治课程中塑造学生的法律意识，在日常实践活动中建设学生的生态观念，在音乐课程中培养学生的艺术审美观念等。

学校的管理人员，应积极参与到各学科课程的设计与管理工作中，积极彰显各学科教学的内在价值，充分发挥教育管理的积极作用。①学校管理人员应建设线上交流平台，积极收集学生的日常生活元素，关注学生的兴趣与爱好，便于提升教学工作的可行性，降低教学难度，提升教学管理的有效性，以彰显教育管理在教学工作中的助力作用；②学校管理人员应定期查看各科教师的授课教案，对教学设计中存在的问题予以纠正，增强教师开展实践课程的意识，以此全面提升学生的实践能力；③教学管理人员应精细化完成教学设计工作，融合实践、自主创新等课程元素，提升教学工作的灵活性，激发学生参与课程的热情，调动其学习内驱力，有效挖掘学生的创新能力。

二、教育教学管理方式的加强

教学方式的科学性的实现，需要加强对教学管理人员的培养。学校教育管理人员应定期开展教师教学能力考试，以此测试教师的教学能力，便于学校领导掌握教师的任教能力。与此同时，还应落实教师技能培训工作，以此提升教师的教学能力。因此，以增强教学方式的科学性为出发点，以下是教育管理人员应采取的有效措施：①建设教师团队，加强教师对培养学生综合素质的意识，加强对教师能力的培养，以此转变教师施教侧重点，保障教学工作的科学性。②开展班主任培训工作。从学生心理学案例分析、学生综合素质有效培养等方面，增加对班主任的训练强度，使其具备发现学生心理问题、培养学生综合素质的教育能力。③定期评选优秀班主任。班主任作为班级教育与教学的主体，通过评选活动，能加强班主任对自身工作职责的认知，促使其积极工作。

第四节　现代教育教学管理的具体规律

一、封闭性与开放性相统一的规律

教育教学管理的封闭性，是指在教育教学管理过程中，根据教育教学管理的特殊矛盾而在教育教学系统内部自我运转和良性循环的性能；教育教学管理的开放性，是指在教育教学管理过程中，根据教育教学管理的特殊矛盾而在教育教学系统与外界环境相互关系、互相作用中实现物质、能量、信息交换的性能。教育教学系统的"存在"与"发展"，"必然"和"偶然"的矛盾统一是教育教学管理封闭性与开放性矛盾统一规律的两种典型的表现形态。

（一）教育教学管理的封闭性

在教育教学系统内部，无论教育教学管理工作的内容如何，首要的前提就是在相对独立、完整的教育系统内部，按照教育教学系统的特定目标而进行优化组合，即在教育教学系统的"投入—加工—产出"的过程中构成一个相对封闭的系统。没有封闭性，教育教学系统就没有相对稳定的环境，任何对教育教学系统的分析及教育教学管理活动过程都无法存在。这种封闭性是一种客观存在，是进行教育教学管理的必然要求。完全封闭的教育教学系统是不存在的，因为完全封闭就意味着与环境不进行任何物质、能量、信息的交换，这样的教育教学系统无法长期存在，所以，教育教学系统和教育教学管理的封闭性具有相对性。

（二）教育教学管理的开放性

教育教学系统，一方面，会受到外界环境的制约和影响；另一方面，其会对环境施加影响，两者之间存在着物质、能量、信息的交换，这决定教育教学管理的开放性，这是实现教育教学系统整体特性、功能和目标的需要，是实现教育教学管理高效益的需要，也是教育教学系统存在和发展的物质基础和基本条件。

（三）封闭性和开放性的关系

教育教学管理的封闭性和开放性之间是对立统一的关系。一方面，教育教学管理的封闭性和开放性具有相对性。教育教学管理封闭性的重点是强调教育教学管理系统目前的"存在"，将人力、物力、财力放在目前"存在"上，因此会影响发展，从而失去取得更大效益的机会。教育教学管理的开放性则强调教育教学管理系统的发展上，过分注意教育教学管理系统效益的最优化，忽视系统"存在"，因此会导致教育教学管理系统的"存在"基础动摇；另一方面，教育教学管理的封闭性和开放性具有统一性。教育教学管理的封闭是相对的封闭，是具有开放性的封闭，并在开放的封闭中实现自身的优化和发展。教育教学管理的开放是在一定存在基础上的开放，这种开放只有依存于相对独立的、完整的教育教学管理系统，才能和社会环境进行物质、能量和信息的交流，从而建立起更能适应社会发展需要的教育教学管理系统。

二、自然属性与社会属性相统一的规律

教育管理的自然属性，是指教育教学管理活动在本质上具有不因社会条件和时代背景而变化的稳定性；教育教学管理的社会属性，是指教育管理活动随社会形态的变化和历史发展过程中所形成的特殊个性而呈现不同特征的性质。

（一）教育教学管理的自然属性

第一，教育教学管理的普遍性。教育教学管理是普遍存在的，不受国家、历史时期等因素的影响，只要存在教育教学活动，就存在对培养专门人才的活动进行管理的必要。

第二，教育教学管理的共同性。教育教学管理在各个历史发展时期都具有明显的共同地方，这些共同点不因国家的政治、经济、文化等差异而有所变更，也不因历史时期的变化而消失。因此，教育教学管理中的优秀部分就被继承和发扬。

第三，教育教学管理的技术性。教育教学管理使用的技术和方法一般不受社会制度不同的影响，可以相互借鉴、学习，使用先进的管理技术和手段，如计算机用于教育教学管理等。

（二）教育教学管理的社会属性

第一，教育教学管理具有历史继承性。在人类创造历史的过程中，由于社会及自然环境不同，形成的各种地域文化在教育教学管理活动中产生深刻的影响。从而在教育教学管理思想和管理的规则中表现为不能超越一定的社会文化形态以及人们的社会心理状态，具有"同源文化"的国家和地区，在教育教学管理思想和管理哲学上具有很大的相似性，而"非同源文化"中所产生的教育教学管理思想和管理哲学就存在明显的差异。

第二，教育教学管理具有政治性。教育教学管理与权力存在一定的联系，教育教学的体制、部分制度以及政策在一定程度上为政治服务。教育教学管理必须在一定的社会历史条件下和一定的社会关系中进行。

（三）自然属性和社会属性的关系

自然属性和社会属性是教育教学管理活动本身所具有的两种属性，两者处于矛盾统一体的关系。没有自然属性就没有社会属性，同时，社会属性又制约着自然属性。这两种属性统一于计划、组织、指挥、协调、控制等管理职能上，根本上统一于教育教学管理的效益。

第二章 现代教育教学管理工作创新理念

第一节 把握现代教育教学管理工作的职能定位

一、教育教学管理工作的人才培养职能

教育承担着人才培养、科学研究、个性发展等职能任务。推动教育教学内涵式发展,需要处理好人才培养与科学研究的关系。人才培养是教育教学的根本使命,在职能中居于核心地位,包括科学研究在内的一切工作都要服从和服务于学生的成长成才。人才培养的是人才素质,包括人格、知识、能力和体质,即"德、智、体、美"。培养人才是教育教学的本质特征,突出创新能力培养,进行科学素养和人文素养的融合,造就全面发展的人才。

第一,建立以学生为服务之本的教育教学质量评价体系,把教育教学的重心放在学生身上,从关注学生成长和体验出发,通过学生自主学习知识和全方位考察评价授课质量等,明确教育教学评估考核的重要内容。培养学生具有开拓精神、竞争能力,具备复合型知识,满足市场经济发展需要。

第二,教师有必要参与社会实践,加深自身与社会需要的亲身体验,打破教育教学内部自我封闭的认识局限。教师的社会需求体验和实践,一方面,可以提高解决实际问题的能力,丰富教学素材,将社会急需技能传授于学生;另一方面,可以使学生对社会需求的认知更切合实际,树立以学生为本的教学观念,注重学生创新能力培养、基本学习能力培养。

第三,教育教学需要研究社会需要的各级各类各层次人才的素质结构和能力需要,为人才的社会输出提供品德培养、技能服务、智力保障、素质完善,从而实现知识价值的社会转化效能。

二、教育教学管理工作的科学研究职能

教育的职能在社会发展需要的基础上形成，是社会所赋予的任务和职责，是教育教学与社会关系的集中体现。教育教学的科技发展和科技输出职能定位，是基于教育，实现科技创新的重要途径。

科研输出的最大化取决于科研管理人员的自身素质建设，涵盖知识素质、管理素质、伦理素质和服务素质等，这都需要以完善的科研培养培训机制为保障，赋予科研管理成果转化享有权，激励科研输出的主动性。科研管理职能在通过社会输出实现科技转化的过程中需要努力实现四个能动，即能动策划、能动组织、能动跟踪和能动管理。强化科研课题设计和项目申报策划，强化科技成果转化和报奖的策划意识，强化科研部门跨学科的创新团队组建，强化社会合作企业的技术成果转化平台推广，强化科技推广的跟踪机制，强化基础研究与应用研究的有效融合。

教学过程中需要牢固树立人才培养必须以高水平科学研究为支撑的观念，鼓励教师重点开展有利于提高教学质量、推动理论创新、服务经济社会发展的科学研究，并将研究成果及时转化为教学内容。还要正确处理好科研与教育教学的关系，树立科研为教育教学服务，科研和教育教学为社会服务的意识。

三、教育教学管理工作的个性发展职能

（一）本质层面的个性发展职能

教育教学管理是知识和科技的创造性行为，尤其是在我国教育教学管理创新的社会环境形势下，教育教学管理需要开拓进取的创新精神。只有创新精神才能培育出个性发展的个体和团体。

（二）个体层面的个性发展职能

学生需要保持个人的思想独立、学术自由、民主平等。个性既是个体的整体精神面貌也是个体独有的心理特征，个性发展是个体独特性、创新性和主体性的实现过程。

第一，个体培养理想、健全人格。在个体的短期目标、中长期目标和远大理想树立和实现过程中，将个人价值、社会价值融于一体，通过文化载体和学术载体输入和输出，经过个体的努力奋斗，致力于服务国家和社会的目的。培养集体

荣誉感、团结合作精神、努力拼搏意识、热爱生活态度、严谨求知志向、无畏探索倾向、全面发展思路等个性心理特征，培养人文素养、社会责任、道德良知、兴趣爱好、体育活动等社会人格要素。

　　第二，个体培养创新意识和创新能力。个性发展是创新精神的基础，创新精神的目的是以人为本，以人为本的核心是个性发展。经过对教育教学知识的接触、传授、探索和考究，个体结合个体兴趣和喜好，通过对知识真理的探求，势必带来创新活力和创新意识及能力的注入，个体的事业心、责任感和使命感便在个性的培养过程中自然而然形成。

　　第三，个体拓宽眼界、开阔思域。个体借助知识平台和教育教学计划，能够把握世界最先进知识的前沿，了解人类发展困境中的障碍，接受国内外先进思想知识的洗礼，总结归纳个体立志追求的方向，树立个体人生崇高理想的目标。

　　第四，个体活力四射、自我约束。个体在身心健康发展的同时，抵御社会思潮的影响，完善自我约束，注入时间和精力，运用年轻活力和创新精神，争取个人价值的实现和社会价值的体现。

（三）学校层面的个性发展功能

　　学校需要树立自身的教育教学特色和人文底蕴。①丰富学校的自我精神。挖掘学校的历史文化传统，吸收现代学校的办学理念和思想精华，传承精神，明晰使命。②树立学校独特观念。秉承校训，加强每届师生的校史教育，学习学术大师、学术大家的人格魅力和开创精神，尊重师德，传承先辈的奉献精神和学术追求，强化本校的责任感、荣誉感。③健全学校文化制度。完善学校章程，推行制度创新，将精神和行为文化融入制度设计中，体现到个体行为中，用制度督导学校文化的自我渗透。④完善学校标识建设。充分利用学校的校旗、校歌、校徽等文化符号的视觉效果，制定学校标识使用规范，开发设计独特的文化产品。⑤创新学校文化载体。运用学校事务，如校庆、运动会、毕业典礼、新生入学等仪式，弘扬和传播学校独特文化内涵，丰富学校文化内涵建设，通过学校文化载体，如图书馆、教学楼、校舍、校内微信、学生社团等营造学校全面丰富而又个性鲜明的文化氛围。

第二节　构建现代教育教学管理工作的权力结构

一、教育教学管理中的市场权力

教育教学管理创新作为一个系统工程，相互制衡的权力结构的构建是该工程不可或缺的子系统之一。对于整个教育教学管理的大系统而言，内部与外部两个环境相互作用。外部环境包含诸多因素，如人民和社会需求等，但在诸多因素之中，市场是核心和关键。经济体制创新是全面深化创新的重点，核心问题是处理好政府和市场的关系，使市场在资源配置中起决定性作用和更好发挥政府作用。让市场行使参与权是抓住外部环境中市场的关键、是发挥市场在教育资源配置中起决定性作用的重要举措。

就历史发展过程而言，市场权力主要通过学生报考志愿、报考专业、学生就业等途径展示其影响力。就历史发展趋势而言，市场权力在管理创新过程中发挥越来越大的软实力。创新开放以后，市场就开始逐步渗透到我国学校发展中，经过四十多年的发展壮大，市场力量已经明显显现。例如，逐渐形成以公办学校为主、社会各界广泛参与、公办学校和民办学校共同发展的学校教育办学体制，实行市场机制的学费制度、就业环境和人才竞争。市场经济发展中的经济意识、主权观念、竞争意识、自由精神、宽容态度、平等观念和共赢博弈正在不断深入。市场权力的构成主体宽泛且多元，是我国学校自我体系外的多因素综合体全方位展示，有国家需要、社会需求、市场刺激，也有国际化和全球化过程中的不断要求。市场权力的参与权主要通过以下方面行使：

第一，市场权力要求教育服务质量贴近现实需求。毕业生数量在不断增加，近两年增速略有下降，但总量也创历年新高，毕业生就业压力大已经成为不争的事实。学生就业情况严峻，教育质量需要更加适应市场的需求和变化，重视学生参与市场经济活动的能力和条件，摒弃不求思进的教育观念，需要发挥政治权力在我国学校发展中的调控权。

第二，市场权力要求打破创新教育服务的固定模式。随着经济发展的不断进步和居民家庭支付能力的不断提高，教育资源作为最有潜力和最有回报的市场，对外交流的范围和深度正在不断增大。教育创新服务主要还是由高校掌握，如何实现全社会教育资源的广泛交流，提高教育的影响力显得非常重要，这需要发挥学术权力在学校发展中的专业权。

第三，市场权力要求学校信息透明公开。信息公开是把知情权、参与权和监督权结合在一起。伴随着政治体制创新的步伐，更充分的信息不仅服务于保护消费者的目的，而且也可以提高生产者的效益。产品的质量信心可以激励生产者投资于质量改进，进而更好地在市场上进行竞争。教育质量相关信息的大量公开需要行政权力发挥管理权和政治权力进行调控。

二、教育教学管理中的行政权力

行政权力是确保学校运行效率和运行秩序的必要机制。学校行政权力管理权划定是为行政权力在学校运行过程中设置合理的权力边界，即通过以校长为首的行政管理人员的管理工作，提高学校履行职责的效率。学校的行政权力以校长为代表，主要体现在行政组织协调工作，其管理目的、管理运行方式及管理结果反馈都要求校长为代表的行政权力具有大局观，保证整个学校的运行有序，正确发挥"办学者"作用。学校的行政权具有一元性特征，一所学校只能有一个行政权力系统，权力的运行是自上而下逐级实施，最后实现行政权力的目标。学校办学规模的不断扩大和内部管理的日益复杂都对行政权力的发挥带来挑战。

学校的行政权力致力于实现创新职能，可以通过以下方面来实现：一方面，代表国家和政府管理学校，发挥管理者职能，主要通过科研、教育教学来实现合格人才培育、人才智力发挥、研究型与实践型科技成果孵化等社会价值实现过程输出；另一方面，履行学校内部的管理者形象，主要通过协调组织机构运行、完善自我管理模式、提高学校内部资源配置、构建学校特色文化底蕴等自我价值实现过程流转。

三、教育教学管理中的学术权力

学术权力是学校内在逻辑的客观要求，是其本质特征的外化，也是建立现代学校制度的核心。学术权力参与主体是学校教师，主要依靠其自身的权威、采用自上而下的运行方式是学校权力的基础。学术权力意味着决定招生、考试、毕业和科研等方面拥有不可动摇的地位。行使专业权的范围至少包括学校的课程设置、教学自主权、教育评价权和文凭认定权，这就需要学校成立学术委员会、学位评定委员会和教学工作委员会等学校内部团体组织来实现学术权力的独立行使。

第一，学术委员会。由科技处和研究生部负责人以及各学院和重点实验室具有正高级专业技术职称的代表组成，承担学术决策作用，包括学术水平评价、科研项目申报、科研项目评审、学术道德评审、学术规范教育、学术诚信教育、学术不端行为审查等职责。

第二，学位评定委员会。以学科分布为主，由科技处和研究生部负责人及具有正高级专业技术职务代表等组成。承担学科学位评定职责，包括审议学位点申报、学位授予、学位撤销、指导教师审查等职责。

第三，教学工作委员会。审议学校教学工作规划和重大教学创新方案，指导全校教学工作；审议学校专业建设、课程规划、教材编订、实验室及实践教学基地建设；审议教学奖项评审，推荐各类奖学金；审议学校教学管理规章制度；审议学校教育教学研究及项目课题申报；开展教学调研等。

学术权力肩负学校生态系统中的特定组织使命，力求实现教育教学自由、学习自由、研究自由，与行政权力一并主导学校内部事务的决策，尤其对行政权力干扰学术自由权的行为，必须坚守持之以恒的学术理性和自由平等的学术资格，重视学术权力的基础建设和学术人才的自我权益保护。

第三节 健全现代教育教学管理工作的机构设置

学校作为一个组织存在，组织架构和制度安排必不可少。学校创新基于创新理念和职能定位以及对权力结构制衡的思量，在科学合理决策体制之下，需要实施合理的机构设置满足创新的需要。正确的创新理念要求机构设置多元化和民主化；精准的职能定位要求机构设置简约化和扁平化，建立科学合理的横向组织机构；制衡的权力结构要求机构设置制度化、规范化和程序化；科学的决策体制要求机构设置开放化和时代性。我国学校的机构设置主要包含行政执行机构、学术自治机构和监督反馈机构。分别是行政权力、学术权力和市场权力职能行使的载体，是权力运行有效的制度安排，是学校创新理念的现实选择和职能定位的理性判断。

一、教育教学管理的行政机构

学校的行政执行发起人是校长。校长办公会包括校长、行政各处处长，主要针对学校内部事务进行行政执行，召开的频率更高，参与执行的人数更多，执行的效率更高，关注的对象更全面，主旨是服务学校、服务师生、提供保障。校长办公会的常设机构是校长办公室，组织、安排和协调校长办公会的召开、学校事宜以及对外事项发布。在学校章程的制度安排下和政治权力的委托代理关系下，成立以校长为首的行政执行机构。下设人事处、财务处、医务处、总务处、就业处、保卫处、外联处等校级层面行政服务保障机构。

二、教育教学管理的学术机构

在学校章程的制度设计和保障下，成立学术委员会、学位委员会和教学委员会三大学术自治机构。分别设有机构为学术工作部、学生工作部和教学工作部，管理学校的图书馆、电教中心、实验室等，涵盖学校的招生、录取、选课、学术活动、学生活动、学习安排等。学校校长是学术型人才和管理型人才的综合体，是学术权力的代表，不依附于行政权力而自主实施管理，按照三会的内部宽松的学术氛围和松散的组织形式来满足学校学生的德智体美等各种技能的需求。

三、教育教学管理的监督机构

在学校章程的制度设计和权力制衡体系中，成立校友会、校企联合会、工会、纪律检查委员会和审计监察处等监督反馈机构。监督反馈不受行政权力和学术权力的影响和制约，有向学校政治权力，即学校决策联席委员会提请重大事项审核和问询的权利义务。监督反馈机构既要监督反馈行政执行机构的机构设置和职责行使，也要监督反馈学术自治机构的机构设置和职能监督，配合学校决策治理机构做好自主发展的协同工作。

第四节　保障现代教育教学管理工作的运行机制

　　学校是一个系统，由学校内部、学校领导人和学校外部三个部分组成。学校外部是学校实现善治的外部环境；学校内部是善治的结果；学校领导人是连接内部善治与外部参与反馈的桥梁，校长产生机制又受到学校外部和善治结果的影响。学校内部运行机制，体现决策、执行、监督的组织结构包括学校决策联席委员会、校长、学术委员会。①学校决策联席委员会。由利益相关者组成，决定学校的战略与发展；②校长。战略执行人，行政首脑；③学术委员会。战略和运行结果的监督者。三者通过行政权力和市场权力相互影响制约，相辅相成，合作共存。

　　学校外部运行机制，主要指学校外部资源的获取机制，如学术委员会、学位委员会等。主要资源包括：资金、资源和人才。获取方式既可以是通过市场竞争，也可以通过行政分配。所以，学校外部运行主要涉及的是学校与政府及社会的关系；评价标准是学校是否有机会均等获得外部资源，特别是政府公共资源。学校外部运行机制合理与稳定要依靠法律和法规，即通过法治来实现。具体而言，运行方式的高效有赖于科学决策体制的建立、和谐外部关系的营造和有序内部关系的理顺。

一、运行机制外部环境的营造

　　机制高效运行环境的构建主要着眼于与政府的关系、与社会的关系的处理。和谐外部环境的营造，一方面，需要弱化政府与学校关系；另一方面，需要密切学校与社会的关系。

（一）政府与学校关系的弱化处理

1. 基于学校本质属性的处理方式

　　政府与学校的监管与被监管的角色定位需要重新审视。学校是国家教育发展的重要组织，具有教育教学事业的公益属性。政府作为国家的管理机构必须对学校进行活动监管。政府监管权与学校自主权是教育教学管理中的一对矛盾体，过多监管会限制学校的自主权，过分放权将难以保证学校发展的正确走向。为了实现政府监管权与学校自主权之间的适度平衡和职责定位，需要弱化政府在学校发展过程中的直接监管权力，转换成契约形式的制衡监管较为合理。

学校的公益属性和市场属性需要被同等重视，需要发挥市场配置资源在教育教学发展中的作用。在市场经济条件下，学校不可能脱离市场而存在，学校中的市场因素已经开始显现，如教师聘用的价位已经超过政府对事业单位教师编制工资的限制。同时，学校不能完全推向市场，不能失去作为培养人才的公益目的性。为了保证学校发展最终实现人才培养计划，政府对学校的监管是必要监管。必要监管即由政府直接管理转为间接管理，由微观管理转为宏观调控管理，由严格从属地位管理转为平等契约制衡管理。政府通过明确的权利义务内容来监督约束学校，就可以达到政府与学校的适度平衡。

2.基于学校发展历程的处理方式

政府与学校的教育行政管理模式需要变革。为了确立学校学术权力本位，实现学校行政权、学术权和民主管理权相互制衡和监督，改变学校作为政府附属机构的历史地位，需要转变教育行政管理职能。政府不能将其行政权力触及学校内部管理事务中，政府需要充分尊重学校的独立主体地位。政府只需要在学校自主权的约束方面进行教育目标、教育质量、人才培养、教育经费等方面进行详细约定。允许学校自主制定教育计划、自主开展科学研究、自主确定内部机构设置和人员、自主管理和使用财产。政府对学校的管理主要职能是制定教育发展规划、进行宏观调控、提出指导建议等，不干涉学校内部事务，从而形成合作关系。

（二）社会与学校关系的灵活处理

学校的职能在于通过教育教学传承知识，通过科研创新知识，通过社会服务应用知识。传承知识、创新知识、应用知识都是服务于学生和社会。塑造学生人性、完善学生人格、培养学生技能从而为社会发展提供智力支持保障是学校的崇高使命。学校的外部运行机制包括政府、家长、社区、教育机构和就业市场等因素，对学校发展和决策、资源交换和流通具有一定的影响。

学校与社会互动发展、渗透结合、共赢共存源于二者的交集。学校的科技创新和人才优势能够形成产业化和信息化，这满足社会自身需求，在社会区域经济发展、产业科技进步和谋求发展的基础上产生互动。互动的内容包括：合作项目，教育基地，继续教育工程，工程研究中心，远程教育，科技园，绩效技术和管理理念等多方面。教育不断适应社会发展的要求是学校与社会互动的动力基础，合作共建联合机构是互动的运行保证，通过政治、经济和法律手段进行调控落实。现代社会与学校的关系概括为社会需要和资源输送来满足学校内部发展，学校秉持开放、自由、民主的精神促进社会前进。

第一，社会与学校保持密切关系的前提。学校与社会的密切联系是建立在学校独立自主办学的前提下，即学校是为社会服务的教学科研中心，不是社会中的企业，学校办学自主权、财政自主权是基于政府投入和问责调控，不会用市场规律来主导学校发展。学校社会的文化和精神等无形资产以及基础知识研发和社会公共利益至上的教学理念是学校所必须坚守的阵地。与此同时，社会对学校的认同和资源投入有相关条件，要求更多的社会参与和决策反馈。

第二，学校与社会良性互动关系的表现。在保持思想、理智活动的独立和对学校外部运行机制相对独立的情况下，维持学校与社会密切联系。一方面，社会是学校的外部环境和基础，学校以社会为存在前提，汲取社会文化和社会资源完善自身；学校的人才培养和科技输出对象是社会，以满足社会需要和人类发展为社会价值追求。另一方面，学校作为社会的中心力量，指导社会体系的健全和完善，同时接受社会体系的适度介入和环境影响。

第三，学校与社会良性互动的内容和方式。教育教学管理创新中的运行方式需要接纳学校与社会的良性互动关系。学校毕业生在生源市场、教师市场和院校市场中保持竞争力，就必须要提高学术质量，采用最有效的学术管理办法，否则就会面临生存的危机。考虑到学术知识的复杂性和动态变化性，在竞争性的学术市场中专业的自我管制是最有效的保证学术标准的方式。同时社会融合到学校教育的知情选择权、参与权，能够从多层面和多角度参加学校决策和管理的具体工作，实现平等的参与权，使个人和社会利益与学校团体利益形成利益共同体，促进学校与社会的和谐发展，形成开放、负责、宽容和平衡的互动状态。

二、运行机制的优化设计方法

决策体制是决定运行机制是否高效的前提和基础，优化机制高效运行的顶层设计，就是要探索学校决策体制的范围、决策内容以及决策实施等活动，决策体制要服务学校办学定位和精神，决策内容要针对学校办学自主权和办学风格等宏观层面，决策实施要配合管理制度和学校章程的具体规定，决策机制要结合学校内部权力运行机制而布置安排。其中学校办学模式和办学水平的确立是决策的核心与前提。

行政化学校管理模式下，学校决策体制是学校政治权力与行政权力统一成校长负责制，不论是学校创办、校长任命、学校经费来源乃至学校教学科研等具体决策内容。同时学校内部决策系统主导学校发展，部门负责人实施行政长官负责制，隶属关系明显，实施行政权力运行的组织结构。教育创新正是基于创新行政化学校管理决策体制和建立现代学校制度的出发点进行，探索建立符合学校特点的管理制度和配套政策，逐步取消实际存在的行政级别和行政管理模式。为了解决校长负责制决策体制带来的行政权力泛化，规范权力运行，鼓励参与决策，需要重构学校内部决策体制。

第一，完善校长负责制，深化为学校决策联席委员会和校长负责制两个决策体制。学校校长的民主集中制决策体制，可以深化为学校决策联席委员会和校长负责制两个决策体制，以避免行政权力的混乱。学校决策联席委员会是由学校内部各团体和部门的人员构成，职责很清晰；遵守学校章程，把握学校发展方向、做好协调沟通工作。学校决策联席委员会不参与、不干涉、不过问学校内部管理，只负责行政权力越权行为的纠正（学校章程）、学术权力与行政权力调和。校长作为学校的法定代表人，在学校章程的明确界定下，积极行使行政职权，全面负责学校的内部管理和组织建设。

第二，提升学术权力。学校决策体制的健全与否最重要的课题是培育学术权力的权力地位，成为行政权力的平等制衡权力。学术权力的主体是学者，按照学校章程，保护个体学术权力的学术自由，使学者成为自身学术工作的主导者和发起者，不依赖于行政指导，通过市场权力来建立自身学术权威。根据学校章程，建立自我评价和选拔机制，实施扁平化、非集权的自主管理模式，通过学术机构，即学术委员会、学位委员会和教学委员会来主导和行使学校学术权威，实现学术自由。

第三，推动制度创新，树立学校章程的崇高地位。民主和法治是时代进步的标志更是学校发展的基础，建立现代学校制度就是要保证学校的学术自由，营造学术氛围、兼容并蓄、和而不同的学术环境。学校章程是学校的最高标准和权力界定规范，是现代学校制度的最重要载体还是学校行政权力和学术权力的关系和纽带，包括：信息公开制度、质询制度、人事罢免制度、问责制度、激励制度。

校长负责制下的决策体制，需要遵守依法治校、民主管理，具体表现为：①行政决策主体参与多元化。广泛鼓励师生参与学校的发展和建设中，使决策科学化、规范化和专业化。扩大教师的权利，教师拥有自主治学权和参与决策权等相关权利；需要提升学生在学校内部管理中的地位。学生是学校决策的相关利益者，学生若有能力应该参与决策；适当削弱行政人员的权力；充分吸收校外各界人士参与决策，实现管理民主化和治理多元化。②决策过程参与民主化。推行校务公开,既要公开决策过程还要公开决策结果。根据学校章程管理办法对凡涉及师生员工切身利益、需要师生知晓以及学校管理规章制度等事项,均应通过学校的网页、公示栏、微信等媒体媒介及时准确公开。③决策反馈沟通协调。建立决策事前意见征集、决策流程沟通、决策意见诉求归集、决策结果反馈改进等机制。保持信息流沟通顺畅和回应解答及时。

三、运行机制内部设计的建构

教育教学管理创新运行方式中的关系中,学校内部关系是创新成功的重要保证。学校管理根本上是以学术为中心的管理,其目的是促进学术的发展。学术管理的基础是学术思想的自由和探索的自由,发挥学术权力的主导作用,贯彻学术自由、民主管理的原则,在学校内部营造民主、宽松的学术氛围,为科学创造提供良好的学术环境。厘清学校内部关系,主要是协调行政权力和学术权力的关系,落实学校办学自主权,遵照学校章程,依赖学校内部合理的机构设置,实现学校善治。本质上而言,厘清学校内部关系是多中心化治理过程。

第一,健全和完善学校章程。学校章程是学校内部权力运行的法制基础,是学校内部权益相关者制度化规范文件,是学校管理运行纲领性指导。学校章程必须对学校内部行政权力行使管理权的界定、学术权力行使专业权和市场权力行使参与权等相关制度性规定进行落实,为学校管理创新提供依据。

第二,优化学校内部决策权力结构。确保学术权力在学术管理的主导作用。明确学术机构(学术委员会、学位委员会和教学委员会)的具体职责,行使学术范围内的决策、管理、监督、实施和咨询职能,加强学术机构组织建设、人才建设、制度设计,依据学校章程坚守学术精神以及校训。建立质量为上的学术评价制度,建立公开、透明、公正、严格的聘任、晋升、科研激励制度,让学术管理回归学术本位。凸显严谨求实的学术态度和风气,确保学术评价活动的独立自主评议。

第三,完善校长负责制,提高行政管理水平。依据学校章程,完善规范校长行政权力的行使范围和权限,使其专注于服务学术、服务学生和服务学校的目的。校长具有教育管理能力和现代管理能力,可以对学校行政事务进行全面处理,如接纳吸收市场权力的决策参与咨询、意见反馈,公平处理校务与学术的从属与主体定位纠纷,尊重学术、尊重教授、重视人文建设,促进学校内部组织机构设置扁平化,提升行政管理人员的服务意识和业务技能水平,完善学校人事制度、后勤管理制度、财务管理制度、信息管理制度等具体内容。

第三章 现代教育教学管理及教师队伍建设

第一节 现代教育教学管理的组织系统与队伍结构

教学管理组织的目标是建立具有高效能、灵活运转并能完成创造性工作的系统，因此必须重视和加强教学管理队伍的建设，建立一支专兼结合、素质较高、相对稳定的教育教学管理队伍，明确机构职责范围，划分人员岗位责任。

一、教育教学管理的组织系统

教育教学管理的组织系统又称为教学管理的组织与方法体系，是教学管理的群体为了共同的目标，通过责权的分配、层级的统属关系和团体意识所构成的能自我调节、自我发展的一个社会系统。教育教学管理组织系统主要解决管理人员和管理方法的问题。管理体制则是指组织机构的设置、隶属关系和责权规划等组织制度的体系化。管理体制和组织结构的合理和优化决定着教育教学管理组织功能的有效发挥。

管理系统是单独个体、团体和整体之间结构性的关系组织，是一个组织成员相互行为关系的行为系统，是一个随着时代环境的变化不断自我调整、自我适应的生态组织，也是一个组织成员角色关系的网络系统。教育教学管理组织建设的目标主要是建立一个科学、完善的教学管理系统，形成全面的质量管理体系和运行机制，以服务于教学、教师和学生。

二、教育教学管理的队伍结构

学校教育教学管理人员的结构主要包含学历结构、职称结构、年龄结构、学缘结构等指标。①科级以上管理人员岗位应具备硕士及硕士以上学历，博士学位占一定比例；②处级岗位、教学副院长（副主任）和重要科级岗位应具备副教授以上职称，教授占较大比例；③老、中、青各层次人员合理分布，教育教学管理队伍既要有教学管理经验丰富的中老年教师，又要有充满活力、信息技术强的青年骨干；④学缘结构上非本校人员应该占多数比例，有利于发挥不同的管理思想，承担重要岗位工作的教学管理人员应有基层教学管理工作经历。

（一）教育教学管理的队伍建设

教师队伍建设的强化是提高教育质量的关键。一方面，需要提高教师地位，维护教师权益，改善教师待遇，使教师成为受人尊重的职业；另一方面，需要严格管理教师资质，提升教师素质，努力造就一支师德高尚、业务精湛、结构合理、充满活力的高素质专业化的教师队伍。教师的培养是一项长期的任务，为使培养工作取得实效，开展教师培养工作就必须遵循立足国内、在职为主、加强实践、多种形式并举的原则，对教师进行岗位培训、在职进修、重点培养，并加强对其实践能力的培养。

教师的培养途径和形式。第一，教师培养的基本途径。包括：在职进修、脱产学习、实践锻炼、学术交流等。第二，培养教师的普遍形式。①岗前培训班。其适用于新教师，可以帮助教师熟悉本职工作的岗位职责，了解和掌握从事教师工作的基本知识。②单科进修班。其适用于帮助开设新课的教师提高相应的专业知识水平和教学能力。③助教进修班、旁听研究生课、研究生班。其主要用于解决青年教师低学历和任职资格条件等方面的问题，同时改善和提高教师的知识结构。④知识讲座、研讨班。其适用于中年教师更新知识结构，扩大知识面。⑤国内进修、专题研讨班。其主要培养骨干教师和学术带头人。⑥社会实践。其可以帮助青年教师接触社会、了解社会，增加社会知识和实践经验。

（二）教育教学管理的队伍发展

教育教学管理的队伍发展不仅需要科学设置教师的职务，还要定期进行职务评审以及新成员的聘任。教师聘任制度对优化高等学校教师队伍结构，扩大学校用人自主权，增强人才管理的活力，促进学校人事制度的改革和学校整体发展都具有十分重要的意义。教师聘任制度包括教师准入和建立资格证书。

1. 教师职务的设置

教师的职务设置是实行教师职务聘任制的重要基础和前提，也是聘任制的重点和难点。教师聘任制度可以促进教师队伍建设和学科梯队建设，充分发挥其优越性，需要加强教师职务岗位设置。

（1）教师职务设置的内容。①确定规划任务。教师职务聘任应与学校事业的发展规模、学科的发展需要以及教师队伍建设的需要相适应，需要制订学校、学科发展规划和师资建设规划，明确学校承担的任务和总体目标。②确定教师编制。根据教学和科研任务，确定核实教师的编制数量，并分别落实基层单位。③确定岗位职责。按照各级岗位工作，确定教师所应履行的工作职责，明确各职务教师的工作任务。④确定职务限额。根据学校承担的不同任务，按照教授、副教授、讲师、助教职务系列，确定各级职务间的比例数，建立合理的职务结构。

（2）教师职务设置的方法。①学科法。根据专业学科的二级学科，按水平层次划分为若干类，再根据不同学科点的现状、发展趋势配置不同数量的高、中、初各级岗位。学科法的优点在于把教师队伍建设与学科建设紧密结合起来，有利于学科专业建设和学校事业发展，有利于学科带头人的选拔和人才流动。②任务法。在职位分类理论的指导下，以教学、科研、实验技术等实际任务为依据，把任务分解为多种类型和水平层次，给予一定的权重，计算、确定各级教师职务的岗位数。③结构法。学校需要按教学、科研及培养学生类型等进行分类。不同类型的教师职务占教师总数具有不同的结构比例。

（3）教师职务设置的管理。①建立健全教师职务岗位管理机构，保障岗位设置工作的正常运行。教师职务岗位设置，涉及学校教学、科研等各个部门，而不只是人事部门的事务。学校应在主管领导的直接领导下，人事处、教务处、科研处等部门直接参与。②建立健全、科学的教师职务岗位管理制度，保障岗位设置工作有章可循，学校教师职务岗位设置管理制度应包括校级的"教师职务岗位设置管理规程"和"教师职务岗位设置实施条例"。学校合理、科学地设置教师职务岗位，不但是深化改革、真正实行教师聘任制度的前提和基础，而且有利于广大教师明确任务，促进教师认真履行岗位职责；有利于调动广大教师的积极性和竞争意识；有利于人才的培养和学校的发展。

2. 教师职务的评审

教师的任职资格评审是一项政策性很强的工作，评审的结果不仅影响教师的切身利益和发展方向，而且影响教师队伍的结构和素质，因此，任职资格评审是做好教师职务聘任的关键。开展这项工作，要注意以下环节：

（1）制订任职资格评审工作计划。计划中要特别明确各级任职资格的条件，保证聘任教师的质量。

（2）建立健全评审机构。选拔学术水平高，负责公正，在教学、科研第一线工作,关心教师队伍建设的优秀教师参加学科评议组和教师职业资格评聘委员会。

(3)合理分配职务限额。按照按需设岗、因事设人的原则分配限额,保证重点,既要顾全大局,又不能运用平均主义。

(4)严格坚持评审标准。评审工作必须坚持标准,保证质量,全面考核,择优聘任。对聘任教师的思想表现、工作态度、业务科研水平、工作能力和实际贡献等方面的条件进行全面考核。破除传统的观念,对优秀、符合条件的教师,应及早安排到高级职务岗位。

(5)进行有效工作总结。做好工作总结和下年度申报人员情况的摸底工作,不断学习上级职改部门的新政策、新规定,研究工作中出现的新情况、新问题,适当调整指标体系,为来年的评审工作打下基础。

经过任职资格的评审,逐级审核向校长推荐,经教师职务聘任工作委员会确定教师的聘任名单,签发职务聘书。同时,各用人单位要与应聘教师签订任务书,明确聘任期间所应承担的教学和科研工作的具体任务和岗位责任,明确教师的权益和任期。

3. 教师职务的聘任

教师聘任制度可以激发教师从事教育教学工作的积极性和创造性,促进教育、教学、科研及管理水平的提高,并且有力地推动学校内部管理体制的改革。教师聘任制度的进一步完善和健全,需要转变观念,加强领导。完善教师职务聘任制度,必须切实转变观念,不仅要把职称评定的观念转到聘任上来,而且要把过去对职务聘任形式中不正确的观念加以纠正。不能把聘任制度简单地理解为评聘合一,也不能把评聘结合机械地理解为任职资格与职务的关系是一一对应的。否则,一旦聘任教师,就形成实际上的职务终身制。

教师聘任制度是优化教师结构、提高教师整体素质的一种有效制度。推行教师聘任制是学校为了适应教育体制改革的要求以及学校自身发展的需要而进行的一种用人制度的改革与探索。真正意义上的教师聘任制度,将以它的开放性、灵活性和自主性,为学校师资管理提供新的思想和方法,也将为学校教师队伍建设带来新的生机和活力。

第二节　现代教育教学管理的特征分析与内容体系

一、教育教学管理的特征分析

从现状来看，很多学校针对目前推行的教育管理以及教学管理措施都能做到适当进行转变，并且致力于信息化教育管理手段的引进。"在此前提下，教育教学管理将会呈现全新的特征"[1]。教育教学管理在学校各项管理工作中的重要位置及教学活动的特殊性，决定教育教学管理具有能动性、动态性、协调性、教育性和服务性等特点。

第一，教育教学管理的能动特征。教育教学管理的能动性是指人的主观能动性。教育教学管理的对象主要是教师和学生。能否充分有效调动教师"教"和学生"学"的积极性，是衡量教学管理工作成效的主要标准。在教学管理中，教师和学生具有双重身份，教师作为对学生学习活动的组织者和指导者时，属于管理者，发挥管理者的职能，而作为学校教育教学活动的执行者时则属于管理对象，履行管理对象的职能；学生既是学校和教师的管理对象，又是自身学习活动的自我管理者；教师与学生无论是管理者还是管理对象，都具有主观能动性，彼此相互影响、相互促进。

第二，教育教学管理的动态特征。教育教学管理涉及的每个环节都处于动态发展的环境中。例如，培养方案的制订需要随着社会经济的发展不断更新、完善；教学运行的管理需要随着学校教学条件的变化进行及时调整；教学质量的评价体系需要随着建设内容的变化不断进行更新等。在不断变化中总结和提高，使还有教学管理水平和质量螺旋式向上发展。

第三，教育教学管理的协调特征。教育教学管理的主要任务是协调好学生的个体活动和学校、教师组织的集体活动，充分发挥教师、学生的个性，有益于个人和集体的协同发展。

第四，教育教学管理的教育特征。教育教学管理人员通过合理制定管理制度，有效实施管理过程，奖惩分明，帮助学生实行自我教育、自我管理、自我服务的"三自"管理，达到育人的最终目的。

---

[1] 孙静巍.高职高专教育教学管理的特征分析[J].现代交际，2019（11）：147.

第五，教育教学管理的服务特征。学校的中心工作是育人，教育教学管理要围绕教师"教"与学生"学"做好服务工作。增强服务意识是对教育教学管理人员最根本的要求。

二、教育教学管理的内容体系

教育教学管理是有机统一的整体，教育教学管理的内容体系从不同视角呈现不同的体系框架（结构）。从教育教学管理业务的科学体系或工作体系而言，可概括为"四项管理"，即教学计划管理、教学运行管理、教学质量管理与评价和教学行政管理；从教学管理职能的角度而言，主要包括决策规划、组织指导、控制协调、评估激励和研究创新；从教学管理的高度和层次而言，包括静态管理与动态管理相结合的教学改革、教学建设和日常管理。

（一）教学计划管理

培养方案是学校保证教学质量和人才培养规格的重要文件，是组织教学活动、安排教学任务、确保教学编制的基本依据。教学计划必须认真地组织实施。教学计划管理的核心工作是精心设计人才培养的蓝图，这就需要投入很大的精力进行调查研究，包括国内外相同、相近学科专业的改革和发展动向，特别是新的教育观、教学内容、课程体系、教学环节和人才的培养模式等，需要组织学校本学科专业的学术、教学带头人及有经验的骨干教师先行研究课程结构体系，只有设计构建一个整体优化的课程结构体系，把人才培养的总设计描绘清晰，才能够据此培养出高质量的毕业生。当然，教学计划在制订以后还要有严格的组织实施。

（二）教学运行管理

"教学运行管理工作关乎学校的建设发展，关乎整体教学质量"[1]。教育教学管理的基本点是通过协调、规范的管理保障教学工作稳定运行，保证教学质量。教学运行管理主要是围绕教学计划的实施所进行的教学过程及相关辅助工作的组织管理。教育教学过程是学生在教师指导下的一种认知过程，又是学生通过教学获得全面发展的一个统一过程。学校教学过程组织管理的主要特点包括：①大学生学习的独立性、自主性、探索性逐步增强；②在宽厚的基础学科上进行适度的专业教育；③教学和科研的逐步结合。根据这些特点，在教学过程的组织管理中，

---

[1] 笪笑，王晔."互联网+"背景下高校教学运行管理的现状及对策研究[J].大学，2022（1）：50.

一方面，注意制定课程大纲；另一方面，注意针对主要环节（课堂教学、实践教学、科学研究训练）设计好组织管理的内容、要求和程序，并依此来进行检查。

（三）教学行政管理

教育教学行政管理主要指学校教育教学管理部门需要依据教学规律和学校规章制度行使管理职权，对各项教学活动及相关的辅助工作进行科学合理的组织、指挥、调度，以保障学校教学工作稳定有序运行的协调过程，也包括严格规范地做好教学的日常管理、学籍管理、教学工作管理、教资源管理和教学档案管理等工作。

（四）教学质量管理

教学质量是个综合化的概念，衡量教学质量高低的指标应该包括教学、学习及管理质量的综合指标；教学质量又是一个渐进的、累积的形成物；教学质量是静态管理和动态管理相结合，应注重动态管理和过程管理，这是因为教学质量管理的最终任务是保证和提高每一项教学活动、每一个教学环节及最终的教学质量。"教学质量是高等学校的生命线，是学校综合实力的反映，建立科学、规范的学校内部教学质量保障体系，是提高学校教育教学质量、增强自我约束和自我发展能力的基本制度保障。"[1]

转变教育思想、提高教育质量是教学质量管理的前提条件。要深入研究质量监控，研究完成全程质量管理的设计，建立适合校情的质量监控体系和运行机制，需要厘清质量监控的概念、要素、体系和组织系统，要研究质量监控与质量保证的所有相关问题。学校应建立科学的、可操作的质量管理模式，包括教学质量检查方式，教学工作评估，教学信息的设计、采集、测量、统计分析和管理等。

第三节　现代教育教学管理中教师教学能力培养

一、教师教学设计能力

教师要做好教学工作，必须对教学进行设计，所以，教学设计能力是每位教

---

[1] 呼海涛，孙翠，刘宾，段涛. 高等院校创新内部教学质量保障体系建设的研究[J]. 中国中医药现代远程教育，2023，21（13）：175.

师胜任这一职业的重要技能。对教学活动进行设计早已有之，只是设计的观点不同、方法各异而已。教学设计，是指为了达到预期的教育目标，运用系统的观点和方法，遵循教学的基本规律，对教学活动进行系统规划的过程。这里的教学设计，即对某一单元或某一课时的教学设计（课堂教学设计）。

（一）教学目标设计

"教学目标是教学活动的出发点和归宿，具有美的特质。教学目标的审美转化是将教学目标转化为审美对象，与其他教学因素合力达成教学活动的美的欣赏、美的表现和美的创造"[1]。教学目标，是指教学活动预期所要达到的最终结果。教学目标既是教学设计的开端，又对整个教学过程起着统领作用，以下是教学目标设计的意义：

第一，有利于学生的学习。教学目标是学生进行学习活动的指南。对学生而言，学习活动的第一步就是明确目标，目标明确与否决定着学习者的学习态度和学习效果。教学伊始，教师如果明确告诉学生，在完成某项课业内容以后，他们的能力和行为会发生的变化，那么明确的目标将有助于指导学生的学习，使其把注意力集中在有助于达成目标的活动上。

第二，有利于促进教师与教师、教师与学生、教师与家长等之间的交流。如果教师能够明确地把教学目标写出来，这样不仅方便自己授课，还方便学校有关领导及时了解该教师的教学计划等。教学目标的设定还加强教师与学生之间的沟通，学生能够很快地明白教师授课的目的，进而更有针对性地学习。另外，家长了解教师的教学目标之后能够配合教师完成教学计划，共同教育学生。

课堂教学不可能百分之百地按预定轨道行进，面对学生课堂上的节外生枝，教师应从容应对，迅速确立生成性教学目标，从而去追求最佳的教学效果。教学目标的设计要明确具体，教学目标的重点应说明学生行为或能力的变化，即教学目标应是可观察、可测量的。如果目标是含糊不清的，无法观察，无法测量，就无法在教学中具体操作。

（二）教学方法设计

教学方法是教师为实现特定的教学目标而采取的方式，它不仅包括教师为达到教学目标而采用的方法，还包括教师解决问题情境的行为，教师对班级的管理行为等。

---

[1] 胡蓉，王楚薇，李龙静.论教学目标的审美转化[J].教学与管理，2023（21）：1.

1. 教学方法的特性

（1）教学方法的目的性。教学活动是围绕着实现教学目标展开的。教学方法是为实现特定的教学目标而采取的有针对性的措施，因此也具有一定的目的性。

（2）教学方法的灵活性。不同的教学目标应采取不同的教学方法，不存在对所有情况都适用的教学方法。随着教学内容、学生基础、教学条件等因素的变化，采取的教学方法也随之变化。

（3）教学方法的多样性。为了满足教学的需要，教师应该设计多种多样的教学方法，以完成不同教学目标的教学。每个教师都应该结合所处环境和自己的特点，发展、创造出教学方法。

（4）教学方法的创造性。由于具体的教学情境是复杂的，计划实施过程中行动的变化和方法的灵活选择是必然的，因此，教学方法具有直觉创造、灵活实施的特点。因此，教学方法是教师智慧和教学艺术的充分体现。

2. 设计教学方法的依据

（1）从教学目标出发。教学方法是完成特定教学目标的方式，因此应根据教学目标，选择能实现教学目标的教学方法。

（2）学习理论和教学理论必不可少。教学方法是保证教学成功，促进学习发生的方法。要保证方法的科学性，就必须有科学的理论做指导。从自己的主观出发不可取。

（3）符合教学内容。内容决定方式，不同的教学内容要选择不同的教学方法。

（4）符合学生的特点。不同的学生具有不同的学习方式和不同的学习风格，要根据学生的特点采用不同风格的教学方法。

（5）要考虑教师本身的条件。教师的教学水平、教学经验、教学能力、习惯特长都不相同，因此教师要根据自身特点来选择教学方法，有利于充分发挥自己的特长和能力。

3. 设计教学方法的原则

（1）以问题为中心。在教学中，教师不仅要帮助学生带着问题走进教材，而且要引导学生提出问题走出教材。提出问题通常表现在以下方面：一是质疑问题；二是发展问题。质疑问题是就学习中的某一问题提出与众不同的想法，属于商榷型、完善型的学习活动；发展问题是依据自己对某一问题、现象或材料的观察、分析、综合、类比、推广、概括或抽象，从而提出有价值的尚需进一步思考与研究的问题，属于创造性的学习研究活动。

（2）关注学习方式设计。学习方式，是学习者一贯表现出来的学习策略和学习倾向的总和。要建立和形成能充分发挥学生主体性的多样化的学习方式，促进学生在教师指导下主动地、个性化地学习。教师将随着学生学习方式的转变而重建自己的教学方式。转变学习方式就是要转变学生被动接受性学习的状况，使学生的主体性、能动性和独立性不断生成、发展；就是要转变学生的学习态度，变"要我学"为"我要学"，养成良好的学习习惯，培养学生对学习的责任和终身学习的能力；就是要改变学生的学习状态，由接受性学习转变为发现性学习，让学生参与到学习过程中去，调动起学生学习的热情。因此，设计教学方法要关注学习方式的设计。

（3）从学生体验出发。课程不是"文本课程"，更是体验课程，从学生的体验出发是新课程教学的重要原则。任何知识经验的获得和应用都和一定的情境有密切的关系。因此，要特别注意学校情境下的学习要达到的特定学习目标和特定的内容，重点研究真实学习活动中的情境化内容，其中心问题就是以学习者为中心，创设情境，在这个情境中学生遇到的问题和进行的实践与今后校外所遇到的问题是一致的。让学生置身其中，经历与感受最终掌握知识。

教师教学方法的设计，还需要有学生的参与。学生参与教学是全面性参与，包括教学的全过程，而不仅是其中的某个环节，学生的主动参与离不开教师的引导。教学是师生交往互动的过程。师生交往的教育境界是师生互动的发生。互动教学的实现途径是对话。要有效地运用这一策略，首要的是更新观念，也就是要深刻认识教学过程是师生互动交往的过程，是师生共同探求新知、教学相长的过程，是师生追寻生命共同成长的过程，是师生体验课程、对课程进行创新和开发的过程。

二、教师教学导入能力

导入新课是课堂教学的起始环节，有经验的教师都非常重视这一重要环节。富有启发性的导入，可以为下一阶段的教学创造条件，还可使教学收到事半功倍的效果。因此，设计好一节课的导入，是教师应掌握并熟练运用的基本技能之一。导入能力是教师在一个新的教学内容或活动开始时，运用建立教学情境的方式，引起学生注意，激发学生兴趣，明确学习目标，形成学习动机和建立知识间联系的一种教学行为。同时，导入也为教与学提供思维的阶梯，在导入过程中，教师应有意识地介入后继学习涉及的已有知识，以降低学生学习的难度，使思维的梯度降低的同时，使思维得以步步深入，使教与学的双边活动得以顺利开展。

（一）教学导入能力类型

1. 强调知识内在联系的导入

以强调知识之间内在联系为主的导入方法，主要有直接导入法、审题导入法、衔接导入法等形式。

（1）直接导入法是直接阐明学习目的和要求、各部分的教学内容及教学程序的导入方法。这种导入方法要求教师语言精练，条理性强，富有启发性和感染力。这是各科教学中最常见、最简单的导入方法。

（2）审题导入法。只要理解标题的含义，就能通晓全篇的意义。因此，从理解标题入手进行导入，更能使学生明确学习目标，抓住教材的重点和实质，这样的导入可以开门见山地就抓住教学的重点，促使学生思维迅速定向。教师先可以从审题入手，引导学生思考围绕课题的一系列问题。这样的导入直截了当，清晰简明，可以让学生很快地进入对教学中心问题的探求。审题导入法与直接导入法相比，更突出中心或主题。运用审题导入法的关键在于，教师应围绕课题精心设计一系列问题，通过设问、反问、讨论等方式，发动学生积极思考，从而起到让新知识在已有知识上生成的作用。

（3）衔接导入法。衔接导入法是根据知识之间的逻辑联系，找准新旧知识间的联结点，利用旧知识的回顾和引申导入新知识，从而使新旧知识前后呼应，互为因果。

强调知识内在联系导入方法的共同特点是新旧知识之间或前后知识、课题之间的联系紧密，逻辑性强。教师应根据学科性质和学生特点灵活采用不同方式，如衔接导入法与类比导入法在理科性科目教学中运用得更为广泛，审题导入法则在文科性科目教学中屡见不鲜。

2. 强调联系实际为主的导入

以生动直观、联系实际为主的导入方法，有实验导入法、直观导入法、故事导入法等。①实验导入法。这是以进行教师演示实验或学生实验的活动方式将学生引入学习情境的导入方法。②直观导入法。这是教师以引导学生观察实物、模型、图表、电影、电视、幻灯片等活动方式，设置问题情境的导入方法。③故事导入法。这种方法以生活中所熟悉的事例或报刊上的有关新闻，以及历史上或社会中的故事设置问题情境，使学生产生解决这些事例中的问题的愿望，通常在学生缺乏有关事实的情况下采用。教师所讲的故事，应该与教学内容紧密相连，或作为教学内容的有机组成部分，而且要注意选用科学性、艺术性、趣味性和思想性强的故事。

3.强调设疑问难为主的导入

以设疑问难激发学生好奇心为主的导入方法，主要有悬念导入法和问题导入法两种。这是以认知冲突的方式设疑，以强烈的感情色彩构成悬念的导入方法。在采用以设疑问难激发学生好奇心为主导入的方法时，设疑、悬念设置要适度，要符合学生认知水平，这样才能促使学生开动脑筋探索求知，激发学习兴趣。

（二）教学导入能力要求

教师不论采用怎样的导入方式，都应该注意遵循一些共同的基本要求，这些要求集中地体现在以下方面：

第一，针对性地导入。导入是为课堂教学的展开服务的，教师在进行设计导入过程中要始终遵循一个原则即紧紧围绕教学内容展开，并要采用简洁、具体的导入方法进行，以简单明了的语言来阐述教学内容和教学目标，让学生能够自然进入新知识学习情境中，激发学生对新知识的学习欲望和积极性。教师在设计导入上，要从教学内容的整体出发，为教学目标服务，从学生的认知特点出发，为学生学习服务。

第二，启发性地导入。导入的一个重要目标就是能够对学生的原有认知结构起到较好的激活作用，并能够激发学生对新知识的认知，这样才能促进学生知识迁移的进行。为了更好地启发学生，教师需要采用更浅显易懂的事例来进行启发，并采用丰富多彩的语言激发学生对问题的认知和感受，让学生更积极地参与到学习探讨中，对教学内容有更深入的认识。

第三，趣味性地导入。教师要精心设计导入的形式和方法，做到引人入胜，用鲜活、直观、具体的方式来进行教材内容的呈现和展示，使得学生面对的教材内容更加鲜活具有生命力。如此有利于调动学生的学习兴趣和积极性，让学生全身心地投入学习中。充满趣味性的导课不仅能最大限度地激发学生的学习兴趣和积极性，而且有利于引导学生去接受新教材，防止产生厌倦心理。

第四，艺术性的导入。要想在新课伊始就拨动学生的心弦，激起学生的思维，更需要教师具有艺术性地进行教学导入。能够对语言艺术的科学性、思想性、准确性和可接受性进行全面的考虑，防止刻意追求生动而忽略语言的实际作用。因此在导入设计时要根据具体的导入方法来进行语言艺术的选择。

第五，效益性的导入。导入新课的效益性，一是指这种导入应简练、省时，能在较短的时间内起到导入新课的作用,而不是冗长繁复,淡化重难点内容;二是指这种导入应朴实有效,能真正起到联结知识的作用,而不应追求空洞和形式,为导入而导入。

任何一种方式的导入方法都需要采用准确、精练的语言,通过通俗易懂的语言来让学生掌握新知识,当然生动活泼具有风趣的语言还能激发学生的学习热情。

三、教师教学讲授能力

教学讲授能力是指在课堂教学中,教师通过口头语言向学生系统连贯地传授文化科学知识的行为方式。课堂教学讲授能力即使在现代教育和教学手段高度现代化的国家,都仍是课堂教学活动中应用最频繁、最普遍的教学技能。讲授能力是教学活动中涉及的基本技能之一,也是最为重要的技能之一。因此,教师拥有良好的讲授能力,对于成功地进行教学意义重大。

(一)教学讲授能力的类型

1. 教学讲读能力

运用讲读的语言技能,一方面教师要注意进行精讲,讲重点、讲难点、讲思路、讲方法,帮助学生深刻理解;另一方面,运用讲读能力的重点在"读"。教师首先要进行泛读。教师的范读除要具备发音准确、句读分明、速度适宜、节奏鲜明、语调恰当等基本条件外,还必须要饱含深情,能真正做到以情感人、以情动人。教师在范读时,要掌握好分寸感,做到适度、得体,切忌过分夸张、装腔作势。同时,教师要指导学生进行多种形式的阅读。从要求上看,可以将精读与泛读结合起来。一般性内容可以泛读,意在扩大视野,增加储备;重点内容则应精读,甚至能熟练地背读,意在加深理解,深化认识,真正内化为学生自己的知识结构。从方式上看,应该将朗读与默读结合起来。对于叙述性或说明性材料,以默读为主,对于情节性或富有鼓动性的材料,以朗读为主,甚至将朗读与角色扮演结合起来,让学生如身临其境,产生强烈而深刻的内心体验。此外,在阅读过程中教师还应注意适时向学生提出问题,使其带着问题阅读,以帮助理解。

2. 教学讲解能力

课堂教学讲解能力是指教师通过说明、解释、论证来分析教学内容,帮助学生理解知识的一种课堂教学讲授能力。在实际教学中,课堂教学讲述能力和课堂教学讲解能力经常综合利用。课堂教学讲解能力通常又可分为课堂教学解说技能、课堂教学解析技能和课堂教学解答技能。

（1）课堂教学解说技能，这是由教师进行各种具体事例的讲解营造一个情景，让学生在情境中对概念有所认知，也可以让学生从已知的概念推导未知的知识，并对事物的本质和特征有所掌握，这一方法对于学生翻译古文、外语以及专业术语或者解释疑难词语的学习而言都是非常有利的方法。

（2）课堂教学解析技能。对教学内容的规律、原理和法则进行分析和讲解需要通过课堂教学解析技能进行，同时常伴随严密的逻辑推导的课堂教学讲解能力，是基础知识和基本技能学习中的重要教学技能。应用该技能有两条途径：一是归纳，即通过对事实、实验以及经验等进行归纳并获得共同因素的把握，同时对本质属性进行概括，以简练明了的语言来进行结论和运用于具体的实践的一种方法，它可以通过对比较容易混淆、较相似的概念，然后可以对分界点和联系点予以明确；二是演绎，是通过对规律、法则以及原理进行讲解，然后再通过实例验证的一种方法。

（3）课堂教学解答技能，这一方法主要是集中在对课堂教学中的问题予以解答。它通常是以真实材料为例进行问题的引出，或者是将问题直接提出来，接着采用一定的标准和方法来进行问题的解答，同时对各种解答方法进行比较和选择，之后再进行论据的提出和论证的验证等，通过逻辑推理的方式得出结论。

3. 教学讲述能力

教学讲述能力在各科教学中均可应用，其又可分为叙述式讲述能力和描绘式讲述能力。

（1）叙述式讲述能力。叙述式讲述能力是指教师用不加任何感情色彩的语言客观地把事物在时间上的发展变化、空间上的位置延伸，以及它们之间的联系简洁明了地讲述出来的课堂教学技能。叙述式讲述能力的运用要求教师语言条理清楚，注意突出重点和关键部分，对于事物、现象发生的顺序与结构必须有明确具体的交代。

（2）描绘式讲述能力。描绘式讲述能力是对某一历史事件和历史人物的本质特征、情景场合、地理环境、外貌形象或行为事迹进行绘声绘色、生动细致讲述的课堂教学技能。运用描绘式讲述能力进行教学，除要求条理清楚、用词准确外，语言还要细腻形象、生动有趣。

4. 教学讲演能力

讲演是教师通过深入分析教材，揭示其内在联系，论证事实，得出科学结论，在向学生传授系统知识的同时，培养其正确的立场、观点、方法的讲授方式，它与讲述、讲解、讲读的不同之处在于，其涉及的内容范围更深、更广、更具前沿性。

由于讲演所需时间较长而且集中，加之讲演形式单一，中间很少插入其他活动，因此在运用课堂讲演能力时，要求语言除具有逻辑性、科学性外，还应具有启发性，能有效调动学生学习的积极性、主动性，启发引导学生积极思维、独立思考，避免满堂灌，造成学生消极被动地接受知识而抑制学生的创造性，阻碍学生思维的发展。在运用讲演能力时，语言还要有趣味性。教师幽默风趣地讲授，能使学生兴趣盎然地汲取知识，而不会因为时间过长而降低学习兴趣。讲演时还应将口头言语与其他语言形式相结合，如恰当运用板书对口头讲授进行补充说明，使学生加深对学习内容的印象，从而提高讲演效果。如能合理运用现代声光电教学手段进行演示，讲演的教学效果会更加明显。

（二）教学讲授能力的要求

第一，讲授具有科学性。①讲授内容的科学性。教师应该在教材内容的基础上进行知识实质的研究和领会，从而对概念进行讲解和对论证进行验证等，不但要让学生掌握知识，也要提升学生的学习思维能力。一定要避免为了追求生动的语言而忽视教学的实质。②要有科学的态度。教师要基于科学的认识论和方法论，要以事实和客观存在为基础来进行概念和原理的讲解，防止片面地看待事物，也不能弄虚作假，而应该以科学、认真的态度来对待教学工作，端正自己的教风。③要采用科学的语言。科学的语言是指的教师在课堂教学时要采取严谨、科学的态度和语言，在阐释概念和公式时要注意语言的准确性和周密性。

第二，讲授生动形象。只有具备感性的认识，才能进行生动的形象的讲解。而语言的生动形象性能够直接调动学生的学习兴趣和热情，促进其思维的培养，这也是提升学生学习兴趣的一个重要方法。为此，教师在进行课堂教学时要通过生动的语言来调动学生对新知识的学习欲望。同时还应该借助表情、动作、绘画与音响等方式，对于外部和内心世界的各种现象进行描绘；通过比喻、表演以及描绘等方式来促进学生对抽象概念、规律的认知和探索，让学生对概念有更加具体的认识，将枯燥的知识趣味化和生动化处理。

第三，讲授具有简洁性。教师不仅要对教材的书面语言进行加工、提炼、斟酌，尽量不讲修饰语和形容词过长、过多的话，要竭力把可有可无的字、句、段删去，用最简练的语言表达最丰富的内容。要求教师的语言简洁明快、干净利落，既准确又精练，句句连贯、层次分明，具有内在的逻辑性和高度的概括水平。

第四，讲授通俗易懂。教师上课的目的之一是要使学生掌握知识。而要做到这一点，教师讲话就要使学生能听得懂，能够与已学的知识联系起来，要求讲授传递的信息符合学生的背景和兴趣。教师在选择例子和证据时，应做到适合学生的年龄特征，尽可能选择学生比较熟悉的事物，使学生容易把这些事物与尚未被认识而必须学习的内容联系起来。教师的语言表达应使学生听得明白，用语要有针对性，不能堆砌辞藻。

第五，和谐讲授。在讲课过程中，教师应意识到讲话速度、音量、音高和发音等的科学运用。教师要善于用语调包括语音高低、强弱、快慢和停顿来吸引学生。恰当的语调是达到教学语言和谐性的一个重要因素。师的语调有着十分重要的意义。在教师的许多特性中，语调占着一个重要地位。从根本而言，语调并不是教师的技能和设备中的一个重要成分。对于一些课堂教学语调，教师应予以重视：一是声音过于高昂，嗓门很大，形成持久的"高八度"，学生身旁充满震耳欲聋的音波会心烦意乱；二是声音过度低沉，嗓门很小，后排的学生侧耳倾听也很费力；三是讲话速度过快，使学生无法跟上思路等。

第六，板书相配合。板书的基本内容包括图像、文字和数式，是教学的辅助手段。按讲课大纲设计板书能够帮助学生保持注意力，从而有助于消化教学内容，因为板书的内容是经过提炼的，能引导学生掌握重点和关键问题。板书与讲授配合，有利于学生记好笔记和复习。

（三）教学讲授能力的应用

学习与研究课堂教学讲授能力的理论知识，并能自如运用于课堂教学学习与研究课堂教学讲授能力的理论知识，是理解该技能的内涵与掌握教授技能的前提条件，学习的内容包括：课堂教学讲授能力的概念、优缺点、适用范围；各种课堂教学讲授能力类型的名称、概念、相互间的区别和联系、各自的应用要求等，以下是教师应用讲授能力的要求：

1. 博览群书

一个教师要具有扎实的技能，必须以广博的各门学科知识为基础。这是因为，教师的讲授对学生的影响并不限于某门学科、某种专门知识。随着传播科学文化知识渠道的增多，学生通过各种渠道深入社会、了解社会，开阔眼界，增长知识，他们不论在知识的广度上还是在深度上都明显比过去有所提高。一方面，给学生带来方便；另一方面，又对教师提出更高的要求，他们希望在教师身上获得求之不尽的知识，教师贫乏的讲解无法满足学生对知识的需求。

一个合格的教师要想设计出令学生满意的讲解，无论从事哪一学科的教学，都必须掌握和本学科相关的文化基础知识。同时，要把文史地、数理化、音体美等学科知识作为知识结构的整体来认识；对哲学、社会学、伦理学、美学等应广泛涉猎。除此之外，还要及时了解与教学内容相关的新兴学科、边缘学科的基本内容。

2. 深入研究教材

设计讲授是为了通过讲授而达到教学目标，促进学生的发展，至于促进发展应达到何种程度，则要根据教学要求和学生实际而定，因此讲解准备过程的重要一环是深入钻研教材。钻研教材要以课程标准为指导，根据教学目标和教学原则，具体地研究和组织教材，并把教学内容和一定的讲授形式结合起来。钻研教材要有一个整体观念和发展观念。整体观念，就是要从教材的整体和学生心理发展的整体来研究，把一章一节教学内容和整个教学目标联系起来；发展观念，就是要把一节课、一个章节、一个单元的教学目标，同一个学期、一个学年以至全学科的教学目标联系起来，使一节课、一个章节、一个单元的教学成为促进学生长期发展的有机组成部分。立足于上述整体与发展的宏观意识，便可从微观入手来抓教材中知识结构的重点来设计讲授。

3. 了解学生实际

教学包括教师的教和学生的学，它是由教师的控制系统和学生的控制系统相结合而成的。从教师方面而言，深入钻研教材仅是所讲授信息输入前准备工作的一个环节，为保证讲授信息输入的顺畅，教师还必须了解、研究学生，通过观察、教学检查等方法，了解学生的整体基础知识、智力水平，了解学生对上一单元、上一课时讲授信息的接受程度。当然，教师对朝夕相处的学生的基本情况还是比较了解的，但具体体现到每一册教材、每一节课中却不一定了如指掌，为使每一次讲授都能讲到重点上、问到关键处，教师应特别重视"了解"学生。

4. 判断知识的性质

选取合适的类型，写出教案。根据教材内容、学生特点及其他诸方面因素选取合适的课堂教学讲授类型，根据该类型的相关要求，写出教案。之后熟悉教案—实习（录像）—评价（放录像、自评、他人评价）—再实习（录像）—再评价（放录像、自评、他人评价）。

四、教师教学语言能力

(一) 口头语言技能

1. 口头语言技能的作用以及类型

教师教学语言的作用主要在于组织、指导、激发学生学习，对学生在学习中产生的疑难问题给予点拨指导，对学生在课堂学习中所做的努力及进步给予肯定，从而使学生积极、主动、有效地学习。教学语言技能较高的教师能通过自己的教学语言，能够有效地组织指导全体学生进行自主、合作、探究性学习；还可以使教学过程显示出极大的艺术性，从而产生积极的教学效果。

不同的教学语言将起到不同的作用。例如，教师在教学中，用启发性教学语言能够帮助学生自己学会学习，发展学生的思维能力；用适当的反思性语言可以有效地引导学生进行反思活动。教师在课堂教学中，应针对不同的问题、不同的情况、不同的学生，把握最佳教学时机去启发、去赏识、去激励、去反思，才能充分发挥教学语言的作用。教学口头语言技能类型主要包括：叙述性语言、描述性语言、论证性语言、说明性语言、抒情性语言、评价性语言等方面，下面主要阐述叙述性语言。

叙述性语言，是指教师在课堂教学中，将教学内容向学生做较客观的陈述介绍的语言。叙述性语言一般可分为以下方面：

（1）纵向叙述。是指教师在课堂教学中，根据事理在时间上的延续性进行的叙述方式。有顺叙、倒叙、插叙等不同的叙述方式。顺叙是按人物的经历或事件发生、发展的先后顺序进行的叙述。倒叙是把事件的结局或事件中最突出的片段提在前面叙述，然后再按时间顺序叙述事件的其他过程，这种叙述方式的特点是能造成悬念，激发兴趣，取得吸引学生注意力的效果。插叙是暂时中断所叙述的事件，插入与之相关的另一事件的介绍，然后再接着叙述原事件。这种叙述方式的特点是加大叙述的容量，使叙述富于情趣和变化，有时能起到活跃课堂气氛的作用。

（2）横向叙述。横向叙述适用于介绍具有空间关系、逻辑关系（如主次关系、因果关系等）的事理知识，如讲述地理知识"北欧各国"中丹麦、挪威、芬兰、冰岛具有空间关系时，教师常用的就是横向叙述的语言方式。

（3）交叉叙述。交叉叙述就是把纵向叙述和横向叙述结合起来进行。

2. 教学口头语言技能的使用要求

（1）从教学语言构成要素看使用要求。教学语言是传递教学信息的基本方式，是由语音、语调、语速、节奏、音量、词汇、语法的相互关系、相互制约的语言要素构成的。要把教学信息生动、准确地传递出去，便于学生接受和理解，必须理解教学语言的基本构成要素及其意义。语音是人类发音器官发出的具有区别意义功能的声音，是语言的基本构成单位。语调是指讲话时声音的高低。语速指的是讲话的快慢。语速是否科学合理，对教学效果的好坏有直接影响。一般情况下，教学语言的速度以每分钟200～250字为宜。教师说话的速度要有快有慢，教师要学会变化语速。

在教学中，变化语速主要是引起学生的注意，促其将精力集中到听课上来；在学生紧张疲惫、跟不上教学进度时，要放慢语速；在学生因已经厘清正在进行的教学内容，而表现出漫不经心的样子时，则宜加快语速，迅速进入下一个环节的教学。语言节奏是指语调高低、快慢的变化。音量是指声音的高低，实际上是强度、长度、高度的总和。一般情况下，一节课中教师不能自始至终使用一种音量，要学会变换音量。音量变化的方法主要有以下方面：

第一，多种音量法。教师可运用多种音量交叉使用的技巧，以引起、保持学生的注意。如一位教师在讲一个有趣的故事之后，引来学生的一片笑声和议论声。当他开始把声音变弱，形成安静低沉的声调时，学生便会更加专心地听讲。在某些情况下，低声细语能使语言更传神，当然，这时教师不仅要讲得慢，而且要讲得清楚，要让每一位学生都能听得到。

第二，高音量法。在学生注意力不太集中时，运用高音量法能避免学生精力进一步分散。如果学生只是窃窃私语，用高音量法较好；若课堂上出现的是乱哄哄的场面，教师声音再大也不足以引起全体学生的注意，那就要采用其他办法。

第三，短暂停顿法。短暂停顿是一种有效的音量变化方式，它能使学生通过抬头注视教师而将注意力迅速地转移到教学内容上，具有较高的提醒作用。应注意的是停顿时间应控制在3秒钟左右，3秒钟左右的停顿足以引起学生的注意。过长的停顿既浪费教学时间，又会使学生产生难以忍受之感。

变化音量最重要的是使声音具有起伏变化，使声音的强度不维持在一个水平上。对大多数教师而言，不要总是用过高的音量不停地讲。心理学的研究表明，声音的强度与人们的情绪有着直接的关系。平时人们的日常对话，声音的强度大约为60分贝。高音教学若超过一定的强度，达到80分贝以上，就会成为噪声，学生就容易产生疲劳感，神经系统即进入保护性的抑制状态，学生随之就会产生对待学习的消极情绪。同样，教师总用过低的音量讲课，学生会因辨别不出语音而影响听课效果。因此，教师在变化音量时要避免音量过高或音量过低的情况出现。

在课堂教学语言中，对词的要求是规范、准确、生动。用词规范，表述准确，不仅能正确地传达教学信息，又能使学生迅速把握语义，掌握知识。同时，注意选用富有形象性、感染力的词，能使教学语言形象生动，增强语言的感染力。

语法是遣词造句的规则，按照这一规则使用教学语言，就容易被学生理解，反之则会带来学生理解上的困难。符合语法规范的教学语言，就是教学中教师"知而能言，言而能顺"，句子通顺连贯，语段合乎逻辑，语言得体。一环扣一环地学习知识，从而达到理解、掌握知识的目的。

（2）从教学活动角度看使用要求。课堂教学包括导入新课、讲授、板书、实验、练习、运用现代教学手段等一系列教学活动。在这些活动中，教师的语言技能水平直接影响着学生的学习质量。教师在导入新课时，要想使课堂学习吸引住学生，就需要教师精心设计导入语言。

第一，课堂讲解的语言。对课堂讲授阶段使用的教学语言的要求主要体现在以下方面：①逻辑性。教师必须考虑用怎样的语言，在适合学生思维水平的前提下进行引导。②透彻性。教学语言的透彻性主要指阐发得透彻，引导得"清澈见底"。要达到这一要求，教师必须吃透教材，对整体课程乃至整个章节的内容都了然于胸，这样，教学中才能做到前后贯通，才能根据学情选择恰当的方式、得当的语言加以引导、讲解。③启发性。教学语言的启发性主要能充分激发学生学习的内部动机，有利于培养学生的认知兴趣和思维能力，以增强语言的感染力，促使学生思考，积极寻求问题的解答方法。

第二，归纳、总结的语言要求。教师的语言应力求体现凝练性、平实性和延伸性。教学语言的凝练性主要指语言简练。教学语言的平实性主要指质朴、严谨、实在。教学语言的延伸性主要指教师的语言要有顺延、伸展的作用，促使学生从自己的头脑中去寻找与所学内容有联系的知识点，或积极去探求与所学内容联系密切的新知识，以达到使知识融会贯通、拓展延伸的目的。

第三，从课程改革角度看使用要求。基础教育课程改革要求教师的角色及行为必须发生重大转变，即要求教师成为学生学习活动的组织者和引导者。教师角色的转变赋予教师教学语言全新的内涵。课堂教学语言必须做出以下转变：

一是讲解性语言应大幅度减少。教师角色的变化——由知识传授者转变为学生学习的引导者，使教师的责任转变为学生创造各种有利条件，促使学生通过自主、合作、探究性的学习，顺利完成学习任务。这就意味着教师讲解性的语言必须大幅度减少。不低估学生的学习能力，不高估自己讲解的价值，讲解性的教学语言在课堂中就会慢慢减少。

二是引导性语言应大量增加。要让学生采用自主、合作、探究性的学习方式进行学习，必定要以原有的知识为基础，因此，引导学生把已知和未知联系起来，便成为教师教学语言应达成的主要任务之一。

三是组织指挥性的语言应大量增加。要让学生采用自主、合作、探究性的学习方式进行学习，必须将学生有效地组织起来，且要在学生学习的过程中进行有效的指挥调控，这就意味着教师组织指挥性的语言应大量增加。

四是增加鼓励话语的运用。要让学生采用自主、合作、探究性的学习方式进行学习，学生的情感、意志等起着重要作用，而教师鼓动、激励的话语是学生情感、意志的催生剂。由此可见，教师应该增加鼓励话语的运用。

综上所述，面对课程改革的要求，教师必须不断调整自己的教学语言技能，以适应学生学习方式的转变，凸显学生的学习主体地位，最终实现教师角色的真正转变。

（二）形体语言技能

1. 教学形体语言技能的功能

（1）辅助功能。教师的基本职能是传授知识，在传授知识的过程中，语言是最主要的载体和工具，但要使语言发挥最大功能，必须辅助以形体语言手段，教师的形体行为一般情况下是与语言行为同时产生的，这样就凸显出形体行为在传授知识过程中对语言行为的支持辅助功能，教师体态语能补充、强化口语信息，扩大教师所传递的信息量，增强学生对有用信息的接受量。与口头语在传递信息方面相互补充，相得益彰。

（2）沟通功能。教学过程是师生间一种贯穿始终的交流，这种交流不仅是知识和信息的传递，也是师生间情感的交流过程。教师的形体行为有辅助语言行为的作用，在传递过程中，同时还扮演另一个角色，即起到传递师生间情感信息，促进师生之间相互了解的作用。一般而言，在学校环境中教师的形体行为的沟通功能主要用于知识传播服务，但师生关系又是一种特殊的人际关系，所以教师的形体行为还可能影响到师生关系。

在特定教学环境中，教师的一言一行、举手投足都会起到传递特定信息，改善或改变师生关系的作用。正处于成长成熟阶段的学生，对教师的形体行为会特别关注，学生能从对教师的形体行为分析感受出一个教师的外在形象美，由此折射出其内在的智慧美，只要是积极的、有效的、有意义的形体语言都会成为改善师生关系，提升学生对教师信任度的强化剂。

（3）调节功能。形体语言的调节功能表现在教师通过训练总结一些形体语言技能来调节和控制学生的行为。如果把学校看作一个独立完整的管理机构，那么学校里的每个教师都是这个机构的管理者之一。教师的管理行为不仅表现在对学校的规章制度的判定和执行上，也表现在通过一定恰当的、有意义的形体语言实施动态管理上。优秀的教师能成功地运用眼神、表情、手势等形体语言技能来对学生进行有效管理。这种管理方式更加彰显出一个成功的教师的出色之处。善意的、合适的形体语言行为更容易被学生接受，相应地，也能取得良好的效果。

（4）激发功能。教师对本学科的热爱所表达出来的富有感染力的激情，在很大程度上要通过体态语言表现出来。教育是一个细致入微、影响深远的工作，作为对学生的成长和未来具有巨大影响力的教师，应积极引导学生，合理采取激励手段，使学生健康、快乐地成长。

2. 教学形体语言技能的分类

（1）目光语。目光语是运用眼睛的动作和眼神来传递信息和感情的一种体态语言。一个人眼睛瞳孔的大小、亮度的明暗、仰视的角度、注视时间的长短等，都透露着丰富的信息。因此，教师在课堂上艺术地用好目光语，对于辅助历史教学，提升教学效果至关重要。

（2）表情语。表情语主要是指面部表情，由嘴、眉、脸颊、鼻等器官和面部肌肉运动变化构成。教师不仅通过言语向学生表达自己的思想感情，而且凭借面部表情向学生传递教育信息，表达自己的教育意图，启迪学生、引导学生、感染学生。学生透过教师表情的变化，也可以领悟、觉察到教师情感的变化，获得教师对自己评价的反馈信息。

（3）手势语。手和臂是人体敏锐的表意传情器官之一。手势语是指用手指、手掌和手臂的动作和造型来表情达意的一种教学行为。教学过程中教师使用的手势，与日常生活里的手势不完全相同，它是一种严格的与讲授内容相一致、与有声表达及其他辅助教学手段相协调的艺术化的手势，应当体现出对学生人格的尊重和与学生情感上的融合。

（4）身势语。人的姿态除通过局部动作显现外，更主要的是由头姿、坐相、站位和走势展现出来。对于教师而言，姿态既是教师形象的重要组成部分，也是教师修养的一个重要方面。因为教师总要在学生面前、在课堂上亮相，学生透过这个"相"去认识老师、理解老师，并从中得到潜移默化的熏陶；教师则通过教学体态表达，通过这个"相"来展示自己的素质修养和精神风貌。

（5）服饰语。教师的着装必须有与其职业相称的特殊要求，着装一定要搭配得当（上下一致、长短合适、色调协调，衣、裤、包、带、鞋之间的搭配合理），大方得体，对应身份、场合。

3. 教学形体语言技能的表现

（1）面部动作。

第一，面部表情。面部表情是心灵呈现的最佳舞台，是最能集中体现教师情感的形体语，它主要通过眼、眉、唇等器官和面部肌肉的活动来传递信息。一般而言，凡是有经验的教师，都善于运用面部表情的变化来充分表达自己的情感。教师面部表情可分为：①常态基本表情，表现为和蔼可亲、热情开朗、常常微笑，这种表情可给学生创造一个轻松愉快的情感环境；②随机而变的表情，表现为与学习内容同步，随内容的变化发生喜怒哀乐的变化，随教学流程的发展而发展。这种表情的变化使教学动态活泼，使知识变得浅显而有趣。这样学生就可以通过表情感受到教师的真诚、爱护、信任、鼓励，使师生关系和谐发展。

第二，眼睛动作。眼睛动作是形体语言当中最为重要的沟通方式。合理运用眼神会对教学起到事半功倍的效果。一般而言，与学生交谈期间眼睛动作有搜索信息和发送信息的作用，即强调谈话内容，提醒注意听取对话。教学中运用眼睛动作来组织教学，进行师生交流，可以再现教学内容，创造特定情境，引导学生进入教学意境。通过眼神暗示、引导，能够达到启迪学生心智的目的。

教师常用的眼睛动作主要有注视、环视。教师注视包括授课注视、亲密注视和严肃注视。授课注视可激发学生思考，集中学生注意力，认真听讲；亲密注视表达一种亲近情感，可改善师生关系；严肃注视一般多用于组织教学，进行管理和制止不良行为。教师环视，是指教师的视线在较大范围内有意识地做环状扫描式搜索。一般教师多在讲授前、讲授完部分或整体内容后或是在提问之后使用，环视可起到加强管理、调整气氛的作用。

第三，微笑。面部动作的重要性常常与微笑相关联。教师在与学生交往的过程中，要鼓励学生，运用语言的同时，热切地注视他，面带微笑，这会增强学生的自信心。教师微笑的功能主要表现在它可以为教师创造出良好的授课心境，发挥出最佳教学水平，可使学生提高学习兴趣和效率，增强理解，改善师生关系。

（2）手势。手势实际上是形体语的核心，因为手势最多，也最细腻生动，运用起来更自如。手势的效果在于是否用得恰当适时准确。教学中手势的一般要求：①手势与授课内容相一致，手势的多少要根据需要而定；②讲究手势艺术，运用手势要注意适度，手势要简单精练，动作准确、协调优美；③避免消极的手势，如斥责性的手势，威胁性的挥舞拳头等。优秀教师更应当学会用适度的张力，适度的幅度以及准确地把握动作的范围，使手势在课堂教学中发挥其特有的艺术功能。

（3）姿势。姿势分为站姿、走姿和坐姿。标准站姿应该是抬头、挺胸、收腹，两腿分开、直立。走姿应行走时步伐稳健，步幅不大不小，速度适中，上身直立，双眼平视，双手自然摆动。坐姿要正，不可以贴靠在一张桌上，使学生以为教师精力不足；不可手托下巴，表现出漫不经心。教师运用姿势要注意协调、适当、简练、稳重，应与所讲内容和自身气质性格等因素相联系。总而言之，端正的体姿、矫健的步伐，无形中会增加教师讲课的吸引力和知识的可信度，使学生保持长久的兴趣和注意力。

（4）空间沟通。有经验的教师在讲台上每隔一段时间总要变换一下位置或走下讲台，在座位间的过道里来回走动，一方面，为了适应教学，不至于长久站立而太累；另一方面，通过距离的调节来加强学生接收信息的效率。空间距离还伴随着音量的改变。对学生个别问题的处理，教师往往走近学生，近距离低声说话，而教师面对全体学生上课时就要在讲台上远距离大声讲话。同时，利用空间距离也要注意方式，注意情景式场合的选择，注意学生的年龄和性别。

（5）仪容仪表。教师的仪容仪表是一种静态的形体语，也是心理学上说的第一印象，它包括教师的服装、发型、面孔以及眼镜、饰物等，是教师形象中最明显最易于被学生观察到的部分。因此仪容仪表对塑造教师个体形象有直接的影响。教师的服装应以整洁、大方为原则。教师的发型一般是生活中通常保持的发型，教师在选择发型时：一方面，应与职业特征相契合；另一方面，应与个人的气质、脸型和精神风貌相一致。女教师的妆容一定要淡雅、自然、适当，饰物应自然大方，不宜夸张。

4. 教学形体语言技能的应用

教育教学的目的之一是让学生在体验感悟中获取真知，应该做到让形体语言技能更好地为师生服务，发挥最好的效能。

（1）形体语言技能应用原则

第一，适用性。教师运用形体语言的目的是更有效地进行教育教学。如未能达到预期目的，那说明这样的形体语言是无效的，面对已经出现的严重局面，凭借一个眼神，一个简单的手势制止下来，是无法实现的。适用原则强调教师在运用形体语言时要有针对性，要对实施对象有深入的了解，因地因时制宜，有的放矢，这样才能使形体语言发挥最大的功效。

第二，情境同一性。教师的形体语言是在教书育人过程中的内心情感的真实反映，是自然发生的，这就说明教师在发出形体语言行为时要表现自如、得体。一是教师形体语言要与当时的教学情境相适应，注意课堂气氛，衡量采取何种形体语言能为课堂艺术锦上添花；二是教师要力求避免下意识的体态语行为，下意识的动作往往是不规范的；三是教师要在尊重学生人格的前提下，运用适当的形体语言传递善良的愿望，积极向上的人生品质，使学生产生情感上的共鸣；四是不同年龄、不同性别、不同经历的学生心理承受能力有别，教师要有针对性地运用形体语言。

第三，程度控制。由于教师的一言一行都在学生的视野之内，教师在运用形体语言时要考虑到自己的所作所为都有可能对学生产生某种影响，因而应时刻对自己的形体语言进行适当的调整和控制。程度控制原则一是要求教师的形体语言注意适当的幅度、力量和频率。教师上课，不同于演员演出。一般的室内课堂教学多数情况下学生处于思索状态，主要是被教师语言表述的教学内容所吸引。

教师的形体语言动作不宜过分夸大，以免有失去平衡之感；而且动作频率过高会分散学生的注意力，打乱学生的思维方式，造成学生情绪紧张。教师应结合教育教学要求和内容，调控自己的形体语言，做到动静有度、举止得体、用得其所。教师要善于把不利于教学的形体语言掩藏，真正发挥"以姿势助说话"的作用。例如，教师在非常生气时，应把这种情绪转移到教学之外的其他情境进行处理，而学生看到的将是适度的表现。

第四，追求美感。教师的言行举止往往起着净化学生心灵的作用，给学生以美的享受。教师的仪态、衣着、表情、手势、语言、书法等无不影响学生。如果严于律己、为人师表，以向学生进行美育的标准来要求自己，就会对学生起到潜移默化的教育效果。教师的形体语言不仅能配合语言给学生以教育，还能最大限度地表现出艺术的魅力。在形体语言的运用过程中，教师的眼神、表情、手势、姿态等和谐配合，相得益彰。矫正不良行为习惯，使自己的形体语言赏心悦目、自然大方，达到形神统一的行为美的要求。讲授时应是生动形象，是有分析、有讲解，带着教师深厚的、健康的、质朴的感情的，只有这样才能使学生获得美的教育。

（2）形体语言技能注意事项

第一，注意教学时不要轻易背手。背手是一种消极性形体语言。教师把手背后一般会让学生感觉教师严肃、有权威。因此，在监考及巡视学生作业和练习完成情况时，教师可以适当地采取这种体态。但是，教师在讲台上讲课时不能背手，因为这样一来便无法用双手做出一些辅助口语行为的动作，影响讲课效果，同时也使教师显得呆板，影响学生对教学内容的兴趣。另外，在与学生交谈时，不应将双手背于身后，否则，会给学生在心理上造成一种压力，妨碍师生间的情感交流。

第二，注意双手撑在讲桌上的动作。上身呈向前倾斜状，双手撑在讲桌上以承受身体的部分重量，减轻腿的压力，这种体态在教学中十分常见。对于长时间站立讲课的教师而言，这种姿势比较舒服，但却有一定的消极作用，如形象呆板。因此，教师可适当使用双手撑在讲桌上的动作，但是一节课中出现的次数不应过多，每次持续的时间不宜过长（数分钟），应该是越少越好。

第三，注意控制腿部抖动。腿部抖动是指以一脚为主承受身体重量，另一只脚抬起脚跟，不停地抖动。采用坐姿时，将一腿搭在另一腿上，不停抖动。作为教师，应尽量避免这些动作，可能会给学生留下轻浮、不稳重的印象。

第四，尽量不要近距离站立于回答问题的学生跟前。学生上台讲话，教师站立于学生附近，或者提问学生时，走下讲台，站立于学生附近。这样会使学生内心更紧张，又不能使全班同学听到回答者的声音，失去教育意义，这是应该尽量避免出现的情况。

第四节　现代教育教学管理中教师创新能力培养

"高校专业教师全面发展是高素质人才培养中的重要内容"[1]，在高职教育管理当中教师占有非常重要的地位，教师创新能力培养不仅能对教育管理效果有一定程度的影响，对学生在社会当中的发展也有着很大的作用。而教师自身的创新

---

[1] 张俊华，李国栋.高校环境科学专业教师职业素养提升与科研创新能力培养[J].高教学刊，2022，8（19）：154.

能力可以对未来教育实际管理产生直接性的影响，只有自身拥有创新能力的教师才能够对学生进行创新的教学。

一、教师创新能力培养的现实意义

第一，有利于教师的自身发展。"教育管理当中对于教师自身创新能力的提高是最为主要的目标之一。"[1]如果在学校中的教师能够将培养学生当作自己对进行教学的主要目的，那么教师在学校进行教育的过程中所遇到的问题，都会成为对教师自身所拥有的能力与知识的挑战，从而成为教师能够不断进行学习与创新的主要动力。

第二，有利于教育管理的改革。对教育管理进行前进最为主要的动力就是教育改革，其也是教育管理前进必经的过程，而在教育管理进行改革的过程中与教师自身的创新能力有着直接的关联。需要将改革进入到教师日常的教学当中，充分地对教师进行了解才可以使教师在教育改革当中有所学习与反思，从而提升自身的创新能力。在教育管理当中只有使教师将自身的工作方式进行重新了解与改善，才是教育改革真正的成功。

二、教师创新能力培养的路径分析

（一）运用慕课提升教师创新能力

慕课（MOOC）是一种在线课程，它具有广泛性和开放性。慕课的广泛性一般体现在以下方面：①从课程内容上而言，丰富且广泛；②从服务对象上而言，接受服务的学习者数量庞大；③从影响力上而言，世界多数位置的个体都可以学习该课程。慕课的开放性，一方面，是指学习空间的开放性，在校学生可以利用慕课学习，社会人员也可以利用慕课学习；另一方面，是指学习资源的开放性，所有人都可以自行下载课程资源，且课程免费。慕课与传统的远程教育存在明显的差异，更是与教学视频网络公开课的特点不同，慕课是一种十分依赖网络的课程，对于传统课程而言，具有以下方面的差异：

第一，慕课在开课之前需要进行详细的计划，确定教学目标。教师先制作一个简单的课程描述，如课程中的重难点、课程的进度等。学生在慕课开始之前还需要注册一个专门的账号，从而使用自己的慕课账号登录慕课平台进行学习。

---

[1] 徐国荣. 基于教师创新能力培养的高校教育管理探讨[J]. 课程教育研究，2019（12）：175.

第二，教学视频是一种专门为慕课进行制作的视频，而不是将课堂教学、会议研讨等录制下来的视频。

第三，在一个教学模块中，将整段的教学视频分成一个个10分钟左右的小视频。这样可以将一个大的知识点分成一个个小的知识点，学生通过十分钟视频的学习能够学会一个小的知识点，这样可以保证学生在较短的时间里集中注意力，使学习效率达到最高。

第四，在慕课的教学视频中包含一些回顾性测试，这是为了使学生在学习完一个小视频的内容之后进行检测，问题回答正确才可以开始下一个视频的学习；如果不能回答正确，那么就要继续观看答错的知识点的视频。这样是为了使学生在学习完一个知识点时及时巩固，从而打牢基础。

第五，在慕课视频平台中，除了观看视频之外，平台中还有作业提交区和展示交流区。这样可以使学生在观看完视频之后，及时完成作业，并且遇到不懂的问题还可以互相讨论，从而解决自己在视频观看过程中遇到的问题。

1. 慕课对教师的创新价值

（1）积极转变教育观念。慕课是一种十分先进的教学理念和教学模式，慕课也给传统教育模式带来了很大的影响，因而从教师的层面进行分析，教师也要做出相应的调整和改变。教师需要做的就是更新自己的教育理念，即教师在教学中要转变自身的角色，要用科学、客观的态度来对待慕课。教师要端正对于慕课的态度，要抛弃陈旧的教学理念，从而加强自身的学习，确定正确的教育理念。

（2）掌握信息技术手段。目前，很多学校都尝试着把先进的现代教育技术引入学校的教学中，这就对教师提出较高的要求，它要求教师一定要学习和掌握一定的信息技术手段，这样才能在教学实践中得心应手地运用这些教育技术。慕课是一种先进的现代教育技术，它的本质就是一种大规模开放性的课程，它的运用离不开计算机，因而教师一定要学习和掌握计算机的基本操作，掌握一定的信息技术理论和实践知识，从而更好地指导学生的学习活动。在现代社会中，教育信息化给很多学校都带来较大的影响，很多学校的教师都把多媒体设备和教育技术引入教学中，此外，在教学中，很多学校都会根据实际的情况要求教师参与慕课的建设和制作中，这也是对教师信息技术的一种挑战，需要教师调整心态、积极配合完成。

（3）提升教育教学能力。虽然慕课是一种开放式的课堂，但教师在慕课教学中依然发挥着重要的作用。需要强调的是，在慕课教学中，教师对学生的学习起到引导和帮助的作用，这就更需要教师不断提升自我，不断提升自身的教育教学能力，这样教师才能够在慕课的教学中游刃有余地指导学生开展自主学习，为学生提供更加优质的慕课资源，并教会学生利用慕课开展自主性学习。

（4）准确定位自身角色。具体分析而言，在慕课这种开放式的教学中，教师一定要明确自身的角色定位，这样才能更好地指导学生的学习，即教师是一种引导者和合作者的角色。对于教师而言，不仅在教学的过程中运用慕课，他们也很有可能会参与学校的慕课制作中，因而教师的角色会是合作者的角色。在传统的教学课堂中，虽然教师具有权威性，但是教师的工作比较单一，即教师就是在讲解教材中的知识点。然而在慕课教学中，教师的地位得到提升，教师的工作也变得更加多样化，其表现在以下方面：①学生自主地利用慕课开展学习活动需要教师的及时指导，教师需要教会每个学生学习的方法；②教师需要根据学生的自主学习反馈情况进行总结，并根据学生的学习情况创设一定的学习情境和探究性的活动等；③不同的学生学习水平有差异，教师要给予这些学生不同的指导；④当学生已经学习完相关的慕课课程之后，教师需要对各项知识点统一进行梳理并使学生在头脑中形成知识的体系。由此可见，在慕课教学中，教师发挥着不可替代的作用。教师是课堂的主导，学生是学习的主体。教师利用慕课可以进行创新教学，从而培养和提升自身的创新能力。

2. 教师运用慕课创新教学

（1）慕课对教师教学的影响。①提供专业能力培养平台。慕课资源是教师开展慕课教学的基础，它可以将线下和线上的资源进行整合，从而发挥出更大的作用。②完善教学的模式。慕课作为一种现代信息技术支撑下的新型教学模式，可以对教学模式进行创新，教学内容以视频的方式呈现。教师主要将课文为视频材料，制作成视频以供学生观看。③增强学生学习的乐趣。慕课可以运用声音、图像等将知识呈现出来，这让学生可以了解到更加直观的知识，从而有利于其学习。当学习是出自学生的兴趣时，其才能真正投入到学习中，享受学习，并最终获得扎实的知识与较高的技能。④扩大学生知识储备。课堂学习的方式是帮助学生学习知识的主要方式，慕课在教学中主要使用网络平台，这种教学模式可以使学生随时随地学习，极大地扩展学生学习知识的范围，对丰富学生的知识十分有利。

（2）教师运用慕课教学的创新机制。

第一，实施开放式课堂，创新教师教学。与传统的教学模式不同，开放式课堂教学的学分管理制度更为多样，不仅包含学分互认，还能做到线上线下教学的融合，这些都是在慕课影响下传统课堂做出的变革。在慕课视角下，开放式课堂显然能激发出学生学习的主动性，因为在慕课平台上有海量的优秀视频资源可以供他们选择、学习，并且也能培养他们的思辨能力、创新精神。可以把传统的课堂看作"线下"教学，将基于慕课平台开展的教学看作"线上"教学，这二者共同构成开放式课堂，从本质上而言，开放式课堂就是传统教学与慕课平台的有机结合。

一是线上。在慕课平台上，学生可以自主选择课程进行自学，他们的学习过程可以简单概括为四部分：观看视频、完成练习、在线交流、信息反馈。学生应该认真对待慕课平台的学习，不应将其仅仅看作"预习"环节，这与翻转课堂课前观看视频截然不同，在慕课平台上，学生应该集中精力将涉及的知识点进行全部内化。

二是线下。在线下，学生已经做好上课的准备，教师也在充分准备后才进行授课，这种目的明确的教学显然能达到很好的教学效果。学生的准备涵盖以下内容：①学生对课堂要点已经进行深入学习，带着对知识的理解来上课；②在学习的过程中，学生有一些收获，同时也存在一些疑惑，这些成果与疑惑都是准备的内容。对于课堂教学而言，教师的"准备"就显得更加重要，在课前，教师需要收集学生在慕课平台上遇到的知识点，并且提前做好知识点的整合等工作。在授课的时候，教师需要将这些疑难点进行合理安排，并设计丰富多彩的课堂活动让学生能够讨论这些话题，这样就可为学生构建出高效的讨论氛围，教师就能真正发挥出课堂引导者的作用，当学生需要帮助的时候，就可以给他们提供合适的帮助。此时，应该打破传统课堂的布置模式，而是采用一些新颖的布置格局，如圆桌式等，这样利于教师照顾到所有学生，并能及时解答学生的提问，同时这也可以创造出一种更为轻松愉悦的氛围，从而给课堂增色。

三是开放式课堂教学的优势。①教学的场所更为多元化，学习过程与以往相比发生很大变化，一些理论知识等方面的内容可以放到课后让学生自己去消化，在课堂上，师生能有更多的时间一起进行知识的探究，如果遇到问题，就可以得到及时解决。②开放式课堂教学营造和谐的师生关系。学生在线上进行学习的时候，如果遇到不懂的问题就可以在讨论区与同伴或者其他的一些人相互讨论，这样就利于疑难问题的解决。学生在线下学习的时候，教师就可以将所学的知识进行搜集整理，并且提前构建课堂情境，尽量为学生提供一种比较舒适的交流氛围，这样就能让不同学生的思维得到碰撞。相较于传统的课堂，学生有更多的机会与老师进行交流，从而一种更加和谐的师生关系被构建出来。

第二，建立多元化的评价标准体系。课堂教学也需要有合适的教学方法与之相匹配，通过对教学质量进行评价，可以促进教学向着更为高效的方向发展。与传统的课堂相比，开放课堂具有更为多样化的选择，所以，在进行评价的时候也应该选择多样化的评价体系。

一是对教师"教"的评价。与传统课堂相比，开放式课堂教学的评价主体更加多元，因为课程是开放的，所以只要是学习课程的人都可以对课程进行评价。教师可以从注册人数上看到学生对课程的认可程度，如果注册的人数很多，那么显然有更多的人喜欢这个课程。学习者应该按照教学的进度在一定的时间段内完成调查问卷，这样就可以反映出教师的教学状况。此外，慕课拥有讨论区，教师也可以从讨论区中看到学习者的评论。

二是对学生"学"的评价。在传统的课堂教学中，纸笔考试是评价学生最为合理有效的方法，多样化课堂教学的开展也为评价提供更多可能，这显然利于评价的开展。对学生的考核主要是通过线上与线下两方面实现的。在线上，通过测评客观题的答题情况查看学生知识的掌握情况；在线下，还是通过安排统一考试的方式，以教师评价以及学生自评的方式开展。对于不同部分评价在总评价中所占的比例，可以由教师自主决定。

（二）运用微课提升教师创新能力

微课是信息技术迅速发展的产物。微课的发展在很大程度上也促进信息技术的发展。微课是一种教学载体，它利用短视频的形式来阐述某一问题或观点，其旨在帮助教师和学生学习知识、巩固知识。

1. 微课的特点与原则分析

（1）微课的特点。微课是一种新的学习方式，它打破传统教学模式时间和空间的局限，其主要特点包括以下方面：

第一，主题明确。传统教学模式存在着很多的问题，比较常见的有：教学重点内容和难点内容不分明、不清晰，不利于学生把握教学的重点和难点；教学目标不明确，不利于学生了解教学方向；知识点涉及范围广，内容复杂，不利于学生提高学习的效率。而微课的出现，可以解决传统教学中存在的这些问题。教师在进行微课制作的过程中，主要将教学中的难点知识和重点知识融到微课的制作中。可见，微课教学在主题上以明确为主，在内容上以简洁为主，这是传统教学所不具备的优势。主题明确的微课教学能够激发学生学习的兴趣，有利于集中学生的注意力，同时也有利于学生快速地理解主题内容。

第二，多元真实。多元真实的特点主要可以从多元和真实两个方面进行分析。①微课的多元。主要强调的是微课资源的丰富性和多样性。比较常见的微课资源主要有微课视频、微课件、微练习等。这些能够为学生学习提供丰富的资源。微课的资源与传统教学模式的资源相比，更具多样性。另外，微课多样化的教学资源也能够促进教师的发展。②微课的真实，主要强调的是教学情境的真实性。微课教学注重真实情境的创设。教师在制作微课的过程中，会将教学内容融到具体的真实情境中，从而形成微视频。同时，还需要指出的是，教师在创设真实情境时应该多贴近学生的现实生活，只有这样，才能促进教学目标的实现。

第三，弹性便捷。传统课堂教学的时间固定，不具有灵活性和弹性。而微课教学却不同，它通常制作的视频时间比较短，即使一些长视频，其时间也不会超过十分钟。这种视频时间的安排更能够集中学生的注意力，与学生的认知特点也十分契合。另外，在制作微课时，教师涉及的微课资源容量也不大，很多资源容量都在百兆以内。这种小容量的资源在存储过程中更加便捷。因此微课教学和微课学习成为可能。学生在学习微课视频的过程中，不仅不会花费太多时间，还会更加集中精力进行学习，真正意义上提高学生学习的效率。同时，学生可随时随地进行学习，弹性地安排自己的学习时间，为学生的学习提供很大的方便。

第四，共享交流。微课的共享性主要强调是微课资源的共享。微课是信息技术与教学内容的有机结合，具有资源丰富、方便快捷、互动性强等特点。微课不受时间和空间的限制，学生可以利用自己碎片化的时间进行学习。微课的共享交流不仅有利于学生与教师、教师与教师、学生与学生之间的交流互动，还有利于形成平等、和谐的师生关系。更为重要的是，这种共享交流能够提高学生的学习效率，促进教师的专业成长。

第五，实践生动。微课开发的主体是广大一线教师，加之微课开发的本身就是以学校的教学资源、教师的教学与学生的学习为基础的，因此，越来越多的学校通过微课这种新的学习方式进行探索研究，挖掘本校的微课建设，这本身就具有很强的实践性。在实践的过程中，教师需要注意微课的表达方式，生动活泼不仅体现在微课画面设计、微课音乐设计、微课主体设计等方面，还体现互动方式、设计步骤等方面。实践生动是微课的主要特点之一，也是微课广泛应用于教育教学中的主要原因。

（2）微课教学的原则。

第一，简洁易懂。微课，重在一个"微"字，一般而言，微课教学的视频时长为5~10分钟，教师要想在如此短的时间内呈现出最精致的教学内容，就要求教师在微课的制作过程中力求既"精"又"简"。由于微课的内容是针对某一个重要知识点而展开的具体介绍，因而教师应该紧紧围绕核心内容进行剖析，最好能做到开门见山、直入主题。对于教师而言，能用一句话概括的内容绝不进行连篇累牍的详述，能用最通俗易懂的案例绝不进行牵强附会的拓展。教师要利用精辟简洁的文字激发学生开放、发散的思考，真正帮助学生实现自主性学习。

第二，观感舒适。一个设计优秀的微课主要取胜于三个方面，即简洁的文字、精美的画面以及和谐的音乐，从而使受众观感舒适。首先，文字简洁。微课的播放要具备适当的字幕提醒，不同时段的讲述重点要通过最简短、准确的文字呈现给受众，但是文字简洁要以内容传递的准确性和前后关联的逻辑性为前提。其次，画面精美。教师在微课制作前应对所教授的内容从宏观到微观都能做到主次分明，只有这样，教师才能通过课件将其中内容的层次以独特的画面语言告诉学生。最后，音乐和谐。不是所有的微课都需要添加动听的音乐，但是为了取得更加完美的教学效果，教师可以适当地添加能够起到舒缓学生情绪、维持学生注意力作用的乐曲。需要注意的是，不论文字、画面还是音乐，对于微课教学而言，这些都不是制作者最应该投放精力的地方，微课的关键还是在于内容的选取和讲授，切忌出现舍本求末、喧宾夺主的情况。

第三，内容完整。微课的授课时间虽然短，但时间的压缩并不意味着质量的降低，每一个微课的内容都是经由制作者严格筛选而来的最具有价值的知识点，短短5分钟的视频所囊括的内容不仅主题清晰、结构完整，并且要点突出、结论明晰。其所列举的案例往往也都跟学生的日常生活紧密相关，便于学生的理解。学生虽然只是通过屏幕进行学习，却也能够真正收到和课堂教学一样的学习效果。

第四，坚持以"学生为中心"。微课教学不同于传统的教学，它具主题明确、共享交流、多元真实等特点。这些特点是传统教学所不具有的。将微课应用于教学中，可以改变传统的教学模式，可以打破时空的限制。通过对微课教学的深入研究，可以发现，微课教学是面向全体学生的，注重的是全体学生的发展。同时，微课教学的效果主要取决于学生的发展和学习体验。换言之，微课教学服务于学生，并通过这种服务来丰富学生的学习体验，所以教师在微课教学中还需要坚持"以学生为中心"的原则。教师在微课制作过程中，也应该坚持"以学生为中心"的原则。无论是教学内容和课程资源的选择，还是教学方法和教学策略的实施，都要"以学生为本"。

2. 微课对教师的创新价值

微课是对传统教学模式的改革和创新,这种新型的方式,不受时间和空间的限制,学生可以随时随地进行学习,有利于学生的自主学习,确立学生的主体地位。在微课背景下,教师可以充分利用丰富的微课资源进行教学设计,并在微课平台上与其他有经验的同行进行交流学习。尽管微课改变以教师为中心的教学模式,但这并不意味着教师就不重要,相反地,教师在教学中仍发挥着重要的指导作用。同时,教师还应该对学生在微课平台上的学习情况进行监督,必要时,教师也应该参与进去,与学生共同学习、交流和互动。另外,教师还应该及时发现学生的问题,并及时进行纠正和指导。

微课教学对教师而言,是一种挑战。教师应该不断学习、不断充实自己,只有这样才能更好地迎接微课带来的挑战。微课作为信息化教学的重要组成部分,在学生学习、教师发展、教学改革、实践创新等方面起着不可替代的作用。以下主要结合教师的专业发展来讨论微课的价值。

(1)有利于提高教师的教学素质和专业素养。微课在具体应用时主要体现为以下不同的形式:①具体而微的形式。纵观微课的整个教学设计和过程中,它覆盖整个教学过程以及教学中的重点、难点和关键点,同时涉及完整的教学环节。具体而言,微课中包括新课导入、知识点剖析、内容讲解、教学评价、教学反思、习题设计等,这些完整的教学环节有利于学生全面学习知识。②微小的片段。一个完整的教学过程是由很多教学环节组成的。为了突出某一个环节,设计者可以将某一环节录制成一个教学片段。这个教学片段包含的内容也很多,如教师处理教学难点的方式、突出教学重点的方式、凸显教学技巧的方式等。在片段的录制过程中,要遵循真实性的原则。

在微课制作过程中,教师需要将教学的重点知识、难点重点、关键知识等融到微视频中,而且这个微视频通常是不超过10分钟的。同时,教师还要在微视频中突出教学目标。这对于教师的教学素质和专业素养有着很高的要求。因此,微课在很大程度上促进教师教学素质和专业素养的提高。

(2)有利于提升教师的信息处理能力和水平。在微课设计与制作过程中,教师可以采用多种方式,最常用的方式有加工改造式和原创开发式。加工改造式的对象是传统课堂,呈现方式是多媒体。换言之,就是对学校中已经存在的教学视频、教学课件等进行加工、整理、编辑等,然后融入一些其他的资源,进行提炼、压缩等处理,使之形成短视频,这就是微课的加工改造式过程。原创开发式强调的是微课制作和设计的原创性。这种方式不仅有利于微课的原始制作，还有利于微课资源的开发。利用原创开发式制作微课视频，需要多种技术手段的支持。因此，教师应该在具体制作过程中，根据实际需要科学选择技术手段，从而保证微课的质量和效果。

微课是一个教学载体，它承载着教学过程、教学目标、教学环节、教学内容等。因此，教师在制作微课时，不仅要考虑视频，还要考虑网络技术、学习者因素等。只有综合各种因素，才能制作出优秀的微课，也才能为学生提供高质量的学习资源。在微课制作过程中，不仅需要技术手段，还需要保证软件的新颖性。只有具备较高信息处理能力的教师才能满足微课的技术和软件要求。可见，微课的制作在很大程度上能够促进教师信息处理能力的提高。

3.教师运用微课创新教学

随着信息化时代到来，网络通信技术发展日新月异，各种微平台也在不断发展。以短小精悍的教学视频为呈现形式的微课，正在影响着我国教育教学改革的发展趋势，成为日渐成熟的新型教育教学资源。教师应该结合微课模式，推动自身的创新能力发展。以下是教师运用微课进行创新教学需要遵循的原则：

（1）微而全原则。在微课教学中，微视频无疑占据着核心地位，但这并不意味着学生通过观看微视频就能收获学习成果，其他微课教学素材也扮演着不可或缺的角色，如微教案、微练习、微反馈等，这种"微而全"的微课教学才最有利于学生掌握学科知识与技能。

"课"就是一个教学过程的单位，"课"的开展表现出时间限制性与组织性，一般而言，"课"所实现的教学目的只是总体教学目标的一部分，但这个教学目的对其本身而言又是完整的。微课作为"课"的形式之一，首先，要体现"课"的基本特征；其次，彰显自身"微"的特色，即言简意赅、重点突出。值得一提的是，虽然微视频是微课教学最为重要的组成部分，但不能简单地将二者等同起来。综观当前各种微课教学比赛，参赛作品直接被规定为教学微视频，那些在比赛中取得优异成绩的参赛者，大都因为教学微视频的质量较高。不可否认，高质量的教学微视频是微课教学开展的基础，但由于教学的动态性特征，仅仅有高质量的教学微视频是不够的，其无法全面满足教学活动的要求。

微课模式之所以在教学中推广开来，这主要是因为，与传统的教学模式相比，其不但将静态的课本教材以一种动态的形式呈现出来，而且从学生注意力集中的时间出发，将冗长的教学过程浓缩为简短的教学微视频。所以，微课教学能够提高教学效率，改善教学成果。在应用微课开展教学时，应当注意教学微视频配套资源的全面性，通过微练习、微反馈等帮助学生在观看教学视频后自主检测学习效果，并及时将学习情况向教师反馈。所以，作为教师，必须把微课设计得"微而全"。从这个角度而言，微课设计与传统课程设计存在相似性，即都需要从写作教案开始，然后确定教学的目标、计划、重难点，而后开展教学实践，最后进行教学反馈。二者都体现教学系统的完整性，只不过微课模式将教学的重要内容以微视频的形式呈现出来。

（2）适用性原则。在开展微课教学时，教师先要进行选题，针对恰当的内容设计微课，这样才能保证微课教学的效果。对于教学而言，并非所有的内容都适合用微课模式讲授，教师要根据具体的教学内容，在分析重难点的基础上，确定是否实施微课模式。

根据认知负荷理论，人脑有效的认知负荷仅能保持十分钟左右，而传统的课堂教学时间较长，学生并不能有效掌握全部的教学内容，因此，需要通过一定的方式把一堂课的总体学习目标具体化，从而增强学生的自信，提高他们对知识的掌握程度。所以，教师在设计教学微视频时，要把时间控制在 10~15 分钟，让学生在相对舒适的状态下学习知识。至于那些包含复杂概念的教学内容，显然无法通过 10~15 分钟的时间展现出来，因此也就不适合以微课的模式进行授课。

微课属于一种相对程式化的教学模式，如果将复杂的语法知识生硬地设计成微课视频，很有可能对教学效果产生负面影响。基于此，在将微课模式应用于实践课教学中时，应当选择适宜的教学内容，尤其是那些在传统教学模式下收效甚微的教学内容，可以尝试制作相应的教学微视频，以微课的模式将其攻克。微课是对传统教学模式的优化，在充分肯定传统教学模式优势的基础上，要积极应用微课弥补传统教学模式的不足之处，增强选题的适用性，选择恰当的教学内容，让微课成为传统教学模式的最好补充。

（3）趣味性原则。兴趣是最好的老师，学生在兴趣的指引下才能更高效地学习。在微课教学中，教师需要设法激发学生的兴趣，通过生动形象的教学微视频吸引学生的注意力，让学生在精力高度集中的状态下习得知识。基于微课教学模式，学生学习知识的主要来源就是教学微视频，这就要求教师花费充足的时间与精力进行微视频的制作，尤其是视频画面，一定要做到品质精良，演示效果丰富，这样才能在短短的 10 分钟左右完全激发出学生的学习兴趣，让学生保持充足的学习热情。为了达到这样的目的，教师必须从自身出发，提高信息素养，做到游刃有余地运用各种微课教学所必需的信息技术。

（4）互补性原则。微课教学模式与传统教学模式各有所长，二者不能孤立存在，而是要互相补充，从而促使学生的学习效果朝着积极的方向发展。所以，教师可以把教学微视频当作学生课前自主学习的资源，让学生提前了解本堂课的教学内容，并整理出自己不理解的知识点。在课堂教学中，学生就自己存在的问题与教师交流，向教师请教，原本课堂教授知识的时间转化为教师为学生答疑解惑的时间。微课与传统教学模式互为补充，相互结合，教学不仅令教师满意，更让学生收获满满。

（5）发展性原则。微课模式在教学中的应用要想走向成熟，就必须不断发展，除了教师的精心设计以及学生的密切配合之外，学校作为教学的主阵地，也要大力支持微课模式，尤其是硬件方面。为此，学校要加强对现代信息技术的引入，依托各种信息化设备为教学创建多元化的多媒体教室，从而保证微课教学的顺利开展。同时，学校还要从根本上对微课模式予以肯定，由于这种新型教学组织形式与传统教学组织形式存在较大区别，所以更要鼓励教师勇敢尝试，鼓励学生积极参与。

综上所述，教师利用微课进行创新教学并不是一个简单的过程。微课设计要做到微而全，微课内容的选择要做到真正适合学生，微课教学环境要充满趣味性，微课模式要与传统教学模式互补，微课中要具备实践操练性的内容，同时，还要时刻关注微课在教学中的发展，让学生切实体会到这种模式创造出的可观的学习成果。

第四章　现代教育管理工作中的德育管理

第一节　德育与现代德育内容解读

一、德育的目标

现代学校德育目标的确定需要满足培养德、智、体、美、劳全面发展的人才的教育目标，"建构一体化德育目标是新时代教育发展的必然要求，是德育实践的必然选择，是大德育发展的必然趋势"[1]。

第一，爱国、爱人民，认同中华文化。教育引导学生热爱祖国，热爱人民，认同中华文化，继承革命传统，理解基本的社会规范和道德规范，树立规则意识、法治观念，掌握促进身心健康发展的途径和方法，形成热爱劳动、自主自立、意志坚强的生活态度，养成尊重他人、乐于助人、善于合作、勇于创新等良好品质。

第二，培养学生初步树立坚定正确的方向。德育应教育学生树立坚定正确的方向，热爱祖国，热爱人民，立志为现代化建设事业努力奋斗。

第三，引导学生逐步确立科学的人生观和世界观。学校德育应教育学生正确地认识与处理个人、集体和国家的关系，正确认识人生价值，树立全心全意为人民服务的思想和科学的人生观；还要培养学生勇于实践、实事求是的作风，养成尊重科学的态度，提高辨别是非的能力，形成辩证唯物主义和历史唯物主义的世界观。

二、德育的主体

在道德教育过程中，教师和学生作为主体同时参与进来，围绕德育目标，通

---

[1] 王维强. 一体化德育目标"三建构"[J]. 思想政治课教学，2023（6）：53.

过对德育课程资源的分析、理解、体验和共享，实现师生双方的共同成长。在德育过程中，师生关系应该是一种主体间的关系。

（一）主体的认知分析

1. 教师

教育以学生为本，办学以教师为本。教师是完成学校教育任务和实现学校职能的主要承担者，是学校的第一资源，是学校最宝贵的财富，是学校生存和发展的根本。好的学校，必须以好的教师为支撑。现今，学校教师作为学校的主导力量，是提高教育质量的决定因素。

（1）教师的角色定位。当前对学校教师提出新的要求，学校教师要转变自身角色定位，更好地迎接新的挑战，更好地育人育才。以下是教师自身角色定位发生的转变：

第一，教师由知识的传授者转变为学生学习的引导者。学校刚成立的时候是以教学为主的，教学中的主要角色是教育者，教师主要负责的是为学生传授知识。但是，在当前环境下，教育发生了变化，教师除了继续向学生讲解知识之外，也要关注学生的成长、学生的心理发展。

首先，教师要成为学生学习路上的指引者。教师除了讲解知识之外，还要让学生掌握正确的学习方法，让学生主动获取知识，敢于质疑、敢于思考，让学生习惯使用自己的思维去理解知识，对知识进行创新。当下是互联网时代，学生可以从更多的途径获取知识，一般而言，借助于网络平台学生可以进行自主学习，但是，如果知识比较复杂，涉及系统化的知识或知识创新，那么学生还需要借助于教师的引导，在这样的情况下，教师需要学习运用现代技术方法，以帮助学生不断地探索，创新知识，掌握方法比掌握知识更重要。

其次，教师应该成为学生发展路上的促进者。教师除了向学生传授知识之外，也要督促学生学习，对学生进行教育方面的管理，给予学生思想上的陪伴。也就是说，教师的工作重心不仅仅是教学，还应该注重学生的思想品质方面的提升，尤其是在互联网时代下，教师更应该注重学生自身价值和个性的体现，注重学生的更好成长与发展。

第二，教师从课程的执行者转变为课程的建设者与开发者。教学发挥作用的过程中需要依赖于课程作为载体，课程也是师生进行思想交流互动的基本渠道，课程讲授过程中教师不会完全局限于教材当中的内容，而是会对教材内容进行一定的拓展，以此让知识和内容更加适合学生的学习需求以及学生的思维发展，相比于学生之前的学习，学校课堂更加自由，师生之间可以更加自由、更加开放地探讨学习内容，不仅如此，教师也会在课堂上给予学生更多的机会，让他们自由地表达想法。从这一点可以看出教师角色想要转变，还需要借助于课程开发、课程完善，如果教师可以让课程内容与时俱进，那么学生就可以在课堂当中获得更为优质的体验。除此之外，教师提供与时俱进的内容也可以丰富自身的见识，提升自身的能力，在当前环境下，教师除了承担课程内容的传授者的身份之外，也要变成课程的开发者和建设者，转变自身角色，为学生提供更加优秀的课程内容。

第三，教师从教学者转变为教育教学的研究者与反思的实践者。在信息技术快速发展的情况下，学习环境变成数字化的学习环境，环境的变化要求教师转变教学方式，创新教学方式，传统的教学是教师拿着粉笔站在讲台上向学生传递知识，但是，学校教育不同，教师的任务不只是教书，还要通过教学活动推动学生个人发展，想要真正完成这些教学任务，教师必须研究教学，反思自己的教学过程，让课堂更加符合学生的发展需求，教师应该针对重点教学问题展开反思，总结教学问题出现的原因，并且使用科学的教学方法、与时俱进的教学理念，让教学真正发挥促进学生成长的作用。

（2）教师角色转变的应对措施。教师一直承担着传播知识思想、塑造学生的时代责任。在人类发展过程中，教师的角色一直是多种多样的，也一直承担着时代发展的重任。因此，教师需要明确自身职责，注重自身经验的积累，在实践过程当中不断地强化自己的育人本领。

第一，转变思路，更新教育观念。人的行为受到观念的指引，教师使用的教育观念一定会影响自身教育行为，在大数据时代的环境下，教育活动可以使用的方法手段更多，教学过程中也出现新的挑战、新的考验，这些情况的出现需要教师结合实际教育需要去探索、去创新。所以，当下的环境当中，教师必须转变自身的角色定位，主动跟随时代发展，不断地进行教学方面的探索创新，为教学注入新鲜血液。教师在开展教学活动或者投入科研工作的时候，需要明确自身作为教师的社会责任，需要使用适合当下时代发展的教育观念，引导学生，帮助学生成长。

教师更新教育观念的时候需要树立大局意识，积极承担自身的责任，为教育目标培养出全面人才而努力奋斗，教师必须意识到自己的职责，要意识到职位的重要性，教师是学生成长路上的重要指导者，教师应该尊重人才培养目标去培养学生，为教育活动的开展投入精力，为学生成长提供精准的教育内容、正确的教育方法。教师需要创新教学方法，致力于培养出身心全面发展的当代学生，只有致力于学生的身心发展，才能培养出德才兼备的学生。

第二，以生为本，加强师生互动。目前，教师队伍越来越年轻化，年轻教师的加入使得师生之间的距离变得更近，师生之间可以进行更多方面更为充分的互动，在有效的互动当中，教师可以了解学生的真正想法以及学生的人生观价值观，这样教师就可以从学生的角度出发因材施教，并且利用自身的引导力量培养学生对学习的兴趣，让学生主动积极参与学习。除此之外，教师还可以渗透到学生的生活当中，和学生进行更多的日常交流，彼此分享彼此对生活的心得体会，教师可以向学生传授更多的人生感悟、人生经验，在这样的互动中，二者可以实现共同进步。

2.学生

有意识地提高学生的自我完善能力，对学生个人素质的培养，要在潜移默化的教学过程中培养学生的团结协作能力、团队服务意识。此外，要采用多样化的方式对学生进行评价，为学生的个性发展提供充足自由的空间，从而引导学生能够学会正确地认识自我、评价自我、控制自我和设计自我，提高学生的创新能力，为学生踏入社会、适应社会的发展提供良好的条件。学生个性发展可以通过以下方式实现：

第一，转变传统教育观念。现代社会对人才的需求是具备较强的创新能力、适应社会的能力、实践能力等，因此，在教学过程中转变传统的教育观念，树立新的人才观。在教学过程中要采用多种手段激发学生参与的积极性，由于每个学生的生活环境、性格气质、对知识的掌握能力、生理发育状况等各方面有很大的差异，因此需要根据这些差异转变教师的教学观念和教学方法，在实际教学过程中做到因势利导、因材施教，从多方面提高学生的学习成绩、创新能力、学习经验等，让学生的才能和天赋得到充分的发挥，为国家和社会提供德智体美劳全面发展的优秀人才。

第二，树立民主平等观念。在教育中，对师生关系要树立民主平等的观念。教师要学着尊重学生的独立性和自主性，把学生当作一个独立人格来看待。学生也要尊重老师，在尊师重教的基础上向老师学习，提高自身的能力。在教育过程中，要摒弃传统的教学方法，建立起相对平等、民主和相互尊重的师生关系，培养学生树立自尊、自信、自立、自强的信念；改变传统的教学评价方式，要多样化、丰富化；为学生提供充足的发展空间，如根据学生的学习兴趣设立相关课程、激发学生自主选修课程、开展相关讲座沙龙、提倡学生跨校听课等,从而培养学生发展创新的能力,促进学生的个性发展。

第三,关注特殊学生群体。学校中的教师都应该针对学生的个性特征,充分发挥学生的潜能。还需要对学生进行教育和指导,重视潜能的培养、个性的发展,充分体现以学生为中心的教学原则。但面对一些特殊的学生群体,如不合群的、内向、以自我为中心的学生,就需要教师对他们给予更多的关注,了解他们的具体情况,提出相应的解决方法。

第四,构建和谐美好校园。构建和谐美好的校园,需要从以下方面进行(表4-1)。

表4-1 构建和谐美好校园

主要类别	具体内容
营造良好的民主管理环境	一个和谐、温馨、美好的生活环境可以充分调动学生的学习兴趣与积极性,使学生的心情舒畅,让学生在愉悦的环境中学习和生活,可以提高学习效率和做事水平,提高学生的文明程度,为学校的建设和发展带来生机与活力,充分营造出一个积极向上、尊重他人、共同发展的校园文化氛围,让学生感受到学校为学生提供的人文关怀和温暖。在这样的环境中生活,可以提高学校的教学质量,增强学校的凝聚力
营造鼓励创新的校园文化氛围	在学校的学习生活中,除了正常的教学生活外,还要鼓励学生积极参与各种学术讲座和学术论坛,开展各种学术活动,创设相关的创新基金,激发学生学术思维,鼓励学生发表自己的学术思想和看法,提出自己的学术见解,提高学生的创新能力
营造良好的竞争氛围	除了积极鼓励学生参与学术讲座和学术论坛外,学校还要为学生的发展提供更多的表现机会,如一些校内比赛、地区性竞赛、全国性比赛等,可以让学生在参与竞赛的过程中潜移默化地提高自己的竞争能力,培养良好的心理素质,从而在全校形成一种积极向上、不惧压力、主动参与和勇争第一的学习氛围。在学校中营造良好的学习氛围,在学校内部创设适合学生发展的管理制度和竞争环境,减少对学生进行高压式的管理模式,让学生在平等、和谐、自由的环境中健康发展

(二)主体的发展演变

随着哲学思维模式由传统"主客二元对立"到"主体间"的改变,师生关系的理论也经历一系列的历史演变过程。

1. 传统视角下的德育主体

(1)单主体范式。在整个德育过程中,教师需要把学生从传统教育的束缚中彻底解放出来,反对不平等的师生关系,充分强调学生的主体地位,将教育内容与学生的实际生活紧密联系起来，以现实化、生活化的教学取代传统的课堂讲授，以学生的亲身经验代替书本知识，以学生主动活动代替教师的主导，所以德育应结合学生的真实生活，这虽然对新型师生关系的建构具有一定进步意义，但它仍旧没有摆脱单主体范式的局限性。

（2）双主体范式。伴随着对单主体范式倾向的批判，出现另外一种观点，即双主体范式。德育活动是在人与人的交往过程中得以实现的，而在人际交往中，每一个"人"都是活动主体，相互发生着作用。在德育过程中，教师是教的主体，学生是学的主体，教师的教和学生的学是师生双边活动的体现。在教的过程中教师是主体，学生被看作是客体，是被教育和引导的一方；而在学的过程中，学生成为主体，教师是具有受动性的客体，教师的德育引导只有在学生接受的情况下，在有意识地对道德进行自主建构的过程中才能够得以实现，教师的主导作用受控于其客体的身份。在整个德育过程中，双主体范式，虽然肯定教师和学生作为"人"的主体能动性，但他们之间"互为主客体"的双主体范式仍旧没有跳脱出"主客二元对立"。双主体范式只是把德育活动看成是"以教师为主体的教"和"以学生为主体的学"的机械耦合，割裂德育活动的整体性和统一性。

2. 主体间性视域下的师生关系

主体间性视域下的师生关系是对传统主客二元对立视域下的师生关系范式的发展和超越。主体间性是主体与主体之间的相互性和统一性，是两个或多个主体的内在相关性。主体间性一方面以主体性为前提，认为交往的各方都是相互尊重、平等的主体；另一方面以主体间的交互性为基础，认为主体之间具有交互性，相互作用、相互影响。

德育中的教师和学生可以看作是一种主体间性的存在关系。教师作为德育主体是以教育实践为特征的，是实践主体性和发展主体性的统一，是人类职业角色分配中的个体主体性的体现；而学生则是成熟主体，是实践活动和个体活动相统一的认识主体和发展主体。教师主体性与学生主体性这两个个体主体性的协同、融合、统一是一种主体间性的关系，这种主体间性的关系强调教师和学生之间的相互作用、相互影响，注重师生间的理解和对话。德育是主体间的双向建构过程，其通过动态性、生成性的发展来实现教师和学生对人的生存意义和人生价值领悟的过程。

师生关系的主体间性是对主体性的超越和扬弃，师生关系绝对不是二元对立的，而是处于共生关系之中。作为以培养全面发展的人为目标的道德教育，其主客体都是人，要实现德育目的，必须在教育者和被教育者之间建立起一种对话、理解、互动、关怀的主体间性师生关系范式。主体间性视域下的师生关系特点主要有以下几方面：

（1）关怀型师生关系。主体间性师生关系相对于传统的师生关系，不仅在具体的师生交往方式上有着一定的改进，在对德育的关注点上也具有一定的超越。传统的师生关系对德育的关注点只停留在学生对教师传递的德育命令或道德规范的接受、遵守上；而在主体间性的师生关系中，更加强调德育是师生双方对道德世界和道德发展的共同经历、探索、发现、体悟和生长的过程，是师者和学生生命之共生、生命之成长的过程。主体间性师生关系将德育不再仅仅看作规范的教化，而是人的生命、人生的丰富和精神世界的生长。

关怀型德育师生关系是指师生在生命个体间的对话与交往过程中，相互关怀与相互宽容形成双方共有的生命世界。生命是道德的基础，道德提升生命的质量，道德发展与人的生命成长是密不可分的。德育中的师生关系是师生之间生命与生命的对话和交流，德育活动的最终目标就是要激发人的生命活力，促进人的生命自由而全面地发展。

德育中的师生关系要时刻体现生命关怀的价值意义，德育要从对道德权威主张的强调转向对人生命主体的关注。教师要学会引导学生追寻未来美好的生活，德育不仅要关注学生现在的发展也要引导学生创造未来。真正的德育不仅可以促进学生道德的自主建构，同时也有助于教师不断地自我反思，促进教师的道德学习和自我提升。师生之间不仅是简单的施教和受教的关系，更是精神成长、道德发展和生命共生的关系。

（2）对话型师生关系。对话型师生关系是指在德育过程中师生和生生之间的关系是平等的、民主的、开放的、相互尊重的。这里的对话不是狭隘的言语交谈，而是强调双方各自向对方的精神敞开和彼此接纳，是一种心灵的对话和碰撞，是真正意义上人与人之间的精神交流与沟通。他们之间的沟通交流主要围绕学生的道德认知、道德情感、道德意志、道德行为等方面的内容全方位地展开，通过深入的对话沟通使对话双方都获得道德人生境界的提升。主体间性的对话关系要求教师在尊重学生的基础上，耐心倾听他们的想法并循循善诱、以理服人，两个生命体通过平等的交流对话，实现精神世界的共同成长。

师生之间的道德对话是师生主体间的双向互动过程，通过平等民主的对话方式，师生之间都能够真诚地向对方传递自己的思想，并试图用自己理性的语言及逻辑方式说服对方，在整个过程中双方的认知结构不断改组和重建，最终创造出主体间共识的新知识和新理念。在师生对话交往的过程中，双方具有平等的人格，价值上都同样有意义，都拥有同样的对话权利，师生间也应该相互承认和尊重。在这种新型的师生关系中，师生都是具有同等地位的主体，学生不再是被动地接受，对话中的任何一方都不拥有绝对的话语权，在整个德育对话中师生间是完全平等的。师生之间的对话不仅仅是对道德问题的提出和回答，也表现为对道德现象和问题的交流探讨，教师致力于营造真诚、平等、尊重和宽容的对话氛围，与学生展开自由的讨论，在倾听、欣赏、反思与评价中引导学生道德主体意识的自主建构。

（3）理解型师生关系。在理解型师生关系中，师生分别对教育内容做出理性的认识，师生间相互宽容与体谅。理解是德育的一种最佳途径和重要方法，它体现人与人之间的一种关系和一种宽容的心理观照。师生之间的对话和相互作用的交往都是以理解为导向的。在理解的师生关系中，教师应该以一种学生的心理或站在学生的角度，尝试体验学生某种想法和举动，多留些时间倾听学生的需要。在理解型德育师生关系中，教师的换位思考和移情体验都能够让教师在体验和理解学生经验的基础上，对学生做出更为适合和恰当的引导。

师生之间的理解不仅表现学生对师生间的相互理解和宽容，也表现为教师在教学方式上以及学生学习过程之中对德育内容的深入领悟理解。理解是师生高度融洽的表现。师生之间的理解离不开相互的认识和感情的联系，感情是联系师生的纽带，师生之间的关系是情理交融、情理相互策动、相互影响。教师热爱学生，学生热爱老师，在德育对话过程中相互理解，师生之间情理的积极互动能够缩短师生间的心理距离，取得更好的德育效果。

（4）互动型德育师生关系。在互动型师生关系中师生双方思想信息和情感导向相互交流。德育过程中，师生双方进行交往互动，由于这样全方位的互动使得交往双方相互作用、相互影响、相互认可、相互理解，最终不断重建已有的知识观念，达到道德个体的自主建构。师生关系的互动交往表现在教育者和受教育者之间的双向互动，互动性是主体间性最根本的特点。

互动型德育师生要求教师以更加开放的心态倾听学生不同的声音，视学生为独立的个体，允许学生发表不同的见解，并重视每一位学生的观点，在互动过程中，学生作为德育活动的设计者和实施者的角色得以体现；同时，也要求学生抱持着对学习的渴望，虚心接纳教师的引导和教育。只有在师生相互尊重、相互理解的氛围中才能够建立和谐良善的师生互动交往关系。师生之间在双向互动交往过程中，不断重组构建，双方在道德生活上都得到新的成长和提升。

三、现代德育的解读

现代德育是现代教育的有机组成部分，对现代德育的理解与对现代教育的理解是一致的。现代德育可以从"时间概念"和"性质概念"两个维度理解。从时间上分析，现代德育与古代德育、传统德育相对。从性质上而言，现代德育与社会现代化、人的现代化密切关系。因此，对现代德育的理解应从现代的性质即现代性方面进行探讨。现代德育是以现代社会的经济、文化的发展为基础的，是建立在现代社会背景下的德育，因此它有现代性的内涵和特征。换言之，现代德育是以现时代的社会发展、人的发展为基础，促进社会现代化和人的思想道德素质现代化发展的德育。现代德育应置身于现代社会发展过程中，为现代社会和现代人的发展服务，实现人的道德素质现代化和社会道德的现代化。

第二节 德育课程与教学模式分析

一、德育课程目标的具体定位

（一）德育课程目标定位的基本要求

德育课程目标，是指德育课程所要达到的要求，或者是指德育课程预期要达到的目的。总体而言，德育课程的目标很清晰，就是要培养具有良好品质的人。而德育课程的具体目标如何定位，却是一个值得研究的问题。对这个问题，大体上有两种定位方法：①广义定位法，即将德育课程的具体目标定得比较宽泛；②狭义定位法，即将德育课程的具体目标定得比较狭窄，这里将按照狭义和广义这两种定位法，研究德育课程的具体目标定位问题。从狭义和比较宽泛的视角来看，德育课程所要达到的要求，主要有以下两方面：

1. 培养良好品德与行为

德育课程的基本目标，或者说基本教育要求，是对受教育者进行正确的德育认知教育，培养他们良好的道德品质，使他们养成良好的行为习惯。这是三位一体的递进要求：首先，德育知识的学习。作为学科的德育，同其他学科有共性的一面，即有关德育科学知识的学习，这是科学认知的任务。其次，思想品质的培养。德育认知为品德的培养创造思想认识方面的条件，而品德的培养，则是德育的主要任务。品德的培养，着重于将认知内化为人的德行，成为人的品质。最后，需要规范行为、养成习惯。德育的终极目标，还是要培养品质、规范行为、养成习惯。这三个方面的要求，既存在递进，又相互关系、互为促进。

2. 促进健康"三观"教育

"三观"（世界观、人生观、价值观）教育指的是教师对学生"三观"的培养和教育。世界观是对整个世界总的看法；人生观是对个体一生总的看法；价值观是判断事物价值的根本观点。一方面，"三观"教育分别有各自特定的内容和要求，这是与一般德育的内容和要求相区别的一面；另一方面，"三观"教育与德育又有十分紧密的内在联系和相互影响。"三观"教育在人的教育过程中，具有更高层次和更为根本的意义，是一种较高的教育要求（当然，这种教育也要渗透在日常生活中进行）。"三观"教育既是德育的一部分，也是一般德育的进一步提高。受教育者具有良好的品德，对于接受"三观"教育有重要的促进作用。

（二）德育课程目标定位的具体关系

德育是一个面向全社会的命题。德育状况，是衡量社会风气的一个重要指标，也是社会兴衰的一个重要因素。因此，全社会都要重视德育，将德育放在所有工作的重要位置。而从社会的全局来看，德育工作的重点又在学校。学校德育课程目标定位的问题，与德育在学校教育内部所处的地位有着密切的联系。德育的状况直接关系着德育课程目标定位。

1. 德育与智育、体育、美育及劳动教育的关系

德育与智育、体育、美育、劳动教育之间是相辅相成的关系。一方面，良好的德育提高受教育者的思想品质和学习的积极性、主动性，就能更有效地接受体育、美育和劳动教育；另一方面，智育、体育、美育和劳动教育也含有道德教育的功能，能实现部分德育的任务。然而，智育、体育、美育和劳动教育所能实现的德育任务毕竟是有限的，不可能以智育、体育、美育和劳动教育取代德育。只有将这两方面有机地结合起来，才能更有效地全面实现德育的任务。

2. 德育与学校相关工作的关系

德育与学校其他各方面的工作也有着密切的、相辅相成的关系。认真研究和处理好这方面的关系，对于既加强德育又做好学校各方面的工作，是至关重要的，

这与确定德育课程目标也有着重要的关系。学校工作一般有四方面的工作：①班主任工作；②学生组织的工作；③领导和管理工作；④勤杂工作，这四个方面的工作各有分工，均有自己特定的内容；但从学校的性质而言，又都是教育工作，都服务于实现学校的教育目标、完成学校的教育任务。因而，德育与学校这些方面的工作，也有着密切的、相辅相成的关系。

（1）德育与班主任工作。德育与班主任工作的关系特别密切。班主任，各国的名称不一样，而任务却是基本相同的，都是负责学生的指导和教育工作。班主任工作的重点是学生的德育，但并不是德育的全部，也不可能实施对学生全面的、系统的德育。班主任所进行的德育，主要是因时、因事而进行的，针对性特别强。德育的方式是多种多样的，在设置德育课程（如人生哲学、伦理等）的学校，授课成为德育的主要渠道。

班主任所进行的德育，并不是通过系统上课，而是通过经常的班级工作、个别人的工作而进行的。所以，不能因为班主任工作的重点是德育，就认为班主任工作可以取代全部德育。尽管如此，德育包括德育课程，与班主任工作的特殊关系，应当受到特别的重视。班主任工作要成为学校德育整体计划的重要组成部分。在设置德育课程的学校，德育课程的教学工作，要与班主任工作保持最密切的联系；班主任工作对德育课程也应该给予特别的关心和支持。在实现德育的目标、任务和安排德育的内容、活动、进度方面，德育课程的教学工作与班主任工作必须密切配合，部分教育活动甚至可以共同进行，可以实现事半功倍的效果。

（2）德育与学校领导及管理工作。德育与学校的领导、管理工作也有着很密切的关系。学校的领导、管理工作是学校全部工作的重要组成部分，主要是全面负责教育任务的实施以及教育和教学的管理。无论领导工作还是管理工作，都要面向学校的全部工作。而学校工作的中心是教育和教学工作，其中包括德育的教学和日常工作。

学校领导和管理人员对德育的认识和态度，对于德育的实施有着极为重要的影响。一般存在着以下状况：①重视德育，加强领导，并在各方面给予支持。在这样的条件下，德育就能够顺利地进行，收到显著的成效；②忽视德育，缺少关心和支持。在这样的条件下，德育碰到的各种问题往往得不到及时解决，因而收效甚微；③轻视德育，不予关心和支持，心目中只有智育，很少甚至没有德育。由此可见，学校教育工作实践是否重视德育，直接关系到整个教育工作的质量。

学校的领导和管理者重视和支持德育，实际上是懂得教育规律的表现，是把做人的教育即思想品德教育放在教育工作的首位，这是教育工作的本质。重视和做好这项工作，也就会积极地做好其他方面的教育工作。忽视甚至轻视德育，也就是忽视和轻视做人的教育，这是对教育的本质和规律缺乏认识的表现。这样，不仅不可能做好德育方面的工作，而且也很难真正做好学校其他方面的工作。其实，德育本身对整个学校的工作都是有推动作用的，因为德育进行得好，取得实效，就创造良好的学校工作环境和条件，这是做好学校工作的重要保证。

（3）德育与学生组织的工作。德育与学生组织的工作也有密切的关系。学校一般都有学生会以及文化知识、文化娱乐、体育活动等方面的组织，这些组织对于促进学生更好地接受学校教育，做到身心健康发展，具有重要的作用。这些组织是在学校领导和教师的指导下开展工作的。它们在从事各种业务活动的同时，也具有一定的德育的功能。而且这些组织的教育活动是由学生主动进行的，因而特别符合他们的实际，生动活泼，具有创造性和实效。因而，学校对学生组织的工作要充分重视，将其作为德育的一个重要方面。

（4）德育与学校的服务工作。学校的服务工作，是为学校的教育和教学工作服务的具体工作。从表面上看，它与德育似乎没有直接的关系。但是深入一步分析，就不难发现，这方面的工作，实际上也具有一定的教育功能。学校的服务人员，通过自己的工作态度、工作表现，也会对学生产生潜移默化的影响。服务人员对工作认真负责的精神和任劳任怨的作风，都会对学生产生积极的教育作用。

学校教育工作是一个整体，在实现教育目标、教育要求方面，各项工作都有机地联系在一起。德育既对学校其他各方面的工作具有重要的正面影响和积极的推动作用，又需要其他各方面工作的支持，或受到其他各方面工作的制约。因此，各国在规划教育工作、推进教育改革时，都将德育置于突出的地位。

二、德育课程教学模式的创新

学校德育课程作为德育工作的主渠道和主阵地，必须坚持"以服务为宗旨，以就业为导向"的方针，积极构建"做人＋做事"的德育课程教学模式，在教学过程中以"做人"为核心，将"做人"贯穿于"做事"之中；同时，以"做事"为载体，让学生在"做事"过程中学会"做人"。

（一）创新教学理念，实施主体转向

在实现德育课程教学模式创新过程中，要实现由教师"教"为主体向以学生"学"为主体的转向。具体而言，在观念上实现以下转变：①教学内容上必须从

以知识点的讲授为主转变为以提高学生分析和解决问题的能力为主；②教师的地位从知识的传授者转变为实践能力的指导者；③课堂教学由以教师为中心转变为以学生为中心，注重学生的参与。要树立学习知识是基础、培养能力是关键、提高学生综合素质是目的的观念。

（二）更新教学内容，完善课程设置

德育课内容的创新，应主动迎接新的挑战，以"三个面向"为方向充分体现人、社会、自然和谐发展的新观念，以培养新型主体人格为核心，把继续发扬中华优良传统同借鉴世界先进文明成果结合起来，贴近和关注受教育者的现实生活，体现时代精神的生活化、创新型的德育内容系统。

（三）开发教学资源，优化教学方法

德育课程教学必须把握时代脉搏，紧扣时代主题，充分利用网络世界的无尽资源，以符合学生心理特征的方式引导学生培养科学的世界观、人生观和价值观，可以通过以下内容实现：

第一，在教学目标上，由理性抽象向现实生活转向。由理性向生活世界回归是学校德育改革与发展的价值取向。德育课只有深入学生实际，成为学生的良师益友，才能真正对学生产生影响。

第二，在教学手段上，由传统手段向现代手段转向。要使德育课教学真正有吸引力、生动、活泼，必须应用现代化的教学手段，如现代信息技术手段等。利用现代信息技术手段等有利于激发学生的学习兴趣，减轻学生负担；有利于理论联系实际，解决热点问题，培养学生创新精神；有利于真正发挥学生的主体地位。同时，教师要善于运用各类软件制作多媒体教学课件，利用课件辅助德育课教学，通过直观、形象的画面，加深学生对抽象理论的理解和记忆，从而优化德育课的教学效果。

第三，在教学方法上，在传统的教学中，德育课教学要真正贴近学生、贴近职业、贴近社会，注重实践，必须采用综合式教学方法，即"请进来与走出去"相结合，以达到"教学最优化"的效果。教学最优化是从解决教学任务的有效性和师生时间消费的合理性着眼，有科学根据地选择和实施该条件下最好的教学方案。

（四）坚持以人为本，构建评估机制

学校德育课程教学内容和教学手段的改革，必然会带来其评价方式的更新，为了使德育真正成为培养学生良好品格的教育，要坚持"以全面素质为基础，以职业能力为本位"，建立适合学生特点的学生综合素质多元评价体系。鼓励社会各界、家长和学生以适当方式参与课程的评价。

第一，评价主体多元化。学校的学生素质只有得到用人单位、学生与家长的认可，才有实际意义。在评价主体方面，被评价者从被动接受评价逐步转向主动参与评价，同时，让家长、同学、教师等共同参与，使评价更客观、民主。

第二，评价方式多元化。从知识、能力、素质三方面对学生进行全面的评价。①知识与能力相结合。克服片面强调记资料、观点的倾向，注意对学生综合能力的考查。②开卷与闭卷相结合。引导学生写小论文、调查报告等，让学生走出课堂，用生活中的实例去印证教材内容，加深理解，培养学生运用所学知识解决实际问题的能力。③卷面成绩与平时表现相结合。克服重卷面成绩轻实际表现的倾向，这样才能真正发挥德育学科的育人功能。

第三，评价尺度多元化。坚持以"促进人的全面发展"为导向，注重德育课程学习的针对性、实效性和长期性。对学习成果的评价要以"社会满意、企业满意、家长满意和学生满意"为尺度，从注重共性转向肯定个性；从一元化转向符合教学实际和学生个性发展的多元化；着眼于学生一生的可持续性发展。

综上所述，在新的社会背景下，社会的发展和学生的成长都为学校的德育课程教学模式提出新的机遇和挑战。进行德育课程教学模式创新，不是对原有教学模式的否定，而是在原有基础上进行有效开拓和整合，使学校的德育效果达到最优化。

第三节 教师德育素养的培养策略

一、教师德育素养的具体内容

传统教学对教师的专业素质要求相对单一，一般情况下只考量教师的教学水平和知识储备情况，但是，新环境下，教师要承担更多的责任，完成更多的任务，人们对他们提出更高水准的要求。在这样的情况下，教师必须注重自身能力和素养的提升，不断地进行自我升华。

第一，教师应该提高自身的知识素养水平。知识素养除本专业的知识素养之外，还涉及其他学科的知识素养，换言之，在新的环境下，教师的知识体系必须更加完善，教师必须有终身学习意识，致力于自身能力的全面提升。

第二，教师应该提高信息技术能力。当下的时代是"互联网+"的时代，教育和互联网也进行更深层次的结合，这要求教师必须掌握信息技术的运用方法，将信息技术应用在教学活动科研活动中。

第三，教师应该提高人文素养水平。德育教育始终是以人为本的教育，一直致力于培养出全面的人才，换言之，德育教育是为了让学生掌握学习方法，掌握生存技巧，所以，教师要注重人文素养水平的提升，除了教给学生知识之外，也要促进学生在其他方面的成长，让学生成为德才兼备的优秀人才。

另外，教师肩负着实现德育课程教育目标、塑造教育对象美好灵魂的使命。提高自身的素质是实现这一使命的关键因素。因此，对于教师而言，最重要的是加强自身的修养。

（一）坚定思想，严于律己

教师要树立科学的世界观，掌握科学的方法论，这是思想修养的核心课题。世界观与人生观、价值观是紧密相连、互为推动的。具有科学的世界观，有助于确立科学的人生观和价值观。教师要加强与改善学校的思想道德教育，使德育与现代化建设相联系，与世界发展的潮流息息相通，并要树立民主观念。特别是在德育教学过程中要发扬民主，与受教育者一起建立起民主、合作、友爱的关系。作为德育工作者，还应坚持讲正气、讲学习，在思想上严于律己。

（二）献身教育，爱岗敬业

献身教育，爱岗敬业是调节教师个人利益和教育事业整体利益关系的教师道德规范，它是教师道德第一位的要求，是做好教育工作和履行其他教师道德规范的基本前提，只有爱岗敬业才能做好本职工作。献身教育，爱岗敬业体现教师崇高的精神境界。教师的劳动特点是功在他人，功在社会，劳动的成果往往只是融于学生的成就之中。献身教育，爱岗敬业的教师道德规范包含着丰富的内容，它要求教师对自己所从事的事业有高度的责任感、强烈的事业心和执着的进取献身精神，主要从以下几方面探讨：

1. 教育爱心

教育爱心是指学生与教师之间的爱。从宏观的角度，教育爱心最核心的组成部分主要来自教师对教育的热爱。在学校这个特殊的环境中，这种爱能促进师生之间产生积极的情感联结，主要目的是实现教育的价值，为自己和他人带来幸福感。教师只有将教育爱心深深地扎根土壤中，给予学生最真挚的爱，才能实现自身的教育价值，使得自己的职业变得更加崇高。

（1）教育爱心是一种值得人们尊敬的情感。这种情感是在特殊的环境下为满足个体的社会需求而产生的情感，是人们具备的具有特殊性的理智之情、责任之爱，体现出稳定性、无私性。教师给予学生的教育爱心既是教育的需求，也是社会的需求，这种情感蕴含着深刻的社会意义。所以，教育爱心是一种无私的、奉献的、崇高的事业爱，此外，它还蕴含着教师对实现自身价值的期望、对美好生活的向往等，这种爱浓烈且坚固稳定，与教师的职业使命和责任具有显著的相关性，也是教师在正确认识教育意义的前提下，对学生产生的真挚情感，这份情感体现出坚固性、积极性以及长久性，是为社会服务的责任之爱。

（2）教育爱心的理智性主要体现在学生们接受爱的体验。换言之，尽管教育爱心的主体是教师，但是，却是围绕着教育客体而进行。教育爱心是学生接受并认可的爱，仅凭借教师的爱好是无法实现教育爱心的有效表达，无法触及学生的内心深处。教育爱心是否用心、真挚，需要学生切身感受并评价。所以，教育爱心是在教师充分理解学生、尊重学生的基础上而进行表达的情感。若教育爱心中没有尊重与平等，那么学生不仅感受不到爱，还会产生厌恶的情绪。尊重与平等指的是学生能够按照自己的意愿去发展，而不是遵从教师的想法强制性地行事。

（3）作为教师不应该按照自己的思想来揣摩学生的内心想法以及判断他们的价值观念。教师对学生的理解是用心与学生交流，与学生保持亲密的关系，想学生所想、做学生所做。只有这样才能实现真正的教育。教育爱心的理智性在于最终的教育效果上，教育爱心可以使学生感受到幸福，而教师在向学生表达爱时，也能产生满足感与愉悦感，同时这份愉悦的体验能够转化为教师努力发展自己职业的内在动力。爱学生的情感会激发教师的潜力与智慧，以增强教师的职业能力。

2. 教师义务

人类社会关系的核心内容是价值关系或利益关系，存在付出和回报，每个人客观上会对他人、对社会负有一定的使命和职责。教师义务，指的是教师在自己的生活和职业领域应当承担的职责。它具有以下方面的含义：①教师要对社会、对他人承担一定的一般道德义务；②教师要承担起教师的职业角色所要承担的职业道德义务。

（1）教师义务的形态。主要包括一般道德义务与教育道德义务、显见义务和实际义务，以下是具体内容：

第一,一般道德义务与教育道德义务。对于教师而言,主要涉及以下两方面的道德义务:①一般道德义务;②教育道德义务。二者的区别是教育道德义务限定在具体的教育道德体系当中。教师也是生活在社会中的一个普通主体,他们需要遵循基本的道德义务,如遵守承诺、遵守法律、乐于助人等,但是与此同时,教师又是一种特殊的职业,职业本身对教师提出职业方面的要求,也就是教师需要遵守教师道德义务。教师职业的特点是教师起到教育的桥梁作用,教师和学生之间需要教师作为中介,某种意义上而言,教师是学生的榜样,这种职业特点要求教师要尽到一般道德义务和教育道德义务。

第二,显见义务和实际义务。显见义务指的是显而易见能够看到的义务,在日常生活中,这种义务非常普遍,是人们能够理解的常识义务,如偿还、公平、公正善良、乐于助人、爱国等。实际义务指的是义务所涉及的所有本性,是人们对道德做出的综合判断,教师的工作特点决定他们会经常遇到较为复杂的道德状况,真正理解教育义务的教师能够对道德状况做出综合判断,他们会根据实际情况尽到作为教师应该尽到的职业道德义务,而不是按照抽象的规定履行道德义务。

(2)教师义务的作用。教师义务的作用主要包括调节人际关系、提高教师道德"综合判断"的能力、高尚道德品质的培养、培养学生形成义务意识,以下是具体内容:

第一,确立教师的道德义务能够调节人际关系。人际关系的和谐能够让教育任务完成得更加顺利。教师职业本身具有一定的特殊性,需要处理的教学任务非常复杂,这使得教师要经常处理复杂的人际关系,在这种人际关系下教师面临着不同的矛盾。例如,师生之间、教师之间、教师与领导之间的矛盾,如果不能正确解决,就会影响到教育工作的开展,教师也会受到复杂人际关系的影响,使工作带有不小的压力,压力的存在使得教师无法进行自由的教育。想要解决矛盾,教师需要在主观上正确认识教师具有的教育使命,严格遵守教师道德义务提出的要求,只有这样,才能够处理和调节人际关系。顺利完成教育任务。

第二,道德义务确立有利于提高教师道德"综合判断"的能力。各种教育义务的矛盾充斥在教师整个教育过程中,像一般义务与教育道德义务以及不同教育义务之间的矛盾,具体体现为教育义务和家庭道德义务之间、保守学生秘密及尊重学生秘密之间以及通过采用适当的方式帮助家长解决学生面临的困难矛盾等。面对这些明显的矛盾,教师更应该深刻理解道德义务及职业使命,全面掌握大局,综合判断教师道德义务，正确而恰当地履行教育义务。

第三，教师高尚道德品质的培养须通过教师道德义务进行确立。假如仅从自身爱好出发，单纯地履行义务，必然会失去道德价值；而只有那些克服"自身爱好"或非道德冲动的行为，且充满道德义务心，方可具有一定的道德价值，因此，那些经得起道德冲突考验的义务和品质才值得推崇。此外，在履行道德义务时，教师经常遇到考验道德意志的情况，通过反复实践及认识教育活动，使得自身内心需求从外在的义务要求逐步得以内化，其也因恪守义务情操变得更加高尚。想要让恪守纪律成为教育者的核心品质，需要教育者身心充满义务感，这一点在学校不可或缺。所以，通过确立教师道德义务，不仅可以增强教师的道德动机，还有助于教师养成高尚的品质。

第四，确立教师的道德义务能够培养学生形成义务意识。教育的目的就是让受教育对象意识到自己具有履行义务的责任，如果教师能够严格履行自己应尽的义务，那么会对学生产生巨大的影响，教师对义务的严格履行为学生树立道德的榜样，能够引导学生形成义务意识，会让学生在实际行动中遵守道德要求，对自己负责。

（3）教师义务感的培养。教师义务感的培养是教师履行、承担相应义务的关键前提，教师义务感的培养主要表现在以下几方面：

第一，给教师自由选择的空间，培养教师的道德责任感。行为自由、意志自由是人的两种自由，其中道德关心的是行为自由，这是人类特有。如果一个人的行为不受约束，就证明他是自由。对教师道德责任的承担意识进行培养，有利于提升教师道德和教育水平。主要有以下限定教师承担责任的因素：①当一些义务是教育机构、教育事业以及社会明确要求的，对教师不可提出超出其承担道德责任范围的要求；②为履行某一义务，在一定客观环境中已经给出基础条件；③教师通过教育行为可以正常履行该义务。在短期内，特定教师无法承担学生的后进现状的责任。一旦同时具备以上三项条件，教师便可承担起相关的责任。

第二，提高教师道德义务的认知水平，普及教育道德知识。个体认知或觉悟客观道德责任的水平直接关系到道德义务的形成。基于此，认知、学习道德义务是个体道德义务感及道德修养培养中一个非常重要的环节。尽管及时或合适的道德行动，不一定由道德义务的知识进行引导，但是，增强及践行教育义务感得益于对义务的认知，特别是融合情感体验的真正认知。

第三，培养教师形成教育事业的意识，让教师具有教育信念。道德义务和教师的知识学习处于不同的体系，如果想培养教师形成道德义务的正确意识，那么需要将道德义务的相关认知纳入认知范围，让教师在信念认知中认识到教育道德义务的重要性。当教师具有道德义务的意识之后，教师会自觉地遵循道德义务提出的要求，会把道德义务中的要求当作是教师本人的意志，当成自己的发展需要，这样道德义务就成为教师的分内之事，就成为教师本人要完成的个人追求。在这种情况下，无论是思想还是意识都会被调动起来，教师的行为也会更加符合道德义务的要求。

3. 教师良心

良心能够对个人的行为和义务做出规定，进行自我约束，是人自我的一种体现，和自我之间有非常紧密的连接，是人对自我行为做出的判断，良心是人没有办法规避的评价，人的良心会对人做出一个内在的道德规定。教师在教育实践中，通过自觉意识为社会提出一系列道德诉求，赋予教师关于学校、教师集体、学生以及社会自觉履行职责的道德自我评价能力和特殊责任感，这些属于教师职业道德范畴，称其为教师良心，这种良心潜藏于教师的内心深处，是一种意识活动，它体现在教师的职业活动中，是教师道德觉悟的综合体现。

（1）教师的良心能够从内在的角度提高教师的工作效能，教师是一个特殊的职业，教师需要处理非常复杂、繁重的工作，这需要教师具有持之以恒的毅力，而且教师的工作周期非常长，教学效果的获得也是缓慢的，所以，无法在某一个时间段对教师做出教学质量的量化评价。总体而言，教师的工作特点是长期性、间接性以及隐蔽性。

（2）教育良心可调控教师的教育行为，这种调控机制贯穿于整个教育过程。该过程中各种各样的关系，各种矛盾和问题的解决均依赖于教师良心，教师道德意识的各个方面均由其支配，具体贯穿于两个行为阶段：①教师良心在行为进行前，可选择教师行为的动机。当对其行为进行选择时，既受到自己良心影响，又受到外部条件制约。在同样条件下，教师受到良心的支配对某种行为进行选择。②教师在行为进行中，教师良心可监督、调整及控制其行为。对于具有良心的教师，无须学生、领导及其他教师的监督。在行动过程中，依然可以满足教师职业道德的要求，对符合教师道德的行为以及情感给予激励和强化，以引导自己的行为走上正确的轨道，避免出现偏差，而引发不良后果。

教师在做出教学行为之后，良心会对教师的行为产生评价。总体而言，教师的教学实践会受到评价，一方面是社会舆论，社会舆论对教师的行为评价能够约束教师的行为，让教师行为更加符合规范要求；另一方面是教师的自我良心，因为教师的教育活动是自由的，是有个人特性的，教师的活动会受到自我良心的审判和评价。良心内化为人的自身后，无须其他外界因素约束，保留属于自己和自己相处中的内部空间。教师良心具有独立评判能力及反思能力，作为一种内在约束力，教师可以借此自觉反思言行举止，并做出相应判断，那些符合良心的行为，会给人带来满意感和愉悦感；反之，则会引发自责感和羞愧感。在整个教育过程中，教师良心作为内在的道德约束，具有调控、评价及自我判断的作用。

4.教师公正

公正一直是人类社会普遍的道德法则，是人们孜孜以求的价值生活目标。而公正的概念是一个复杂的概念，它既是法学、政治学概念，又是伦理学概念。在法学中，公正与法律有关。法官的使命就是以法律为依据主持公正，为公正服务；在政治学中，公正是一个政治原则，要求公务人员不徇私情，公正无私；在伦理学中，公正是人们最基本的道德原则和道德规范，作为最可贵的道德品质，公正是指人们根据一定的道德原则和道德规范办事，坚持真理，公平正直，合乎情理，不存私心。

形成教师公正的过程不是一蹴而就的，而是循序渐进的，在教学过程中，教师处理事情、处理人际关系需要做到公平公正，对公平公正原则的遵守，能够让教师逐渐形成公平的道德意识与信念。教师公正观念的形成，既会受到社会公正规范的要求，也会受到相关活动的影响，所以，教师的公正观念指的是在开展教育活动的过程中，教师遵照的社会对公众提出的道德要求，以此来处理教学活动涉及的合作者，处理教学活动当中的人际关系。在众多的人际关系中，教师对学生进行的公平公正的评价最能体现出教师的公正本质。

（1）教师公正的意义。公正对于教师良好职业道德的形成将日益显示它强大的制约和影响力。

第一，有利于自身德行的完善。一个公正的教师，是有规范行为和品德的教师。在教师的职业道德规范中，公正是其一，同时，它也是群体伦理道德规范。公正在德行和规范方面是相辅相成的。要实现规范，先实现德行。教师的公正德行可以受到内化，在内化后变成个体德行。德行在内化之后变为一种道德力量，它对公正是存在要求的，会对公正进行真正的践行。公正对于教师而言是一种责任，当教师能够完全认同与敬畏这一责任时，就能够做到公正德行。教师需要认同群体的规范，并且对公正不断的追求，教师可以在教育教学实践中进行自我完善，使自己的整体素质和道德得到提升。只有教师能够结合个体德行和职业规范时，才能够真正做到公正，这可以让教师在进行自我发展的同时，也符合社会道德规范。因此，教师不断提高自身德行的过程，就是追求公正的过程。

第二，有利于学生的道德成长。教师公正直接影响学生对公正的理解和认同。学生具有"向师性"的特点，教师的德行会直接影响到学生。一名教师若是公正的，那么在教师的言行举止中便会彰显出公正的特征，并且这种特征会潜移默化地影响学生，让学生也形成公平公正的德行。对于学生而言，教师是言传身教的典范，教师的自身示范会让学生形成初步的对于公正的理解和认知，正确的示范能让学生掌握正确的公平公正观念。

教师如果能做到公平公正，那么将会极大地促使学生培养成公平公正的品德。教师自身对公平公正品德的践行对学生能产生一个积极的导向作用，能够引导学生追求公平公正，而且教师的行为会让学生亲身感受到公正的意义，学生会认识到公平公正是对他人的尊重，是非常重要的处事原则之一，是一种非常高贵的道德品质，学生可以通过教师的行为感受到公平公正道德具有的善良含义。在教师的影响下，学生会自觉追求公平公正，自觉践行公平公正。

第三，有利于良好教育环境的形成。具有公正德行的教师会将公正待人的态度带入教学实践当中，这是教师给予教育的外部环境。教师具备公正德行就能够更好地处理自己的社会关系，如与学生和学生家长的关系，能够在教学上保持良好风气。

从教师的工作角度来看，具有公平公正道德观念的教师能更好地完成上级领导交代的任务，能更好地和同事展开合作，有利于教师和学校更好地培养学生。而且教师为人处世的公平公正能够形成良好的工作氛围，教师以公平的人格对待他人能够发挥出积极的育人作用。从班级建设的角度来看，教师的公平公正会影响到学生的日常学习、日常生活，甚至是学生的成长，当教师做到公平公正，班级的班风、学风也会充满公平公正，有助于形成一个良好的班级氛围，进而对学生的学习发展产生好的影响。

（2）教师公正的特性。教师公正的特性包括历史性、开放性和自觉性，以下是具体内容：

第一，历史性。教师的公正并不是一成不变的，在不同的历史时期下，社会认为的公平公正是不同的，所以对教师提出的要求也是不同的，社会公平公正的变化受到社会经济发展、道德发展的影响，教师也是生活在社会中的人，教育活动也是在社会进行的活动，所以，教师的公正观念也会受到社会上道德、经济、文化的影响，从而表现出特定历史时期具有的特点。

第二，开放性。学生可以在信息时代获得多样性的知识和多元化的价值观，在这一点上，教师与学生有一定差异。教师在面对这种差异时可以选择变得更加开放，主要表现在向孩子学习上，善于了解学生的教师往往能够从学生身上学习到很多东西。开放性的另一个表现是支持学生。社会上众多角度所关注的主要问题是学生的健康成长。在教学方面追求的最大利益是学生的健康成长，一切教学活动都是以这一目标进行的，教师的价值也是促进学生的健康成长。但教师之间会存在个体差异，不同教师因为个人的喜好和价值观及个人经历不同，对学生采取的态度也不同。衡量这些现象的方法依据道德标准，想要判断道德与否需要从多角度来看，如果方向是正确的，学生就应当得到支持，这就是教师对学生的支持以及公正开放的表现。

第三，自觉性。教育是一种目的性很强的社会活动，教育总是要教人从善。因此，教育的根本目的蕴含公正的意义，并通过教学活动、教学情境或隐或显地体现出来。教育的分寸，包含教育的态度方法，掌握分寸需要恰到好处。教师在教育之后，对教育的主观理解都是分寸的概念，同时也需要做到对学生的尊重和认同。教师在课堂中掌握恰当的教育行为也是懂得教育分寸的体现，有分寸的教师能够结合职业能力和道德，对学生高度负责，在教学过程当中能够尽到自己的责任，保持良好的师生关系，出现矛盾时，能够适当地进行调节。

（3）教师公正的践行。教师可以保持自身的公正的价值取向，我国教育十分缺乏优质资源，因此，教师的公正也会根据社会发展的变化而重新定义。教师公正的践行方式具体如下：

第一，教育环境的综合治理。教育环境的综合治理能够让教师依法展开教学，能够实现教育的公平公正，特别是在学校中对教师职业以及行为的规范，能够让教师更加公平公正地对待工作，能够让教师形成更强的公正意识，对于教育的发展有非常积极的影响。对教育环境进行综合治理应该加大对教育的投入，要投入更多的资源，并且科学合理地分配资源，与此同时，还要保证教师的权利，为教师营造良好的职业环境。除此之外，还需要科学合理的考评机制，考评机制的存在能够激励教师更好地发展。

第二，提升道德素质，实现教师角色的认同。现今，市场经济条件变化下，在利益格局和分配关系上师德状况也由文化的多元性产生变化。我国的教育领域已经产生市场化的趋向，但是相应的市场规则并没有十分完善，因此，教师很容易将教育看作是一项交易，通过教育来谋取利益进行等价的交换。但是，教师和其他职业是不同的，教师这一职业是以人为对象进行教育的，教师这个职业的特殊性决定这个职业并不能做到完全市场化，教师并不是一个经济化的职业。

教师角色在当前社会还存在另一种认知，人们对教师的形象进行高度的想象，过分要求教师的完美性。甚至就连教师自己也会将自己的这一职业看作是社会阶梯。但是，教师仅仅是一个职业，在符合职业道德标准的情况下进行教学，教师依然是社会成员中的普通个体。不应当对教师进行过分的吹毛求疵，这会使教师产生压力，如果过分给予教师过高的期待，教师却无法得到相应的劳动报酬和社会地位，教师就会产生压抑感和冲突感，这是对教师自身的不公正性。

在市场经济环境下，社会应当充分地认同教师这一角色。教师只有在师德崇高，并且达到相应的专业标准时，才能够将自身利益和学生的利益统一起来，在教育过程中充满责任感。同时，教师可以通过教育这一任务，对自我价值进行实现。教师在教育的过程中，不仅对学生进行教育，对知识进行传播，还能够不断地提升自我，使得自我的人格更加完善。教师这一角色是具有个性的，应当统一自身的外在社会价值和生命价值。社会对教师人才的要求包含个性独立，具有创新能力。教师作为人才培养的主体，在教学时，应当不断完善自我，认清自我，找到自己的责任所在，丰富自己的职业生活，使教师能够在追求社会价值时也实现自身的生命价值，公正地对待自我，坚守自身道德。

第三，注重教育教学艺术，提高教师公正能力。一方面，运用教育的智慧。教师只有拥有教育的智慧，才能够达到教学水平的成熟，能够全身心投入实践的时，并且为之付诸心血。拥有教育智慧的教师能够在课堂中敏锐地察觉到学生的需求，在社会中，能敏锐地发觉社会的新形势。同时，有智慧的教师能够将冲突和矛盾化解，并且能够在教学时选择合适的对策，具备较强的调节能力；另一方面，教育时懂得掌握分寸，真正公正的教学。教育的分寸，包含教育的态度方法，掌握分寸需要恰到好处。教师在教育之后，对教育的主观理解都是分寸的概念，同时也需要做到对学生的尊重和认同。教师在课堂中掌握恰当的教育行为也是懂得教育分寸的体现，有分寸的教师能够结合职业能力和道德，对学生高度的负责，在教学过程当中能够尽到自己的责任，保持良好的师生关系，出现矛盾时，能够适当地进行调节。

（三）严谨治教，精益求精

严谨治教，精益求精是教师处理教学工作关系的道德规范。教师的基本职能是通过"传道、授业、解惑"来培养人才。严谨治教、精益求精是教学工作的内在需要。严谨治教就是对待教学工作要一丝不苟，高度负责；精益求精就是对待教学工作要不断进取。教师必须精通业务，提高能力，这样才能做到诲人不倦，教书育人。教师对学生具有榜样的作用。业务能力强的教师，往往是学生模仿的榜样，学生需要业务精深、知识渊博的教师，同时，教师也只有精通业务，严谨治教，才能以其知识的魅力吸引人，赢得学生的尊重，并提高教学质量，实现教育目的。

（四）热爱学生，诲人不倦

热爱学生，诲人不倦是调整教师与学生相互关系的教师道德规范，是教师的天职，也是献身教育、爱岗敬业精神的具体体现。热爱学生，诲人不倦是教师做好教育工作的力量源泉，是完成教学任务、实现教育目的的重要条件，也是培养学生热爱他人、热爱生活、热爱社会的健康人格的重要因素。热爱学生，诲人不倦的基本内容是：教师要关心学生，了解学生，在相互了解的基础上，与学生互相尊重，平等相处；要信任学生，对学生一视同仁，公正地对待每一个学生，不能偏听、偏信、偏爱；要循循善诱、诲人不倦，满腔热忱而又耐心细致，既传授知识，又引导做人，要严格要求，宽严相济。热爱学生与严格要求并不相悖。

（五）尊重家长，互相配合

尊重家长，互相配合是教师正确处理与学生家长相互关系的道德规范。家庭是孩子的第一所学校，家长是孩子的第一任教师，家庭教育是孩子成长、成熟的重要环节。为了保证学校教育的连续性和有效性，教师必须尊重家长，主动与家长取得联系，使家庭与学校互相配合，齐心协力，汇成一股合力，做好学生的思想教育工作。教师要通过各种形式主动与家长建立经常性的联系。教师应尊重家长，接受家长对教育和教学工作的监督和批评，还要帮助家长改进和提高教育子女的方法。

（六）团结协作，勉励共进

团结协作，勉励共进是调节教师之间以及教师与学校其他各方面关系的道德规范。教师劳动虽然在形式上表现为个体脑力劳动，但其实质是一种整体劳动。每一个"产品"，既凝结着教师个人劳动的智慧，又反映整体劳动的力量。这就要求教师既要充分发挥个人的积极性、主动性和创造性，又要团结协作，互谅互尊，勉励共进。

二、教师德育素养的提升策略

教师德育素养的提升是一个进阶式发展的过程，德育素养提升途径多样，既需要制度保障和政策导向的外生动力，也需要个人的自觉努力和实践磨炼内生动力。内生动力是教师为寻求满足某种心理需求而参与的活动，外生动力是为了获取某种奖励或避免惩罚而产生的行为意向活动。从某种意义上而言，只有不断提高教师德育素养和职业涵养，才能走出德育困境。

（一）实践研修提升教师德育素养

德育具有很强的实践性和应用性特征。能不能够把理论还原成实践、研究成果回归到实践，又能从实践当中提取出理论是德育研究的根本旨归。对教师而言，实践研修就是"从问题中来，到实践中去"，突出"能力本位，实践导向"的理念。教师德育素养的提升可以借助外力发展，也可以依靠内在驱动。

1. 校本研修

校本研修是教师置身于一定教育情境中叙述真实的教育生活的研究方法。德育研究不应是书斋中的研究，而是在教育现场，在活生生的教育实践中去研究，发现现实问题，寻求解决问题的方法。"校本研修作为一种具有针对性、实效性和可持续性的教师专业发展方式，在推动教师专业成长、促进学校教育质量提升等方面可以发挥重要的作用"[1]。校本研修是教师基于学校现实问题、根据自身专业发展需要、源于学习任务驱动的自主合作探究学习，主张"研"与"训"的结合，它是教师专业成长的最直接、最灵活、最富有实用价值的一种研修模式，也是教师德育素养提升的一种有效途径。

（1）校本德育研修涉及的内容很多。研究只有面对真实性和现实性的问题，才能切实地增进教育知识，适时地改善教育实践，在教育实践中产生的问题，才是教育研究的"真问题"。那些远离教育实践，只能站在个人立场的自我言说，在本质上无法真正的解决学生问题。例如，在学校品质提升方面，以学生事务管理、心理健康教育等为研修内容，寻找学生品德形成的契机和关键问题。对学生研究而言，包括学生接受教育的生理基础、心理基础、脑科学基础、需求基础、环境条件基础、社会评价基础等，包括建立在实验、实践和生活基础上学生形成

---

[1] 郑海生. 校本研修助力教师专业发展 [J]. 教育艺术，2023（7）：31.

的教育经验的局限性及其可拓展的空间,也包括在生存和发展的过程中学生遇到的挑战及其应对等。结合信息化时代到来,开展德育课程模式、内容、方法的研究;结合学生综合素质要求,开展品德行为测评的研究。

对教师的研究,包括教师专业伦理精神的研究、课堂教学中德育素养的研究、教师人格特征对学生发展影响的研究等,要对教学要素、教学策略、教学技术和教学方法等方面所蕴含的德育价值进行研究。教师的研究方法,可通过扩大阅读,拓展人际交往,将教师伦理标准内化为教师个人化的教育哲学和德行修养;通过问卷和访谈方法,深入教育生活的现场,开展田野研究;通过专项课题研究,剖析德育难题,共享德育经验。同时,在研修中,学校应制定一些考核管理制度,提高教师自我研习的自觉性。

(2).校本研究的前提条件。教师进行校本研修,首先,要具有研究意识。校本研修是引领教师可持续发展的一盏"明灯",解决自己的教育问题,发表自己的研究成果,改善自己的教育实践。本质上是一种行动研修,类型有教育日志、教育案例、教育反思、教育博客、教育沙龙、读书报告会等。在多元价值背景下,研究意识包括主体意识、责任意识、信念意识、问题意识、创新意识。此外,教师要有终身学习和思考的习惯,及时了解和把握教育改革与发展的新动向与新知识,不断突破定型思维方式,使熟悉的变得陌生,使习惯的变得新奇,使原来被忽略的变得清晰,一切习以为常的事被重新审视。其次,要具有独立的研究能力。教育研究是一种创造性劳动,靠外力推动是不够的,还要有来自教师内在的执着、求真、创新的精神以及相应的能力,才能推动教师进入研究状态。

德育研究者需要避免研究结果的理想化、研究方法的目的化、研究文献资料的虚无化、语言表达方式的官方化、研究态度的情绪化等倾向。另外,要具有批判性思维。在汉语中,"批判"的原意是"解读原文,发表意见,辨明源流,做出评价"。

2. 行动研修

行动研修是指科学研究者与实际工作者之智慧与能力结合在一件合作的事业上。行动研修是一种研究方法,研究对象是学校中的问题,研究人员是学校教职员,研究目的是改进学校的各项措施,重要性在于企图使教育实际与教育理论密切配合,且能给予实际工作者以深刻隽永的印象。

一个成功的实践活动既是教师自觉成长的前提,也是教师成长的具体体现,还能为学生成长提供帮助。学校应有计划、有针对性地组织教师学习先进的德育理论，积累德育经验，从而不断提高自身的理论修养水平，逐步掌握德育工作规律和德育工作方法。开展"青年教师导师制"活动，发挥传、帮、带作用，制定教师职业发展规划，指导青年教师科研活动，参加实践研修，制定具体的培养目标和实施考核办法，将研究成果转化为学校实践活动，并用于改善学校德育实际状况。此外，在合作研究中提升德育素养。通过任务驱动、专题理论研修、群组互动学习、远程跟进培训、参与式研讨、实践共同体建设、考察交流等形式，帮助教师学习专业理论，形成专业思维、实践创新能力，提高班主任和教师自我反思意识，从而提升教育智慧。为了提升教师德育素养的行动力，应强化集体研修活动，促使每一位教师在一个富有发展性的"共同体"中相互砥砺、共同成长，让教师的才智和灵感得以展现，让教师职业生活充满激情和希望。

（二）师德评价提升教师德育素养

1. 教师职业道德评价的意义及分类

教师职业道德评价是指教师自己、他人或社会，在一定的道德意识支配下，依据教师职业道德规范和教师专业发展标准，通过社会舆论和内心活动等形式对教师职业行为和道德品质所做的判断活动。教师职业道德评价标准是反映我国当前社会和职业需要，并具体指明行为的界限。凡是符合教师职业道德规范的行为和品质就是善的，获得肯定性评价；反之则是恶的，得到否定性评价，它可分为内质性评价和外显性评价，具有相对性、稳定性、主观性等特征。其中，主观性特征是指道德评价受评价主体的经验、兴趣、价值观等因素影响，反映评价者的主观意愿和需要。

（1）教师职业道德评价的意义。教师职业道德评价是师德建设的一项内容。师德既反映教师个体道德水平，也意指教师从业基本条件，是教师专业发展的根基。师德是教师教育和专业发展的重要内容，是教师职业资格认定的必备条件。教师职业道德评价是维护师德规范的保障，是教师职业道德从认识转化为行为的"杠杆"，有助于教师在职业道德修养上的自我监督和自我完善。

通过教师职业道德评价，可以培育教师的职业道德意识、行为和品质，不断提高教师自身的精神境界和道德水平。从内容上来看，目前教师职业道德评价更强调的是专业道德评价。由职业道德评价转向专业道德评价是源于教师专业发展的实际需要，它包括职业认同感、专业态度、责任感、合作精神、专业情感、公正诚恳和具有健康心态等。从师德中寻找教育的力量，发挥教师职业道德对教师专业成长的统领作用。

教师职业道德评价是考核聘用的依据。教师职业道德评价具有目标导向、专业发展、督促激励和问题诊断等功能。为完善师德制度，各地教育部门建立师德个人档案，在特级教师、学科带头人、职称晋升、优秀教师、教坛新星等评选中，严格实行"师德一票否决权"。因此，通过有效的师德评价，在认可教师工作成绩、肯定教师优点的同时，应努力发现需要改进的地方，提出切实可行办法，最大限度帮助教师专业发展。规范师德行为，不仅要以一定的外在条件为保障，还要以教师自身的专业发展和主观努力为基点。

（2）教师职业道德评价的分类。

第一，按评价主体划分。可分为社会道德评价和自我道德评价。社会道德评价，也称他人评价或外部评价，是以社会或他人的评价为主体，对教师道德行为、品质进行判断，一般来自学生家长、社区成员、协作单位等评价。在学校内，由管理者组织的教师职业道德评价，主要有学生评教、教师之间的互相评价、领导评价。为此，要完善学生、家长、学校和社会"四位一体"的教师评价监督体系，特别要发挥家长委员会在师德评价和建设中的作用。自我道德评价，也称内部评价。教师自我道德评价是行为主体对照国家制定的教师职业道德标准，依据内心信念，对自己的道德行为、品质和意向所做出的善恶判断活动和自我褒贬态度。一方面，由于评价主体清楚地了解自己的动机，因而可能使评价更及时、恰当和公正；另一方面，也可能因利害关乎主体自身，使自我评价带有主观随意性，常常出现与实际相偏离的情况。

教师自我道德评价的方法主要有参照法（以别人对自己的评价为参照系进行的自我评价）、量表自评法、横向比较法和期望值比较法。道德评价要发挥对个体道德的监控作用，关键在于把社会（他人）的道德评价转化为个体的自我道德评价。它是一个自我反思的过程，更是一个自我道德提醒的过程。

教师自我道德评价是对自己德行的感受和调控，其作用表现在：自我评价影响自身专业的发展，影响职业幸福感的形成，影响学校教师群体的合作。开展教师自我道德评价活动，关键是要有自我道德评价的意识，即"人贵有自知之明"，通过教师自我道德评价，从而提高教师评价的自觉性、经常性和科学性。强调教师对自己教学行为的分析与反思，建立以教师自评为主，校长、教师、学生、学生家长共同参与的评价制度，使教师从多种渠道获取信息，不断提高教学水平，让教师释放潜能，体验美丽人生。同时，将社会道德评价和教师自我道德评价结合，建立民主、平等、合作关系，让教师最大限度地接受评价结果，就是评价的最大效益。

第二，按评价方法划分。可分为性质评价和量化评价。性质评价是对教师职业道德行为在性质上做出的判断，通常用评语或等级的形式。量化评价是对教师职业道德行为在量的方面做出的规定，通常用评分的形式表现。量化评价能做到客观性、准确性，增强评价可信性和说服力。

第三，按评价目的划分。可分为奖惩性评价和发展性评价。奖惩性教师评价是将评价的结果作为奖励或惩罚的条件，目的是加强教师的绩效管理，控制教师。奖惩性的评价虽然对教师发展有一定的作用，但操作起来可能过于简单化、表面化，导致流于形式或出现应付评价，对教师的专业发展不能真正地起到促进作用。这可能既不利于教师提高专业技能，也不利于激励教师对其专业潜能的开发。发展性教师评价侧重于自我评价和过程性评价，通过实施教师评价，达到教师与学校共同发展、个人与组织共同发展的结果，目的在于挖掘教师的潜质，促进教师专业道德发展。现代教师评价的趋势是重视发展性评价，即由绩效管理转向专业发展评价，由甄别选拔转向共同进步，由注重结果转向注重过程，由面向过去转向面向未来，由强迫接受转向共同认可。

2. 教师职业道德评价的要求及原则

（1）教师职业道德评价的要求。教师职业道德评价应做到以下几方面的结合：

第一，动机与效果结合。动机与效果统一论是指在教师职业道德评价中既要看动机又要看实际效果，把两者有机结合起来对教师行为进行评价。教师在职业行为中的动机和实际产生的教育效果、社会后果都应作为教师职业道德评价的依据。效果是行为主体的个别或一系列行为，给社会或他人造成的实际后果。在通常情况下，动机和效果是相符合的，但事实上也会发生动机和效果不一致或矛盾的现象。为此，在开展教师职业道德评价时，既要看动机，又要看实际效果，将动机与效果统一起来。看教师在践行师德时，动机究竟是出于一种希望得到赞美或回报心理，还是只是怀着一颗平和、简单的心在做事。教师在很多时候教育帮助学生，可能怀有不求回报的心态，不在于为某种奖励和荣誉。

第二，自我评价和他人评价结合。自我评价是教师根据职业道德规范和评价标准要求，对自己的职业道德进行的一种自我认识和自我判断。自我评价的内在动力来源于教师内心信念，在自我评价过程中，要把诊断性自我评价、形成性自我评价和终结性自我评价结合起来。自我评价在教师发展中具有重要意义，评价应是教师发展的内在动力而不是外在压力，是教师认可的一种活动，起到引领导航作用，而不是带来职业倦怠。只有教师自我评价的评价，才是最好的评价，因为他们能把外在评价要求转化为发展的内部动力。

他人评价（外部评价）包括学生评价、领导评价和社会评价。学生评价是指在教与学的互相作用中，学生依据教师职业道德规范对教师的教书育人态度、情感、责任心、行为举止、教学能力等方面的评价。领导评价指学校成立评价小组，由经验丰富的教师组成，将平时评价与定期考核结合，开展对教师具有权威性的评价。社会评价主要是通过社会舆论对教师职业道德进行的评价，如借助于各种媒体等。应以教师自评为主，将他人评价与自我评价结合，发挥各自的不同作用。教师评价在肯定社会道德规约功能的同时，更强调教师道德人格提升的内在自觉。以教师自主参与职业道德实践的改善为宗旨，加强师德职责和使命担当。一般而言，教师对职业标准的归属感和义务感取决于他们在教育过程中承担多大责任、获得多少信任，教师会以自身高水平的专业知识和专业道德去实现这一承诺。

第三，相对评价和绝对评价结合。教师职业道德评价是对其行为做出善恶的价值判断，善恶既具有相对性和不确定性的一面，也具有绝对性和确定性的一面。绝对评价是用统一标准对所有教师的评价，是对所有教师的共同要求。相对评价是针对不同地区不同教师采用不同的评价标准或要求。通常情况下，人们更多地采用相对评价，是因为教师劳动具有主体性、复杂性、创造性、长期性特点，加之劳动对象具有差异性和多变性，用一把"尺子"来衡量教师行为的对与错（好与坏），这种绝对机械做法有碍于教师专业道德的发展，同时，由于社会文化、历史、制度等因素，学校和所授学科差别较大，对教师价值取向不同，用统一标准也是不合理不公正的。针对不同类型学校、不同的学科、不同年龄和职位的老师而言，教师评价标准既要注重统一要求，也要差别对待，应有不同评价要求。

（2）教师职业道德评价的原则

第一，导向性原则。教师职业道德评价标准给教师成长发展和教育工作指明努力方向。教师评价要结合学校性质、学生需要和社会发展目标而定，把教师置于一定教育制度和情境下来考虑，从而促进学校需求与教师需求的融合、教师心态与学校氛围的融合、教师现实状况和未来发展的融合、教师受益与学校受益的融合。现实中，它引导教师形成正确教育态度和价值观，妥善处理个人与学校之间、师生之间的关系，同时，发挥优秀教师高尚师德行为的示范作用，以师德师风演讲比赛促进师德建设等。评价教师职业道德行为，既要看到优点、闪光点、积极向善的一面，又要看到不足和缺陷，发扬优点克服缺点，从而帮助其进步。

第二，民主性原则。民主性原则也可以称为协商性评价，评价双方建立民主、平等、合作的伙伴关系。增强评价的可接受性和"共鸣"性。由重考评走向重引导，评价应更多地给教师带来自我成就感、积极向上的情绪，减少挫败感。例如，某校采用"校长—同事"评价法,首先,评价双方建立互相信任的关系,评价者必须尊重每个教师自尊心,给予积极鼓励,听取他们的意见和想法,如果能引导教师参与自我评价,坦诚说出自己的优缺点和努力方向,教师评价必然获得预期的效果。其次,发挥形成性评价的优势,促进教师专业发展。最后,教师发展根本动力源于教师本人,通过评价可达到自我完善、自我提高,也可争取同事和领导的支持和帮助。此外,也可以通过师德问题的讨论,提高道德的判断和选择能力,从而践行教师修养的自觉性。

第三,主体性原则。教师职业道德行为在本质上是一种自主、自觉、自愿、自律的行为,一旦形成将会产生相对稳定的态势,渗透到教育教学各领域。评价主体性原则是在充分尊重教师的前提下进行的,突出教师主体地位,促进教师积极参与评价。在开展师德评价活动中,尊重每一位被评教师的意愿和合理要求,充分调动和激发被评教师的积极性、主动性和创造性,让教师获得评价的知情权、参与权,及时获得评价信息反馈,这样就使教师对本职工作产生责任感和成就感,努力提高教师的满意度。主体性原则强调自主参与式评价,不仅是迎合外在制度性的"考评",更是个人内在的态度和价值观的融入。最大限度地增强评价结果的可接受性。因此,应建立以教师自评为主,辅以管理者、学生、家长、同事共同参与的交互作用的评价主体,强调对自己的教育行为分析与反思,让教师学会评价。

第四,发展性原则。发展性原则也就是动态性原则,用发展性的眼光看待被评教师的优点和价值,发挥评价的激励功能,使他们看到自己的进步和成就,同时认识自身存在的不足,进一步激励他们的上进心和进取精神。这种评价让教师参与制定评价标准和评价活动过程,是重在促进教师自我发展的评价。它是重发展而非重鉴定的评价,立足现实,侧重未来。评价主要功能由简单的评判转向促进教师不断发展,通过评价来对教师的专业发展予以帮助和支持,调动教师发展的内在需求,引导教师不断调控教育行为,以实现真正意义上的专业发展。

第五,可操作性原则。评价标准的制定要贴近学校教育实际和教师发展需要,拟定的指标要求具体、简明,具有概括性、简洁性和可比性,做到"宜少不宜多,宜粗不宜细"。评价方法应简单易行,便于操作,尽量减少评价成本。例如,一些地方把师德素养作为教师年度考核和专业成长的评价依据,制定具体细则并在实践中落实,以制度为约束,以考评为手段,以激励为动力,开展师德师风示范岗位建设活动。当然,无论采用定性法还是定量法、无论采用自我评价还是他人评价,都要保证师德评价的合理、合情、合法。

第四节　多维视角下的现代教育德育管理创新

一、基于核心素养的德育管理创新实践

（一）核心素养的认知

根据时代与科技、经济的发展，以及教育的自我发展，产生"核心素养"，核心素养又包括三方面、六素养，其中分为文化基础、自主发展、社会参与三个方面，综合表现为人文底蕴、科学精神、学会学习、健康生活、责任担当、实践创新六大素养。只有在其基础上才可持续发展生命历程的人性、能力、品质。如果核心素养是以动态的网络化的方式存在的，那么各种素养则是素养体系的网络节点，是联合事物之间的主要部分。

核心素养在众多素养中位于中心位置，在素养网络中也扮演着重要角色。核心素养主要有以下表达方式：①人需要有核心素养才能更好地适应信息时代及加快对社会的认知，拥有在不可测情景时依旧可以解决烦琐问题的高级能力；②发展核心素养是指应具备能够适应终身发展的能力，具备随时能满足社会发展需要的品格。

1. 核心素养的理论观

（1）核心素养理论的教学意义。核心素养是对当前教学目标及任务的科学化与具体化，是新的时代背景下对教育所培养人才的美好憧憬。对于教师而言，核心素养的提出只是为他们的教学指明方向，他们更关注的是如何在教学中落实核心素养的培养问题。而对于核心素养理念的教学意义的认识和理解，也需要教师对其有一个客观而全面的认知。

第一，核心素养理论的现实意义。

一是，核心素养理论是教学目标的科学化和具体化，为课程的设置指明方向，成为课程设置的重要依据。对于传统教学而言，课程内容的设置一般是教师针对学科特点及知识结构，以学科发展逻辑为主线而设定。与教材编纂也有相对明确的选择路径。随着时代的发展及教育改革的进行，课程设置在内容的选择上也更为丰富、难度也逐渐提升，但是对于学生的发展价值却没有确切的保障。

教育的根本目的在于促进学生的能力与品质的发展。显然，传统的课程设置

并不能很好地促进教学目的的达成。这就需要教师及教育工作者转变教育理念，更新课程设置观念，将知识在学科中的意义，转向知识在核心素养培养中的意义，并作为课程内容的确定依据。换言之，课程内容的设置需要最大限度地容纳能够促进和提升核心素养的一系列相关知识。只有这样，才能免去不必要的、对学生成长意义不大的课程内容，从而使学生在有限时间获得更多、更有价值的知识，调和教学时间有限与知识学习无限之间的冲突。

在核心素养理论的指导下，课程内容的确定与教材编撰，也将发生根本性的变化。主要表现为，从过去单纯以学科知识体系为依据的路径，转变为兼顾以促进学生核心素养的形成依据的路径。这既符合现代教育的根本目的，也更有利于促进学生的发展，为学生的发展提供有力保障。由此可见，核心素养是课程内容选择的重要依据。在此基础上进行的课程内容的设置、教材的编纂等，才更有教育价值及意义。从一定程度而言，这是课程理论与实践的创新与突破。

二是，核心素养理论指导教师的课堂教学。在教育改革的不断推进中，核心素养的提出，顺应教育改革的趋势。在核心素养理论的引导下，教师不再沉浸于厚重的书本、疲惫于繁重的练习，也不再纠结于成绩的好坏、分数的高低，而是透过书本和成绩，看到教育的实质，即人的发展，以及教育育人的目标。尽管分数与学生的成绩有着一定的关系，一定程度上能够反映学生对知识的掌握和运用能力，但这并不是教育的终点。教育应该在促进学生掌握知识的基础上，促进学生能力的提升及全面发展。目标是前提，教材是辅助，学生的关键。这样，才能保证教育发展的正确方向。从知识本位转向核心素养本位，是课程改革的质的深化与升华。

第二，核心素养理论的超越性意义。核心素养理论的超越性意义，主要体现在以下方面：

一是教学的教育性。教学的意义在于向学生传授基本的文化或内容，并让学生掌握。由此可见，教学必然涉及教与学的过程。换言之，教学必须将借助某种文化内容的习得同作为生存能力的人格（教学的教育性）的形成联系起来。基于核心素养的定义，教学既包含关键能力，也重视必备品质。因此，核心素养理论对于教学而言，有着积极的意义。此外，从教学过程来看，教学的过程是向学生传授知识与技能的过程。从一定程度而言，也可以理解为是向人传递生命气息的过程。无论基于哪一种理解，人都是教学的关键，人的发展才是教学的价值所在。因而，对于学校教育而言，课堂教学是学校教育最主要的形式，理应顺应时代发展的要求，尊重学生个体，将学生的发展视为教学的价值所在。从这个意义上说，教学目标的达成，不应该只是教学方法、技术层面的改变，其关键在于教育观念的变革，即尊重学生的个体性，要让学生成为真正的自己，而非被概括、被物化的抽象人，这也是教学的教育性的体现。

二是教学的在场性。教学活动中，教师的教与学生的学，是相互统一的，是教学过程中很重要的一组关系。相对而言，学生的学更应该得到重视与强化。换言之，教师的"教"，是为了学生更好地"学"，教是为学服务的。建构学习理论认为，学习过程是对知识的意义建构过程。而这一过程不是仅依赖教材和教师就能够完成的，还必须通过学习者自身的努力，才能达成。换言之，学生个体是关键，即教学活动必须是学生个人"在场"，才能真正发生。由此可见，学习离不开学生自我的参与，否则，学习活动便不会发生。

核心素养理论重在学生能力及品质的培养，引导学生通过自主学习去发现知识、解决问题，并把通过"经验的能动的再建或者统整"的知识视为真理，这种被视为真理的知识的获得，意味着"在场"学生对知识的真正学习和理解。

三是教学的交互性。教学应是师生双向互动的过程，而非教师的一言堂，这是传统教学活动亟待解决的问题。核心素养理论的提出，符合现代教育的要求及理念，强调学习共同体的创建，意在教师与学生间形成多维互动的关系，促进师生间、学生间的交互。不仅如此，还强化个人知识和学科知识的对话互动，使教学过程成为知识创造的过程，从而使得知识的学习更加灵活，也为学生综合素质与能力的培养营造良好的教学环境。

第三，核心素养与学科课程教学的相互作用。从核心素养的内涵可以看出，核心素养所涵盖的内容是多方面的，是核心知识、核心能力，乃至核心品质的综合性概括。虽然这三者是构成核心素养不可或缺的元素，但核心素养的形成并不是这三者的简单相加。在学校教育中，需要教师在备课时，基于素养的培养，给予教学准确的定位，并从素养提升的高度，组织和设计教学活动。由此可以看出，核心素养与学科教学有着极为紧密的联系。

一是核心素养指导、引领与辐射学科课程教学。核心素养对于学科课程教学具有指导、引领和辐射作用。一般而言，任何知识结构，都具有两个层次：表层和深层。表层结构的知识，所体现的是表层意义，即语言文字符号所直接表述的学科内容（概念、命题、理论等）；与之相对的便是知识结构的深层意义，即蕴含在学科知识内容和意义之中或背后的精神、价值、方法论、生活意义（文化意义）等。表层结构（意义）以知识的显性、逻辑性（系统的）为基本的存在方式；深层结构（意义）则以隐性的、渗透的（分散的）知识而存在，是学生素养形成和发展的根本（决定性的东西）。所以，核心素养对教学具有引领作用，以育人为学校教育的价值取向，确保学科教学为促进人的全面发展而服务。

二是学科课程教学实施有利于核心素养的培养。长期以来，我国学科教学的目的始终以学生对知识的理解和掌握为主。然而，随着社会的发展以及人们认识水平的提升，人们对教育有新的认识。任何学科的教学都不能仅仅是为了获得知识和技能，而更重要的应该是深层次的，包括关注学生的思想意识、精神追求、思维能力及生活方式等方面。加强教育对这些方面的倾斜，就要求学科教学应具有文化意义、思维意义、价值意义，而这些无不以人为出发点，体现着对人的尊重，这样的教学被予以人的意义。

基于此，教育功能的发挥对于核心素养的形成与提升有着重要影响，即核心素养的达成依赖学科育人功能的发挥。就内容而言，知识、技能和态度等方面是核心素养的综合表现，而这些要素可通过学习课程得以获得。现代教育理念，强调教学中对过程与方法、知识与能力，以及情感态度与价值观的培养。从这方面来看，学科课程教学过程有助于实现核心素养的提升。因此在学科课程教学中，自觉地树立核心素养的意识，将其与教学活动有机融合，才能达到培养学生核心素养的目的。

三是核心素养培养有助于学科综合的形成。对于我国现代化教育改革而言，其目的是培养适应社会要求的全面发展的人才。"全面发展的人"是对核心素养所指向的"教育要培养怎样的人"这一问题的解答。核心素养，对人的要求不仅是知识上的，还包括能力与技能乃至态度及精神方面，其范畴超越行为主义层面的能力，体现全人教育的理念。

尽管现代化教育理念早已深入人心，但在实际教学中，却仍存在各学科各行其是的现象。不同学科教学，都过于重视学科知识和技能的传授，对于教学的其他目标，如情感态度、方法等，虽也有涉及，但对其重视程度远低于知识与技能的学习。与此同时，各学科的教学还存在一些共同点，如在构成核心素养的众多元素中，语言素养是不容忽视的一部分，是沟通交流能力的基础。语言素养存在于不同学科教学中，是各学科的共同素养，而非语文学科所专属。

（2）核心素养的认识论。知识建构理论成为核心素养培养的理论基础。生活在社会中的人，或多或少都会有一定的生活经验以及所学知识的积累，并自觉或不自觉地将其运用于新知识的学习及能力方法的获取。对于核心素养培养而言，核心素养形成的过程，可认为是意义建构的过程。其中，已有经验或观念是基础。教师的作用不是忽略学生已有经验或知识，对学生进行新知识的传授，而是应该充分考虑学生对已有知识的掌握，并基于此，找到新旧知识间的连接点，建构新的知识。

建构主义学习观强调学生的学习过程，是建立在已有知识或经验的基础上，进而对外部知识意义理解的过程；是已有知识向新知识的转化，不断调节原有认知结构，使其为新知识所接纳的过程。而新知识的形成，对于原有知识结构的改进与发展，同样有着积极的促进作用。建构主义指导下的核心素养的培养，可从以下几方面实现：

第一，以学科问题情境为教学活动方式。核心素养是知识与能力的统一，而以学科教学为基础的核心素养的培养，重在以学科问题情境为背景，引导学生形成在具体情境中解决具体问题的能力，而非依靠传统的教师传授。而这一观点，恰好符合建构主义者所秉持的情境性认知观点（强调学习、知识、智慧的情境性，认为知识是不可能脱离活动情境而抽象地存在的，学习应该与社会化的情境活动结合起来）。传统的学校教育奠定知识传授的基础，而能力的获取，以及思维能力的提升，仅凭教师的传授，无法真正实现。通过参与性的实践所获取的某种能力、方法等，远大于从书本或演示中所获。思维能力的培养与提高，取决于学生解决具体问题时方法策略的选择、应用以及对行为过程、行为结果的反思。无论是知识的获取，还是知识的运用，既来源于实践，也离不开实践过程的体验，是在具体情境中的反复尝试、小组协作以及不断地思考。同样，掌握科学的学习方法，也与实践关系紧密，也是在具体情境中，面对所解决具体问题时不断反思的结果。建构主义主张"抛锚式教学"，即在教学过程中，教师应善于创造与现实相似的情境，引导学生对相应的问题情境进行探讨，培养学生对问题情境的建构，促进思维能力的发展。

第二，以探究式学习为教学活动方式。在我国当前的学校教育中，课堂教学是学生学习知识内容最主要，也是最基本的形式。课堂能够为学生提供系统学习学科知识的机会，使学生掌握系统的科学知识。但是与此同时，我国课堂教学也存在以教师讲授为主，忽略学生在学习中的主体性，忽略对学生探究性思维能力的培养这一主要问题。教学过程不应该以知识传授的多少为衡量标准，而更应该以学生对知识的理解、吸收，乃至掌握程度为主，这一教学目标的实现，离不开探究式教学过程。建构主义指出探究式学习过程是以问题为导向，通过发现问题和解决问题而建构知识的过程。由此可见,探究式学习的开展离不开问题情境的创建,而所创建的问题情境必须是与所学内容相关的、有意义的。

另外,创建有意义的问题情境,与教师的探究意识及能力有着直接的关系。需要教师强化探究学习的意识,合理设计探究过程。既要结合学生的实际状况,以及知识水平,又要与生活实际密切相关。同时将探究活动的难度控制在合理的范围内,既要避免问题超出学生的能力,而让学生望而生畏,挫伤学生学习的积极性,也要避免问题设置过于简单,达不到提升学生探究思维能力的效果。在这个过程中,教师要设置一系列的合理问题,并以问题链的形式将这些问题串起来,用于指导学生的探究,促进学生核心素养的构建。

综上所述,探究式学习的过程,离不开与他人的互动与沟通。因而,探究的过程是合作交流的过程;是一种对话式的实践过程;是参与探究活动的学生,针对探究的主题或是某一问题,与同伴、老师展开合理的对话,促进问题解决的思维过程。对话的过程同样需要教师运用教学的智慧,进行科学合理的引导。在学校教育教学过程中,教师需要在程序性学习的基础上,对探究式学习方式给予适时引导,通过探究性学习,培养学生的问题思维能力及解决问题能力,从而增强学生的学科核心素养。

(3)核心素养的知识论。一个人的核心素养有着很大的发展空间,其中,教育以及自身的努力是最主要的,也是最基本的发展途径。对于核心素养的培养,通常以学科内容知识为基础和载体的。是在对知识的学习过程中,加强培养学科核心素养的意识,促进对学科核心概念、规律、原理的理解,并形成态度与能力,从而达到对学科核心素养的理解与构建。任何教学活动,都是以一定的知识的传授与学习为基础的,这也是学校教学模式的基本形式。

随着教育理念的不断完善以及教育改革的逐步推进,我国学科知识教学内容也发生相应的变化,其内涵也更加丰富与多样化。而从学科本位到以素养本位的转变,是当前素养教育的本质特征。尽管素养教育被提升到一定的高度,但这并不代表对知识地位的忽略。反之,传授学科知识仍被作为教学的最基本形式。

以学科知识为基础的核心素养的培养要注意以内容:①通过课程化的知识教学过程,将以认知价值为核心取向的知识学习与智力发展相统一;②注重学生学科思维能力的培养。与此同时,还需要加强学生对学科特征的理解。在此基础上,促进学生学科核心知识、核心观念、方法等多方面的建构与发展。

核心素养与学科知识相互促进,互为统一。核心素养的培养以学科知识为基础,主要是对学科知识中核心知识的学习。同时,进行学科观念、思维、态度培养。从教学的任务来看，教学的一般任务是引导学生能动地学习，掌握基本的知识与技能，同时具备灵活运用的能力，这也是其他任务得以完成的基础和前提。因此，核心素养的形成过程，是学科知识教育价值实现的过程。没有基础知识的掌握，就无法获得以知识为基础抽象出来的方法、态度以及能力，核心素养的培养也便成为无本之木，效果可想而知。

综上所述，核心素养没有学科的界限，在核心素养体系的引导下，各学科相互促进，有助于各学科教学实现统筹统整，为学生综合能力的提升奠定基础。

2.核心素养的教学观

（1）树立"立德树人""以生为本"教学观。"立德树人"已成为现代教育理念及基本要求。"立德树人"，就是要求教师在面对作为教育对象的学生时，要明确教学的关键在于人的培养，教学活动应围绕学生的个性自由而有序开展，教学服务于学生的成长成才。对于学生而言，其个性自由和健康发展应该以良好的道德品质为前提。而这正是核心素养导向下教学的重点。所以，重建核心素养导向的教学，必须坚持"立德树人"的教学观。

"以生为本"也是现代教育理念，即以学生为中心。"以生为本"是指在教学活动中，教师应关注学生，尊重学生的个体差异；要根据学生兴趣特长、能力水平等特点，制定不同的教学内容；要鼓励学生进行自主学习，充分挖掘学生潜能，以促进学生全面、均衡地发展。具体可从以下几方面探讨：

第一，教师需要在观念上进行转变。对于教学而言，知识的传授和能力的培养对于成绩的提升固然重要，但是这些必须服从于学生的健康和幸福。健康，不仅仅是狭隘层面的身体健康，健康应该包含更为广泛的意义，即心理健康以及良好的品质。因此，教师在教学活动中，要以学生的健康为前提，注重将学生良好道德品质的形成与知识的传授相结合。这就要求教师以学生为中心，全面了解学生实际情况与需求，尊重学生的个体差异性，对不同学生采取不同的教学方法。作为教师既要鼓励并要求学生学好知识，还应该尊重并爱护学生，善于发现学生的优点和长处，尤其应注重对学生潜能的挖掘。

第二，理解学生发展的顶层设计就是核心素养，它是实现"立德树人"根本任务的价值所在。教师的任务不仅是教书，更为重要的是育人。教师要关注学生，全面了解学生，发现学生的优点和长处，弥补学生缺点与不足。教师应该明白，教学的真正目的是育人。不同学科的性质及内容，所含知识虽有所差异，但是育人的使命和任务是一致的。教师应该明确这一点，牢固树立育人的理念。教师应该明确核心素养的要素和内涵，在教学中形成自己独特的教学风格，并将核心素养融入教学特色。

第三，对于学科核心素养，要有正确清晰的认识，尤其要认识到实施核心素养教育的本质意义。在此基础上，教师才能更好更自觉地将学科核心素养融入教学，了解学生的真实状况及学习情况，尊重并宽容学生形成自己的教学智慧与教学风格。只有这样，才能真正落实基于核心素养的新课标精神，也才能提高教师基于核心素养培养的教学能力。

第四，基于学情分析，这是开展有效教学的前提。只有真实准确地分析学情，才能保证教学活动的开展更有针对性。学情分析的对象主要是学生。因此，对学情的分析主要包括对学生学习起点状态、潜在状态的分析。对学生起点状态的分析可以从三个维度展开，即知识维度，主要是学生对基础知识的掌握与认知；技能维度，主要是指学生已具备的学习能力；素质维度，指学生的学习习惯。

而对学生潜在潜能的分析，也可以从三个维度来理解。①知识维度，即学生知识潜能，主要根据学生已有的知识基础、原认知结构，学生的情感和发展需要来分析；②技能维度，即对学生知识技能、学习态度等方面所具备的能力分析，包括能力层次及状态；③素质维度，即对学生的学习习惯的分析，学生的学习习惯是怎样的，根据习惯选择更有效的学习方法，基于学生的学习习惯，课堂教学可能生成的能够促进学生学习的资源等。

（2）树立"学科本质"教学观。学科核心素养导向下的教学，还应该树立"学科本质"的教学观，这就需要教师了解和掌握基于核心素养的课堂教学方法，能在了解学科本质的基础上梳理学科核心素养与学科本质的关系，以及探讨如何在学科核心素养导向下进行科学教学，彰显学科教学的独特魅力及育人价值。要做到促使教学活动从教学转向教育层面，需要教师具体做到以下几方面：

第一，对于学科素养要有客观准确的认识。明确核心素养与学科教学任务之间的联系与区别。核心素养培养的着眼点，也并非学科教学任务的分解。而应该是立足于教学全局，将核心素养定位为学生应对复杂问题所必须具备的解决问题的能力和品质，这也是学生适应终身发展及社会发展需要不可或缺的关键能力和必备品质。在教学过程中，教师要发扬伯乐精神，独具慧眼，善于捕捉、发现并利用学生的优势、特长、经验、创意、见解，乃至问题等，使之成为教学的生长点。作为教师，要不断丰富教学资源，尤其需要开发学生身边的资源；培养学生的实践能力，让学生在实践中锻炼并提升能力；除此之外，还要广泛利用校内外场馆资源——学校图书馆、实验室、课程基地、运动场等及校外科技馆、博物馆、农业科技园等；处于信息时代的今天，教师还应该鼓励学生充分利用网络资源，丰富自己的学习经验，利用互联网丰富的资源，扩大视野，开阔眼界。

第二，只有在"学科本质"教学观的引导下，教师才能够深刻认识教学的实质，真正领会核心素养导向下的教学育人价值。教师要为学生的自主学习与探讨，营造良好的学习氛围，借助多种教学手段与方法，引导学生自主地进行能力锻炼。此外，教师应注重对学生兴趣的塑造，在教学活动中，努力培养学生的兴趣，为其将来的发展奠定基础。

第三，树立"学科本质"的教学观，要求教师明白，教学的真正目的在于使学生掌握"解决问题"的能力，这也是学习的本质。在以核心素养为导向的教学过程中，教师应该灵活选择并调整教学内容，根据学生的特点及需求，以及教学现状，及时变革教学方法及模式。而要实现这一改变，教师是关键。教师必须回归教学本质。唯物辩证主义的发展观告诉世界是变化发展的，任何事物都处于变化发展之中，教学活动也是如此。教师在这个过程中，要发挥自己的教学智慧，引导学生发现问题、探讨问题、解决问题。只有这样，才能保证教学活动从讲授为主向以学生的自主学习为中心的转变，这也为以学生的学习为中心的教学设计奠定基础，从而保证教学活动真正围绕学生而开展。

综上所述，意识对行为有着一定的引导作用，正确的观念是行动的指南，核心素养导向下的课堂教学，必须树立科学的教育观念，并保持观念的与时俱进。只有在观念上注重更新与转变，以核心素养教育观引导教育活动，才能保证核心素养与教学目标的有机融合，让学生的核心素养在教学中得到培养。

（二）德育管理的创新路径

1. 重视学校人文积淀

人立足于社会的主要基础是文化，学校是培养人才的地方，要把重点放在引导学生习得人文、科学和掌握各领域的知识技能上，传承人类的优秀文化成果，培养学生的内在涵养。①文化积淀。文化积淀指对社会认知的广度和深度，通过一定阅历而积累的文化成果，也是经过一段时间磨合后留下的学识修养和精神修养。②科学认知。科学认知是对学习的知识和技能通过自行理解加以运用的价值衡量标准，也是一种行为规范。科学认知来源于实践，实践也是检验科学知识真理的一种标准与动力。③自主学习。在学习中养成自律，培养自主学习意识及对学习进程进行评估的习惯，善于总结、反思、规划。

2. 关注学生自主成长

自主性是人作为主体的根本属性。学校教育的终极目标是让学生未来皆有幸福生活，拥有良好的自律习惯，才能高效管控自己的学习与生活，学校为让学生能够从容地适应这个复杂多变的社会，要积极正确引导学生对自我的认知，挖掘自己的潜能，从而实现人生价值。

（1）爱惜生命。学校倡导"学会自我保护"，举办关于增强学生安全防范意识和自我防护能力的相关活动。例如，可以在学校举办"正当防卫"以及"交通安全"知识讲座、消防应急演练等，使学生在认识自我、发展身心、规划人生的同时，珍爱生命、拥有健全的人格。学会学习和健康生活是自主发展的基本体现，两者相互联系、相辅相成，没有健康生活就谈不上学会学习，同时学会学习能提供更高质量的健康生活。

（2）运动与劳动习惯的培育。提高学生的体育参与度，重要的是转变师生及家长的观念，鼓励学进行体能运动，如骑行、爬山、旅游、打球、参加友谊赛等，让学生享受运动带来的快乐，促进健康生活方式的养成。劳，强调的是劳动，同呼吸，共命运，要学工学农。学生劳动习惯的培养也尤为重要。

3.鼓励参与社会活动

学生积极参与社会活动，可以全面提升自己的核心素养，学生应具备能够适应终身发展和社会发展需要的必备品格和关键能力，既包括通过学习获得的文化基础，也包括通过参与社会活动获得实践能力和担当意识。

（1）培养责任心。教师可通过主题班队会、国旗下讲话等形式弘扬中华优秀传统文化，培养其爱国情怀。另外，为了培养学生的国际视野和世界格局，要引导学生用开放的眼光看待世界文化的多元性与差异性，积极参与跨文化交流；关注全球性挑战，弘扬优秀的传统文化。

（2）增加生活体验。生活化教学强调学习与生活相结合，将知识合理运用于解决生活中的问题。所以学校以"学会劳动"为工作重点，将生活化的情境与学识相结合，帮助学生形成良好的运动习惯和积极参与劳动的态度。增加生活体验也会激发学生学习的乐趣，动手动脑兼得，还能够增强学生的社会责任感。此外，也鼓励学生学会礼仪交往，积极与学校集体生活融为一体，在社会中进行创新实践，以更好地适应社会。

二、全媒体时代下的德育管理创新

（一）创建班级德育和谐环境

第一，提炼学生的关注点与兴趣点。课前，教师要提前查看所有学生通过全媒体查找到的资料。为了能长期地进行德育跟踪、反馈和评价，教师要有收集大数据的意识，创建班级德育的资料数据库。教师分门别类地整理学生查找到的资料，统计分析问题，并及时向学生反馈共享资料的情况，针对性地建议学生查漏补缺和删减。在此基础上，教师还要通过这些共享资料，整理提炼出学生的关注点和兴趣点。关注才会专注，抓住关注点就能让学生深入思考。兴趣是最好的老师，放大兴趣点就会让学生乐于参与。

第二，开展教学相长的主题活动。只要真正了解到学生的关注点和兴趣点，就能让学生乐学于其中，使班级德育事半功倍。准确找出学生最近发展区，方能帮助教师确定学情，从而可以根据班级德育目标确定准确的学习重难点和搭架学习支架，制订出更加有效的教学相长的主题活动。班级德育是长期的，不能一蹴而就，它不仅仅需要学生不断成长，也需要教师不断成长。教师与生俱进的成长，才能使班级德育跟上时代的步伐。

（二）师生共享中的班级德育

第一，更新班级德育观，建构平等共享平台。全媒体时代因为知识获取方式的迅速丰富，教师的权威受到前所未有的挑战，然而教师地位的下降，也为搭建师生民主平等的平台创造可能。民主平等的共享平台的搭建，倒逼传统课堂改变传统的授课方式。班级德育需要受教育的个体主动参与其中，主动思考，在思辨中明理，在体验中践行。因此，教师要更新观念，主动把全媒体运用在教学理念中，变革教学方式，把自己的地位从传授型转变成引导型。不仅如此，学生强烈的好奇心更利于接受和掌握新生事物。学生对全媒体的运用不一定弱于教师。教师要通过继续教育、校内外培训、自学等方式提高自身的信息素养。

教师信息素养是教师根据时代要求及其发展需求，所应具备的信息品质、信息知识与信息能力。教师不仅要认可全媒体对班级德育有积极作用，并主动使用全媒体来提高班级德育的有效性，还要掌握全媒体的基本概念、理论和办法，提高使用全媒体的技能。

第二，开放班级德育主题，打通多维对话路径。班级德育一般都是通过主题学习来实现。教师在确定讨论主题后，应该放宽主题的范围，鼓励学生从不同角度去思考和探讨。全媒体环境下，学生和教师都能获取很多与主题相关的信息。共享不同学生从不同的媒体方式或不同角度获取的资源，能打通多维的对话通道。此外，教师可以选择社会热点话题、学生关切的话题作为德育的内容。把社会热点话题放在德育中，既可培养学生从小关心时事的意识，又能借助社会力量提高德育的实效。

第三，巧用媒体网络信息，体验内化共享资源。全媒体链接着互联网海量的信息，要从海量的信息中找到自己想要的，学生需要巧用全媒体来获取信息。教师可以提供一些相关主题的关键词，提供一些可能用得上的微信公众号、微博号、应用软件、主题网站等。目前在使用全媒体的时候，部分学生会偷偷地浏览一些无用的信息，或者玩一些毫无意义的网络游戏等。但是，不能因此而拒绝使用全媒体来学习。

教师要主动干预学生使用全媒体的行为。干预有三个层面：获取途径、技术层面和制度层面。课前教师和学生一起共享获取资源的途径，一起确定出大家都认可的主流途径；技术层面则可以建议家庭安装绿色上网路由器软件，通过关键词过滤网络通道。制度上可以师生一起讨论制订大家都要遵守的上网约定和监督措施。培养学生健康文明上网的信息素养不是一蹴而就的，需要长期坚持，因为这也属于德育的范畴。

（三）师生共创中的班级德育

第一，开放讨论并激励对话。开放带来丰富，激励才能突破。教师要更新德育观念，构建民主平等的共享平台，学生自我参与的意识增强，积极充分地利用全媒体查找资料后，平等讨论，学生自我展现的愿望强烈。在讨论中，教师及时去激励学生敢于表达所想，敢于提出问题，敢于质疑。德育课程的对话教学是师生间以构建平等、民主的合作为前提，以尊重、信任的情感纽带为保障，通过教师、学生、文本三者之间展开对话，师生在生命交流和经验共享中通过"精神的相遇"和"视界的融合"达成意义的构建和道德的成长。不仅是学生，教师一样在讨论和对话中能获得新的成长。

第二，评价促进反思和提升。班级德育需要及时地评价，班级德育评价有两个主要功能：一是激励功能；二是诊断功能（诊断包括修正和提升）。教师不能一味地鼓励和肯定学生，而要及时诊断，学生认识不到位或者错误的时候，教师要及时评价，及时拨正。教师的正确评价是学生需要纠正的信号，也是提升认识的导向。

综上所述，全媒体时代的到来，是班主任班级管理工作转型的契机。只要教师更新班级德育理念，搭设民主平等的对话平台，充分利用全媒体的优势，就能促进班级德育水平获得更加有效的提升。

第五章 现代教育管理工作中的美育管理与创新

第一节 现代美育理论与课程构建分析

一、美育理论分析

（一）美育的内涵界定

美育的任务是传授美学知识，培养学生的审美观念以及感知美、鉴赏美、创造美的能力。培养途径就是音乐、美术课程教学，授课内容包括自然美、社会美和艺术美，为学生奠定良好的审美基础。

美育隶属于素质教育的一个层面，然而，审美素质则属于综合性素质，它涵盖时下情感教学中的理性和感性层面，有着独一无二的特殊地位。人文素质教育的根本是对学生健全的人格的塑造，审美素质的存在则是通过美学来启发学生，如"以美启真""以美储善""以美怡情"。由此可见，美育有利学生德智体美劳全面发展，促进学生自主去发现世界的美与真，遵守社会道德规范。美学可以借助对学习精神层次的培养，通过美学作品不断感染学生，让其有一个审美意识，可以去发现美，感受美，进而发掘、提升学生的审美能力。

美育是素质教育发展的必经之路，现在的美学教育并非单纯的艺术、情感教学，而是融合多元素的综合教学，它可以提高学生思想，发展学生道德情操；丰富学生美学知识，发展学生智力；同时，还可以增进人们的身心健康，提高学生的身体素质。另外，美育主要通过作品，强化学生脑海中对美的印象，感染学生，引发学生共鸣。此种美学教育方式，是传统填鸭式教学无法企及或者说传统教学达不到的。与此同时，现代的美学教育也从审美观、欣赏美和创造美的能力等逐渐过渡到人生的美学趣味和教育的审美境界。

美育教学的基础是人格的塑造。让学生树立正确的人生观、价值观和世界观。因此，对学生进行美学教育不仅是提升学生的审美，也能对学生今后的成长产生重要意义。美学教育可以让学生从内而外，自发地接受美的熏陶，获得美学只是抵消不良思想对其思想意识的侵害，最终使受教育的人格趋向真诚、善良、美好的健全人格。

（二）美育的目标追求

1. "情理交融"的人

感性和理性的交织是人类认识世界的独特之处，感性是直观的、个体的、偶然的、心理的，理性则是深层的、人类的、历史的、必然的。感性往往都是通过直观感受和感官知觉来获得。理性的获得主要有两种方式，一是通过实践操作对后天经验的总结概括，即"经验合理性"；二是通过逻辑推理对事物规律的归纳提升，即"普遍必然性"。理性认知是人类的文化、文明和人的思想发展的源泉和动力。无论是"经验合理性"的"实用理性"还是"普遍必然性"的"工具理性"都是人类文明得以存在和发展所必须依赖的。然而，人的生命本身是非理性的，更多的时候需要非理性的刺激。"理性因科技在近代的急剧发展，日益损害着个体作为动物性的非理性的生存（人总是动物）"。因此，理性需要控制，感性需要回归，可见，"理性"之外的"感性之情"对人存在和发展同样具有至关重要的关键作用。所以，情理交融的人应当是人类所要追求的"理想之人"。"美"离不开"情"，真正的美往往都是饱含真情实感，能够焕发人的内心情感自然流露的"美"。美育可以促使人对"美"的深情追求和热情渴望，通过审美使人感受美之情，领悟美之理，用情感熏染认知，用丰富、活力的感性弥补单调、压抑的理性，真正实现感性和理性的融合。因此，塑造情理交融的人成为美育所肩负的重要使命。

2. "自由而全面发展"的人

从人的生存本质而言，人是类存在物，是自然界客观存在的有机生物，自然界一切生物的生存法则适用于人的生存。但是，人又具有特殊的生存本质，人可以自由地思考，可以自主地活动，可以自觉地行动，通过有意识、有目的的实践活动来认识世界和改造世界。人所具备的主观能动性，使人具有社会属性，这就使人的生存从根本上区别仅仅依靠生存的动物。因此，自由、自主、自觉成为人生存和发展的本质属性。从人的存在价值而言，自由解放和全面发展是人所追求的根本价值。

随着人类社会实践活动的历史推进，人认识世界和改造世界的能力不断增强，逐渐对人的存在价值、人的意义世界、人的发展本质等一系列问题进行了解读和阐释，人类认识到人的本真是自由的、人的发展是全面的，人对自我的发展定位日益明确，自由解放和全面发展成为人所追求的根本价值。

美育是人类最为重要的教育实践活动之一，必然以人类社会发展的终极目标和最高价值为根本依据，因而，培养自由而全面的人成为美育的目标。通过美育培育人的审美意识和审美能力，让人能更好地去认识美、发现美、鉴赏美、创造美，激发人对美好事物的向往和憧憬，净化人的心灵世界，以"美"为尺度，自由畅想、自由享受、自由创造，使人真正回归"自由"的本真，构建理想的"精神家园"。同时，审美素养作为一个人综合素质的重要体现，是人全面发展不可或缺的重要因素。通过美育，人的审美素养才能得以有效提升，才能真正地促进人的全面发展。所以，美育又是实现人的自由而全面发展的基本途径和必由之路。

（三）学生美育的特征

学生是美育的主要重点对象，故了解美育对象是探索所有学校的审美活动的前提，也就是学生的审美心理特点。学生在实际生活的创建、观赏、领悟、观照的过程中，对和自己特征、观念相一致的特点、情境、事物、现象等所产生的心理协调、情感共鸣，称之为审美。这是有意识、有目的的社会追求，也是生理、心理的本能需求；它展示学生所特有的审美心理特征，同时，拥有人们审美所拥有的审美的喜悦感。下列观点可详细阐述这种特点：

1. 独特性特征

学生丰富的想象力、果敢的探索精神、强烈的自我意识，决定其审美的特殊性。部分学生思想多数有批判想法，喜欢怀疑，不愿服从，不愿轻信。会勇敢表达自己的想法，不会探寻现有解决方法，当自己的想法取得别人的欣赏、支持时，就会斗志昂扬地将其进行实践。在学生中，这种想法的自主性，体现在审美活动中，即学生审美的独立性。

2. 憧憬性特征

学生对未来性、未知性的热度、渴望，体现审美的憧憬性。因此，如果在审美实践中，显现出有风险的未知成分，就会畏缩不前，所以，就很难得到由努力奋发而取得的那种念念不忘的审美感受。综上所述，倘若没有美的找寻活动，那么美是长久不会被察觉的。同时，独特性多数情况下也体现在学生果敢的想象方面。

3. 敏感性特征

学生所处时期是大脑细胞创建关联的时期,被教育训练后,尤其是专业课的练习,会导致大脑皮质细胞的数目快速增长,发育状况也表现出"飞跃"的形态,详细体现在听觉、视觉的高度敏锐,这就能让学生在层出不穷、广泛存在的事物中快速感受到美好的景象。同时,学生体内的内分泌增长,会增加他们的情绪感,易激动,对于外面的感官撩拨,经常会产生快速的响应。对于学生而言,所有普通的人文景色皆弥漫着朝气,能够让他们悠然自得,形成美感。因为学生认知能力的提升,故他们经常喜欢通过事物的外在形式,进而,体会到生命的道理,这使得学生的审美敏感性再次被巩固。

学生对新鲜事物的好奇感是审美意识敏感性的关键体现。学生不只对美的对象有好奇心,同时,他们在所有的事物上也都有所体现。好奇心是来之不易的。好奇心可以引发人们对科学的探索,也可以带给人们对美的追求。从古至今,就是因为好奇心的驱使,使得愈来愈多的学生坚决地去处理问题、探讨问题,为人类创造美好生活贡献一份力。

二、课程构建分析

(一)美育课程构建的载体

1. 基本载体——课堂教学

(1)重视教育目标的全面性与层次性。美育的目标可以从理论上将其分为两个层次,这两个层次彼此相互联系、相互渗透:表层方面主要负责传递审美知识,提高审美能力以及审美创造能力,培养与审美有关的能力,如对美的感知力、想象力等;深层上是陶冶人的精神,重建人们的心理结构,塑造和完善人格,培养人们综合素质全面发展。实现美育的目标不是一蹴而就的,而是循序渐进,从部分逐渐到整体的过程,美育的最终目标是要使学生具备健全的人格,这也是美育课程的根本任务。美育所要培养的人才并不单单是能够熟练掌握某一项艺术技能,现代美育不能只停留在表面,注重提高表层的审美知识和审美能力,而是要让学生通过学习相关内容了解相关背景知识,拓展思维,不仅收获到基础的文化知识,价值观和审美方法等,还极大地拓展学生的思维空间,让学生拥有更加深厚的文化内涵,打破仅限于专业知识和方法论的局限。

所以,美育课程是将追求真善美相结合,在此基础上对学生进行的人格教育,其所关注的是学生整体素质的发展和个性的自由发展。在美育教学中,教学目标必须是层层深入的。在教学目标层次上，应该做到表层目标和深层目标、一般性目标和特殊性目标、长远目标和短期目标三个方面相结合。在教学目标全面性方面，既要教授学生相关理论知识，还要注重对学生行为、情感、认知、体验等方面的教学。确立起科学合理的教学目标，对于有计划地开展教育具有重要的作用。美育课程一方面要传授学生有关审美的知识；另一方面要注重引导学生体验艺术中的审美境界，深刻领会艺术创造者在其中蕴含的情感，让学生接受艺术的熏陶，培养学生人文精神和人文素养，帮助学生完善自身个性结构，全面提高学生素质。

（2）重视教育内容的系统性与科学性。美的事物在某些方面具有相似性，但是不同的事物具有不同的个性，所以也表现出差异性，所以在对学生进行美育时，要注意向学生普及美的共同标准，在此基础上再针对不同个体对审美的不同要求和特点进行教学，帮助学生提高审美能力，在个性发展方面更加理性，做到普适美和个性美的统一。

美育教学内容设置方面，要遵循系统性和科学性原则，以培养学生的人格为重要目标，不断完善课程体系和教学规划，使之更加系统化，同时要明确美育教学中人格培养的方向。首先，在选择课程内容时，需要明确的是教育的目标是为了让学生通过课程内容的学习，了解更多的背景知识，拓展思维空间，对基础性文化知识、认识论等有所掌握，能够更加理性、独立地思考，提高审美能力，丰富文化内涵，不断形成更加完善的人格，而并不是对学生进行专业性教育，要他们掌握某个学科门类的知识结构和体系。其次，在选择教学内容时，要重点安排文学艺术类课程。具体而言，文学艺术课堂教学包括多个学科，如文学、音乐、美术等，理论知识主要有文学和美学的基础理论、艺术理论、文学艺术史以及其他有关文学艺术方面的知识。

学生在学习了基础理论知识以后，对文学和艺术中审美的原则和范围会有更多的了解，同时让学生知道美是以何种形态存在的，以及在人类发展过程当中所表现进行的审美活动。通过审美活动学生会进入一个审美世界，这个审美世界是独属于自己的，学生可以从中获得精神上的愉悦，如果没有具体的审美活动，学生无法更加深刻地理解和获得美。而课堂教学为学生提供审美活动，学生可以在课堂实践活动中不断发散思维，使学生和教师的沟通更加顺畅，不会因为知识水平的差异而无法沟通。以往单一、封闭的课堂教学都可以通过课堂活动得以改善，课堂活动涉及很多领域，是学生比较感兴趣的，让学生获得多种情感体验，锻炼学生观察能力、想象力和创造力，也可以提高实践能力，为审美教育的发展指明方向。

教师在教学过程中，应该注重学生审美理念的培养，让学生在审美方面更加科学理性，并根据个人性格特征，树立具有特色的个性美，进而提高学生的自信心，让学生在普适美和个性美之间找到平衡点，让学生拥有更加完善的审美人格。

（3）重视教育形式的互动性与多样性。每个人都是自主的，有能力选择和自我教育。在每个人的人格发展中，自我意识都发挥着重要的作用，它既决定人格发展，也推动着人格发展，在无形中影响和塑造人的品格结构的各个部分，影响不同部分之间的关系，同时约束个人行为。外在教育的影响要起作用，必须通过受教育者内在动力的激发。受教育者的自主意识被调动以后，学习积极性会被调动，主动在课堂中进行自我建构和自我建设，这既可以充分保障美育功能的发挥，也可以帮助受教育者完善人格。

传统的美育教学主要向学生传授理论知识，但是这种抽象和难以理解的理论讲解，并不适合美学课程，美育不仅需要美学理论指导，还需要教育学和艺术理论等，更应该将理论与实践相结合，在教学中采用感性和形象的方式，这样才能对学生的情感世界产生影响。美育课程并不是简单地欣赏，而是告诉学生美的规律，向学生传递有关美学的知识，并不断深入，是理论性和系统性较强的课程。和一般的专业课相比，美育课程也具有自身的特点，它是通过艺术作品来让学生获得启发，在课堂上既向学生传授知识，也陶冶学生的情操。从形式上而言，美育课程要注重课程的多样性以及与学生的沟通交流，吸引学生注意力，调动学生学习的积极性。

第一，课堂教学要多与学生进行互动。教育的过程原本就是教师和学生互相交流思想和情感，美育课程的教师应该营造良好的课堂氛围，让每个人都能平等自由地分享自己的观点，活跃课堂氛围，这样才能激发学生的学习兴趣，使他们主动学习，启发学生不断拓展思维，展开丰富的想象，激发学生审美创造力，帮助学生更好地学习和理解教学内容。教师在课堂教学中要帮助学生理解审美对象，引导学生认识艺术作品的魅力和价值，使他们无形中受到熏陶，学会欣赏和探索艺术作品，它可以在教学过程中适当的激励学生，给予他们更多帮助，创造一种和谐愉悦的氛围，引导学生多提出问题，再采用小组讨论的方式，活跃课堂氛围，启发和引导学生，让师生之间有更多交流的机会。

第二，在授课方式上要更加多样，在文学、艺术课堂授课中运用多媒体和网络进行授课，充分发挥其灵活性、实时性等特点，将音频、视频、图片的内容运用多媒体在课堂上进行展示，将课堂教学中的相关艺术作品更加直观、具体地呈现在学生面前，让学生不仅体会到作品的外在魅力，更感受到其丰富的内涵和意蕴，让学生走进艺术的世界，调动学生学习的积极性，激发他们的联想和想象，并结合审美的感性特征，突破现有审美教育重视理论而忽视实践的局限，将审美理论教育与培养学生审美体验、审美素质相结合，激发学生的学习兴趣，提高学生审美能力，帮助学生塑造更完美的人格。

2. 一般载体——校园文化

一般载体指的是最常见的载体。校园文化是学校教育十分重要的一部分，是在对学生进行美育过程中的环境和氛围等因素，是最普遍的教育载体。由学校师生共同创造，在教育和教学活动中形成的精神财富和文化氛围就是校园文化，除了抽象的内容，这些精神财富和文化氛围的物质形态也属于校园文化的一部分。

校园文化是一种独特的意识形态和群体意识，其存在和发展都是客观的，在人文自然环境的长期熏陶和影响下，将培育和积淀下来的传统文化和人文精神转化为某种人们共同的价值追求和行为规范，进而在校园文化主体身上不断产生影响，对校园中个体的价值观、人生观、情感、人格等方面起到引导和影响的作用。同时，校园文化也是一个综合体，具有多个层次和不同的方面。在构成要素方面，理性和感性兼具，既有比较实用的，也有艺术性的，动态和静态相结合，理论和实践并重。在构成要素方面丰富多样，可以从不同方面对学生进行美的教育，通过多种方式和渠道影响他们的审美心理，从整体上提高学生对美的感受和理解，提高审美能力，激发他们的审美创造力等，从而帮助学生在感知、情感等心理功能方面协调发展，让学生拥有更加完美的人格。

（1）校园物质文化。校园物质文化是校园文化建设不可或缺的一部分，优美的校园环境也可以在无形中对学生的精神产生影响。干净、整洁、优美的校园环境在学生人格塑造和培养中具有重要的作用，引导着学生不断完善自身人格，让学生保持积极向上的生活态度，生活中不断探索，也可以激励学生和教师不断进取，提高师生的审美能力，在师生的行为方面具有一定的导向性。

校园内的建筑、教学设施、活动场所、植被绿化、图书馆等都属于校园物质文化。首先，校内的建筑与景观建设是比较实用的部分。建筑也属于艺术的一个门类，其最大的特点是既可以满足人们的使用需求，也可以利用其空间形象，反映出一个国家的文化背景、思想情感和审美方面的特点。另一方面，是教学手段和科研条件的建设。当今时代，科技发展日新月异，教学手段和科研条件也不断更新和发展，传统的教学方式和研究方法在如今科学技术快速发展的时代已经不适用，反而会制约和阻碍科研的发展，在人才培养中，教学手段和科研条件的建设至关重要。另外数字化教学环境的建设也不可或缺，学校校园网、电子图书馆、多媒体教室等先进的设备为教师和学生信息技术能力的提高创造条件。在校园文化宣传中，语言媒介也普遍运用，学校广播站、网络、报纸、杂志、黑板报、明信片、贺卡等作为校园文化宣传的媒介，也极大地促进了师生和生生之间的沟通交流，为校园精神文化的传播提供便利。

校园物质文化要将其意境化的特征充分体现出来，才能够在学生人格培养过程中发挥更大的作用。主体对客体的反应是通过情感表现出来的，人们会根据自身情感体验来判断客观事物是否满足自身需求，因为有客观现实的需要，所以才会有情感的产生。校园物质文化集中体现校园中人们的精神生活，每一处人文景观都传递出人们的情感以及思想倾向。优美的校园建筑和设施应该与大自然融为一体，让人们一看就能够产生情感上的共鸣，进而在精神上受到熏陶。

（2）校园精神文化。教育不仅要为学生学习知识提供渠道，还要注重学生精神世界的建设，应该在校园内建设精神文化，文化是一门隐性的课程，它和传统的课堂教学不同，并不会有明确的教学计划，也不会进行课堂形式的授课，也不会有分数评定，它是精神层面的产物，是校园内充斥着的特色氛围。优秀的校园精神文化能在无形之中影响学生、熏陶学生、同化学生、改造学生，能够帮助在校学生树立正确的人生观、世界观以及价值观，让学生正确认识世界、了解世界，思考人生，探索属于自己的光明未来。校园精神文化和美育之间的互动交流能够让学生身心健康发展人格健全发展，能提高学生的道德水平。

校园精神文化建设需要建设载体，也就是校园文化活动。校园文化活动能够承载校园精神，能够将道德要求、文化要求、品质要求融合在活动过程当中，能够让精神层面的校园文化表现在具体的实践活动当中。活动具有群众性、自发性，在参与活动的过程中，学生能够得到知识与情感的双重体验，精神文化的内化需要学生在课内活动、课外活动当中主动理解与表达，只有这样才是真正的精神内化。所以，校园精神文化活动必须注重体验性，只有让学生真正地感受，学生才能真正内化精神文化，促进自我人格的养成。体验的过程中学生投入情感，也能在活动当中发现自我、认识自我，从心理学的角度来看，体验的过程是感受活动蕴含的艺术的过程，如果学生能够全心投入，那么会在活动当中获得沉浸式的体验。体验讲究的是主动、亲身经历、细细品味，体验过程是学生知情意行的互动过程，能够让学生养成良好的人格品德，对学生的发展而言至关重要。

活动在实施过程中主要涉及两个层面的内容：第一个层面，要做到校园文化活动的丰富多样。校园文化活动能够有效地提高学生的审美性，让审美文化更加丰富，有内涵，也是学生在课堂之外提高美育的主要方式和手段，因此学校应该组织和艺术相关的讲座、报告以及交流活动，为学生艺术的获取和提高提供渠道，让学生的艺术需求能够得到更好的满足。第二个层面，要做到审美实践活动的丰富多样。学生的审美实践需要依托各种各样的审美实践活动，也要依托社会上的审美资源，校园文化很多都涉及审美要素，而且表达形式比较新颖，活动格调比较高雅，这些都能够给学生带来审美体验，也是发展高校美育的重要载体。除此之外，社会当中的艺术馆、美术馆、旅游景点也能够为审美提高、审美活动的开展提供支持。

学校要时刻了解关注社会上的美育资源的发展动态，并且为学生课后美育活动的开展提供指导，鼓励学生参加各种形式的文化演出、文化活动，培养学生感受艺术美、自然美、社会美的能力，形成多层次的审美欣赏能力，不断地提高自己的审美能力。

（3）校园制度文化。校园制度文化涉及管理制度、管理措施以及校园内的行为规范、行为准则等，校园制度文化的特点是精确、稳定、权威以及有导向性，校园制度文化能够很好地指导学生的人格发展，体现在以下方面：

第一，校园制度文化能够指导和规范学生的人格发展。校园制度文化所具有的权威性能够很好地约束和纠正一些不良行为。校园制度是任何人都不能违背的，是需要全面贯彻落实的制度，这种权威性也体现在校园活动当中，强有力地约束不良行为、不良思想的产生，能够让学生形成正确的思想，让学生的发展符合整个社会学校以及家庭的期待，具有引导学生人格发展的重要作用。

第二，校园制度文化能够让学生形成正确的价值观，让学生形成正确的是非判断标准。学生健康的人格应该包含正确的价值观以及是非判断标准，学校的制度文化是社会当中制度文化的缩影，校园制度文化的建立健全能够让学生正确认识社会当中的经济制度、道德制度、法律制度，能够培养学生养成正确的社会价值观。

3. 特殊载体——言传身教

（1）具备良好的性格。性格是人格的核心，性格指的是人的心理表现出来的相对稳定的对现实的态度以及人的行为方式。一般情况下会根据人表现出来的性格特征将人划分为某一个性格类型。性格类型的划分包括内倾、外倾维度、稳定不稳定维度，如外倾性格包括积极、主动、开朗，内倾性格包括孤僻、沉着；稳定情绪包括镇定、沉静，不稳定情绪包括焦虑、激动、多变等。在教育的过程中，教师需要清楚认知自身性格，结合自己的性格特点展开教学，如外倾性格的教师应该在教育过程中多多采用说服和实际活动锻炼的形式展开教学；内倾性格的教师更加适合使用示范法、榜样法以及情感陶冶方法展开教学。

教师应该具备相对稳定的情绪。除此之外，教师还应该关心学生、爱护学生、积极学习、公平公正、诚实守信，教师是学生的榜样，在生活当中要做到知行统一、以身作则，向学生传递正确的思想品德以及价值观念，教师的行为能够指导学生、引导学生效仿。具体而言，教师应该做到以下几方面：首先，要有优秀的政治素养，政治方向要正确，当前正处于社会发展的重要时期，教师就是学生政治素养的指导者，教师应该有优秀的政治鉴别能力以及政治敏锐性；其次，教师人品应该正直诚实，只有品行端正的教师才能培养出价值观正确、世界观正确、人生观正确的学生，教师个人就是对学生最好的感召，是学生成长道路上的光芒，具有不可替代的作用。

（2）师生关系的融洽。师生关系的和谐融洽能够有效地促进教学的顺利进行，师生关系的融洽能够不断地拉近老师和学生之间的距离，能够让学生的学习动机更加丰富，不仅让学生有知识需求，还会让学生产生感情需求，而且和谐融洽的师生关系也能够让教师的工作从职业需要转变为职责需要。所以，教师必须关爱学生、尊重学生、信任学生，对学生有满满的爱，对学生的爱是师生关系融洽的基础与前提，对学生充分的尊重和信任是维持师生关系融洽的桥梁；除此之外，教师还要注重学生的个性发展，欣赏学生身上的不同个性；最后，教师应该具备协调能力、管理能力、沟通能力，这有助于教师和学生建立良好和谐的关系。

如果教师有较强的协调、管理、沟通能力，那么教师会表现出乐于沟通、乐于交流的积极态度，会让学生感受到真诚、诚恳、信任以及尊重的感觉，自然而然地容易得到学生的认可，对于学生人格的健康发展也有重要作用。师生关系的融洽能够让师生在感情方面表现一致，能够形成强大的师生合力。所以，教师应该认识到个人发展不仅是知识和技能的发展，也要注重情感方面的发展，要和学生平等、和谐地交流，在为人处世、交际待人方面为学生树立榜样。除此之外，学校的管理人员也应该树立良好的服务意识、育人意识，对待教师应该充分尊重，对待学生也应该主动了解、主动沟通，构造校园的和谐关系，让教师和学生充分体验到人际交往的美与和谐，营造出积极向上的良好校园氛围，为学生的身心健康成长提供良好的环境。

（3）自我调控的系统。对于教师人格而言，自我调控是非常重要的，它能够让教师形成积极乐观的自我认识，能够让教师正确地认识他人，也能让教师正确地调控情感、塑造坚韧不拔的意志力。对自我的认识有利于让教师更好地接受自我，也能够让教师更好地认识他人，接受他人，有良好情感的教师能够和学生培养成出融洽的师生关系，他们能够在教学活动当中表现出热情、积极、诚实的情感，能够有效激发学生良好情感的产生。能够自我调节情绪的教师不仅能够快速调整自己的消极情绪，也能够在学生情绪出现问题时做出正确的指导，帮助学生积极健康地生活与发展。具有坚韧不拔意志力的教师在工作中会表现出积极、坚韧、不退缩、不惧怕的特点，能够持之以恒地坚守自己的岗位，也能够耐心细致地处理学生问题，为学生的发展树立良好的榜样。

除此之外，教师应该还具备创新意识、学习意识以及实践能力，这些也是具有优秀人格的教师应该具有的品质。教师是培养社会未来栋梁人才的人，创新意识能够让教师不断地探索教学方法、教学形式，能够让教师创新出适合学生发展、启迪学生思维、激发学生创造性的教学形式，能够让教师更好地完成教学任务。而且创新意识能够让教师主动接受新观念、新潮流，能够让教师始终保持积极学习的态度，不断地提高自己、充实自己，让自己的学识更加丰富，丰富渊博的学识能够吸引学生引导学生更好地学习。

综上所述，教师的榜样作用是巨大的，教师的言传身教能够在无形之中对学生产生巨大的影响，教师的以身作则、言传身教是学生人格素质培养当中的特殊载体。

4.复合式载体——美学渗透

（1）科学搭建网络平台的美学渗透。互联网即国际信息互联网络，特指通信网络、计算机、数据库以及日用电子产品于一体的电子信息交换系统。校园网络在学生人格养成的美育中主要体现在校园网络艺术课程、校园网络艺术氛围和校园网络互动平台三个方面。

第一，校园网络艺术教育课程。在互联网时代，课程和网络的结合塑造一种新型教学资源——网络课程，这类课程依托网页和网络进行授课，打破传统课堂时间和空间的制约，网络课程有自己的教学目标、策略、内容，也有自己独特的教学活动。它利用网络为桥梁，将课程传递给学生，为学生提供更好的自主学习方式。网络艺术教育课程非常方便，学生只需要一台电脑连接互联网就可以随时随地学习艺术教育课程。除此之外，网络艺术教育课程的教学内容更加形象，可以生动形象地展示各种艺术作品，如字画、音乐、演出剧目等都可以通过网络的形式更好地展现，这是传统课堂无法实现的。所以，网络艺术教育课程能够有效地提高学生的审美，对于美育教育的发展而言具有促进作用。

第二，校园网络艺术氛围。传统美育教育主要依托书籍、书刊或者广播，这类资源和媒介能够提供的知识数量是有限的，而且知识的更新速度比较缓慢，不太能吸引学生的注意力，但是网络不同，网络上有大量的艺术知识信息，而且信息更新速度非常快，学生可以通过互联网拥有信息、掌握信息，而且还可以分享信息。网络艺术信息的美感，一方面，是网络页面的美感，在设计网页开发网页的过程当中，可以设计色彩方面、结构方面、链接方面的美感搭配，通过页面设计的美体现艺术感；另一方面，是网络内容的美感，网络内容在建设时会遵照美的规律，特别是校园网的建设，校园网对信息的要求非常严格，而且对于网络艺术教育活动有引导倾向，所以，学校在建设校园网时应该全面覆盖文学、历史、哲学、艺术等知识内容，而且内容的形式应该多样，应该包含声音、图像、文本等各个方面，加强艺术内容的表现力。

第三，校园网络技术互动平台。网络为交流提供多种模式，既可以一对一交流、一对多交流还可以多对多地交流，所以相比于传统的媒介网络有更多的优点。师生使用网络能够获得更多的交流空间、交流机会，而且学生不再只是信息的接收者，学生也可以成为信息的发布者，只要学生参与进来，他就可以成为交流主体。网络形式的交流使教师和学生之间的关系产生变化，二者的角色不仅仅局限于教育者和学习者本身，对于人与人之间的和谐交流有极大的促进作用。双向的交流使学生能够及时接受教师传递的教学信息，并且能随时随地地将教学反馈信息传给老师，教师也可以根据学生传递回来的反馈信息有针对性地指导学生的发展，能够让学生认识美、感受美，让学生更好地调整自己的情绪，完善自己的人格。

综上所述，在学校美育教育的过程当中，网络因为其便捷、丰富以及交互性的特点获得学校、教师以及学生的青睐，无论是在教育方面、文化训练方面还是师生的互动方面都有不可替代的作用，是学校美育教育的重要载体。

（2）其他学科的美学渗透。在审美教学过程当中，教师必须善于发现美的元素，向学生传递审美因素。无论是哪类学科、哪个学校都会有一些教师讲得特别好，听这类教师的课能够感受到美，学生不仅会沉迷于教师的讲课技巧，也会沉迷于教师的授课内容。这一事实说明每一门课程都有独特的美，都具有审美价值。例如，理工类的教师在教学当中要展现分割、比例以及曲线美，让学生感受到创造美，体验创造美的魅力；体育类的教师可以让学生在运动的过程中感受形体美；劳动类、技术类的教师可以在教学的过程中让学生感受到科学美；教师可以让学生在教学过程中感受到德育美。德育课程和美育的内容是非常一致的，而且二者的价值取向也是一致的，都追求真善美。

无论是哪门课程的教师都应该做到在教学当中表现学科美，也就是要展现出来学科的社会美、生活美、价值美，并且通过生动形象的方式让学生感受到学科美。例如，文学类的教学过程当中教师可以通过文学当中的艺术形象让学生感受文学美，政治历史当中的英雄人物身上有非常多的审美因素，教师可以利用英雄人物形象进行美育教育。除此之外，教师也应该从教学方法入手，加强审美教育效果，我国目前学校大多使用的是实用性文体教材，这类教学方法对学生的吸引力不高，如果能够使用艺术性的教学方法让教学内容更加生动形象，那么将会有效地提高审美效果。例如，教师可以让自己的语言更加幽默风趣，让自己的肢体更加生动形象；让自己的板书更加优美整洁等，这些都能够提高审美教学效果，也能更好地吸引学生的兴趣，激发学生的创造力，让学生在感受美体验美的过程当中学习到科学文化知识。

（二）美育课程建设的原则

教学实践是教学原则的起源。教育原则持续丰富、发展、更新的独一来源，以及赖以形成的土壤、根基，都是教育实践。自从有教育活动以来，人们在教学的实践中，经历持续的探究，渐渐发现让教育获取成功，有着规律性的要素，也了解到导致教育失败的经验。因此，部分进步的教育家、思想家将其加以概括、提炼、总结成为理论准则，用作于教导教育实践的基本准则。

人是一个非理性与理性、感性的统一体，所以，完备的教育应让这两方面都可以得到完善、发展。现今，在学校中部分学生在欣赏、浏览文学艺术作品时，未能从其中取得审美的喜悦、心灵的悸动，也未能感受到作者的精神感情；在面对灵秀的大自然时，他们视而不见，在面对世界名画时，他们视若无睹。在一定范围内，学生都普遍缺少审美能力，这些学生不知道如何鉴赏美，不知道何为美，更不必说要去创造美、表现美。然而，美育，以美成人，它有一个极为关键的教育目标就是教育学生优异的审美修养、审美情趣、审美情趣，进而，教育出品格上和谐发展的学生。美育并非是寻常的技术教育、艺术教育、知识教育，它是全面的审美素质教育,是以教育学生完整的人格为目标的教育。通过美育,需要推进学生形成完美人格,陶冶美的情操,发扬美的品格,确立美的理想,同时,还应该教育学生创造美、鉴赏美的能力。联系现今美育准则缺乏的问题,依照以美成人的美育基本定位,主要有以下几个基本原则是展开以美成人的美育的关键。

1. 因材施教原则

因材施教原则在美育中表现在:依照学生的兴趣、性格、能力等实际情况,来对其推行不一样的美育,进而,让学生的品格可以和谐、自由地发育。推进个体完整品格的建立必须尊重学生审美的个人倾向。从教育学的角度来看,个体身心智能差异的科学态度、对学生主体地位的完全尊重、为学生的未来发展留下一定空间,这些都是因材施教原则的体现。从教学教育角度而言,从学生的实际情况着手,对于不同学生的特点,因材施教地对其进行教育,让学生依据不同的方法、条件、渠道来获取最佳的教育效果。因材施教原则是契合学生品格发展规律的基本准则,同时,也反映在教育中学生内心的发展规律。美育,以美成人,因材施教的原则可从以下几方面落实:

(1)从实际出发进行美育,定位准确。教师在对学生美育之前,应熟悉学生,学生擅长于哪方面,哪方面又比较薄弱,教师都应该熟悉,还应对学生的审美认识水平有正确的定位,要把好所有学生的"脉搏"。辅助其认知自身的胜势,熟悉自身的审美状况,进而,让学生的积极性得到调动,协助其获得自信心。

(2)教师需对学生的个性特点,策划出最佳计划,让学生的性格获得充分的发展。在美育时,教师应全面熟悉不同学生的不同身体状况、兴趣、爱好,及其,学生的接受能力、一般知识水平,方便教师从现实出发,策划出不同性格的学生发展的最佳计划,让教师能够指向性地进行美育。

(3)教师需要激发学生的学习兴趣,准确看待学生的个别差异。美育应以美成人,完全理解学生的才华、爱好、需求,让学生在美育时,能够探索到最擅长、最喜爱的领域,还能在该领域中继续探索。这个过程中,教育需对学生有着高度的熟悉程度,尽可能地把握其爱好所在,随时找准时机鼓舞指引学生,来加强其学习的自信心,让学生的自我美育主动性得以提升。在美育的时候,要想学生的审美能力得到提升,培育其审美兴趣,则必须严谨落实因材施教的准则,进而能够让学生的个性得到全面发展,健全学生的和谐人格。

2. 乐中施教原则

能让人"乐"的教育才是美育。美可以激发人的情感,让感官得到愉悦的满足,人想要欣赏美,所以,乐于受教。不仅取决于审美对象,人们对于自身的力量、智慧的信任也是人们的审美愉悦性的起源。所以,进行美育活动时,受教育者经常处于愉悦的精神状态、心理状态,形成浓烈的感情经验,取得巨大的审美享受。该愉悦性是吸引人、引导人、教化人去参加美育、参加审美的关键因素。

在对学生进行美育时,应联系学生的审美特点,依照教育目的,因材施教地对其进行审美教育,将简单的生理愉悦变为浸透着理性的崇高情操的原则,就是美育的乐中施教原则。这样以乐促教、寓教于乐的教学方式即是审美教育的地利人和的胜势。在进行美育时,教师需要保持以美成人的美育,乐中施教的准则,把形象教育、愉悦教育落实到教育的全过程中。

3.潜移默化原则

美育的效果并非是立见成效的,这是一个持久的培养过程;人格的培养也并非是一举完成的,而是跟随一生的个体培养教育。学校无小事,事事都育人,美育应该是学校全过程、全方位的教育,是学校育人的关键内容。在无形中发生变化的原则即是美育所实施的潜移默化原则。这两点是美育在实施中坚持的潜移默化原则的含义:第一,将美育贯穿、渗透到校园文化中;第二,将美育贯穿、渗透到教育全过程中。

(1)实现美育在教育全过程的渗透。在进行教育时,由教育活动中的所作所为到课堂内外的教育活动,由后勤到管理,由教学到教育,由教育环境布置到学校布局,都在体现审美。为推进学生包括品格在内的全面发展,实现教育活动、教育目标、目的,发展所有学生的多方面的潜能教育,就是包含审美设计的教育。这需要形成受教育者完整人格修养的过程,同时,还需探索学生在教育活动时,所提升的审美情趣、发展的智力体力、获取的知识技能。学生在接受教育审美的感受,会让其内心充满自由创造的愉悦,振奋精神,唯有如此的活动才能让学生主动参加、喜闻乐见。美育以情感人,能够让学生在轻快愉悦的气氛里,耳濡目染地接受美的浸染,让其在受到知识的过程中提高自身人格,让其在潜移默化中使人格得以塑造,取得和谐全面的成长。

学校美育是教育全过程的教育理念,同时,也是技能、知识、艺术的教育,它表现并渗透于所有教育全过程的教育方法、教育艺术。融合教育者的情感创造、人生体验,这是对教育技巧的凝结、提炼。学校教育的详细教学内容,每一个活动它本身都是美好的、精彩的,要让学生在了解知识时,能够让所有进行这项活动的人皆能够从中取得美的感受,用欣赏的态度参与其中,让教学活动能够变成特别的审美活动，让学生潜移默化地使人格得以丰富发展。

美育还应渗透到劳智体美德等全面的教育中。在体育方面，学校应积极提倡形体训练、运动的联结，艺术、科学的联结，健美、健康的联结，把体育当作提高审美水准的过程。体育重视过程的出色，这就需要有刻苦耐劳、克服困难、不甘落后、灵巧机智的精神，有富有节奏感的优雅、协调的动作以及健美的姿态，有互帮互助的品格，是对心理品质、个人意志、人格、精神、情操的磨炼。在智育方面，它与美育是相得益彰的，杰出的智商、丰富的科学文化知识，能够帮助学生创造表达美、鉴赏理解美、感受美，得到艺术上的修养。充足的形象、想象的思维能力能让学生产生优良的美感、审美情趣，体会到创造、劳动的快乐，让愉悦感充斥着学生的学习生活。在进行德育教育时，需增强文明规范、时事教育、文体活动、实习实践、艺术鉴赏等内容、形式及过程，让德育拥有吸引力、弥漫愉悦的乐趣。劳动技能也需要美育。通过培养劳动技能，让学生拥有劳动技能知识，学以致用，然后，培养其劳动习惯、劳动观念。

综上所述，美育在人才培养、学校教育时，需重视在教育全过程、全方位的潜移默化，同时，还应相对独立，发展学科特点，让其变成教育中的关键内容，变成渗透学校服务、管理、教育等各方面的综合教育。

（2）实现美育在校园文化中的贯穿。实施美育的关键途径就是校园文化，它色彩显著的特征、丰富的内涵在教育中施展着许多功能，对塑造学生的优良人格有着无可比拟的影响。

第一，需运用校园文化的审美性推进学生向往崇高的人格。因为，它对推进学生向往崇高的人格起到的教化作用。需要主动提倡、营建健康向上、推崇科学、团结友爱、求实创新的校园文化，让学生能够在这种氛围中感受到直觉体验与领略。主动宣传先进集体事迹、先进模范人物，完全发挥出教化人、勉励人的作用。通过优良的学校环境、学校风范，使教学科研生活得以满足，学生灵魂得以净化，学生思想情操得到熏陶。

第二，需通过丰富学生的审美体验，建立良好的校园环境，让学生时时刻刻都能受到美的教化。校园文化的载体就是校园环境。静谧干净的图书馆，宽阔明亮的教室，设施先进的实验室，绿叶成荫的人行道，设备齐全开放的体育场地，以及文化底蕴丰富的人文景观，这些都会让人觉得心旷神怡。良好的校园环境对学生的活动、学习具有良好的影响。校园是学生长时间的生活的乐园，也是教学的关键场地。在干净整洁的学校中学习，学生会无时无刻不感受到美的享受，接受着美的教化,熏陶美的情操。

4.循序渐进原则

在培养学生品格的美育时,需依照其认知发展的规律,由低到高、由易到难、由浅入深逐渐开展的原则,即是在美育中的循序渐进原则。

依据认知的次序,由此及彼、由表及里、由感性到理性即是人们对于事物认知的过程,学习的过程亦是如此。美育中的循序渐进的原则亦是依据由简到繁、由近及远的认识次序来进行教育。

(1)教师需要辅助学生拥有准确的审美态度。简而言之,人们在审美活动中所持有的审美观念即是审美态度。在喜悦的心态下获得精神世界的陶醉、自由,在美的鉴赏中实现对物欲、名利的超越,以美的角度分析世界,以美的眼光去认知世界,这就是正确的审美态度。审美态度能够培养学生乐观豁达的三观,并能够用美的经验来化解生活中的矛盾、问题,擅长于探索生活中的美,不会畏首畏尾、斤斤计较。会积极看待成长中经历的挫折、苦难,不轻言放弃,同时,善于解决生活中遇到的压力,并转化为无穷的动力,让其能够快乐地学习、工作、生活。

(2)教师需要让学生的判断能力、审美欣赏得以提升。因为人们在鉴赏、判断、感受、发现美的能力即是判断能力、审美欣赏。主要从以下方面培养学生的审美能力:第一,需积极展开相关审美实践活动,让学生在社会的广袤天地、俊秀的大自然中,在具体可感知的审美体验中,在校外、课外五彩缤纷的实践中,能够真正鉴赏美、感受美、了解美、学习美,在美的熏陶下能够提升审美能力、升华情感,逐渐完善其人格结构。第二,需占领课堂教学的领地,牢牢掌握知识的授予,通过教授美学的基本知识,让学生掌握基础的美学理论、美学常识,理解美的内容形式、本质特点,让学生拥有基本的美学修养,然后再产生准确的审美判断标准,能够在理论上指引审美的活动。

(3)教师需要让学生的审美创造能力得到培养。发挥出人的创造性是建设完美人格的关键目标之一。人们在审美实践中,恪守美的准则、依据美的规律,自主创造事物的能力就是审美创造能力。非凡的动手实践能力、丰富的想象力、身心的解放皆是美的创造力的来源。求变求新、活泼好动是学生的特征,美育需指引学生积极依据美的规律来美化客观世界、主观世界,运用美的尺度来引导、评价生活,同时,还应激励其创造热情。学校美育还应为学生构建创造美的平台,激励、指引其对美的创造热情,让其有充足的机会去展示自身的才华,有充沛的能力、志气去描绘自身、世界的未来。

（三）美育课程构建的内容

在深化教育改革的时代背景下，受教育者获得学校提供的更自由的学术空间和更开放的学习氛围，主要表现在学生拥有更大的自由来选择学习内容的时间和空间。同时，得益于现代信息化社会的迅猛发展，学生也会充分利用各种途径来挖掘美育信息以适应大众文化的冲击。因此，审美教育若想实现长远发展目标，就必须在坚定审美教育目标的方向下，尽快完善自身的教育内容以满足学生不断变化的审美需求。

1. 审美认知

审美认知教育针对的是审美活动的认知过程和接受过程，是以输入、编码、转化、储存、提取、运用等方式对审美信息进行加工整合的活动。若以审美心理学的视角来看，审美认知教育的目的在于建立教育者的审美心理认知结构，并通过审美活动中形成的这种认知结构来支配未来的审美活动。审美教育活动是一个复杂的活动过程，主要可分为把握了解审美理论知识、加工处理审美信息、控制审美活动心理机制等阶段。作为个体进行审美活动的重要步骤，审美认知教育实现对审美信息的获取和运用，在培养学生正确的审美感受和审美意识方面发挥重要影响力。因此，在审美教育活动设计过程中，可以进行以下几方面的完善：

（1）注重系列性、层次性的审美基础知识教育。现阶段而言，审美教育的正常开展遇到一定程度的阻碍，主要表现在：①现阶段学校开展的审美教育侧重于艺术教育，在内容的设计上更加凸显专业审美技能的提升与发展，智育仍然是衡量教学效果的标准；②审美教育、艺术教育、美学教育之间的界限不明确，审美教育课程设置只停留在艺术专业必修课和非艺术专业选修课。

审美教育不得不进行新的发展路径的探索与尝试，其中最为关键的一点就是要改变传统教学侧重美学基本理论的讲解与灌输的方式，在此基础上将美学原理与审美实践活动统一起来，使美学教学内容类型更多样、层次更丰富，这样不仅传播美学基本理论，同时也培养的学生的美学素养。具体而言，应做以下的工作：①以美学基本理论教学为前提，引导学生建立美学体系，让学生体会美的概念、审美的意义和方法等，进而指导学生开展审美实践；②将个人在生活经验中培养起来的审美感知，与具体艺术形式的欣赏、各艺术门类的了解等结合起来，从而使学生用更客观、更综合性、更多层次的视角和心态去感知绘画、雕塑、影视、戏剧、建筑、音乐、舞蹈等艺术样式的审美特质；③实现审美教育向其他类别科学教育活动的渗透，在教育内容上用自然美、社会美、科学美等审美对象的提升来加以完善，并升华到人格审美的境界。

（2）加强对传统文化的审美引导。中华上下五千年，先辈的辛劳汗水为民族积淀浓厚的文化和传统品德，这些优良历史沉淀彰显出浓郁的社会美和人情美。从古至今，人类历史上诞生四大文明——两河流域文明、埃及文明、印度文明、中华文明，随着历史变迁，有的文明湮没在历史长河中，唯有中华文明不断被丰富、不断向前发展，这种持续发展性从侧面印证中华文明的存在合理性和强大的生命力。中国传统文化凝聚中华儿女几千年的智慧与汗水，是向前发展、不断进步的精神动力。也正因此，传统文化才能为世界所认可和推崇。

审美教育中融入优秀文化元素是人格养成的先在性和历史继承性的内在要求，只有不断提升审美教育的传统文化性才能不断完善审美教育的真正内涵，才能让审美教育更具审美价值。

2. 审美情感

审美情感，是指审美主体对客观存在的美的体验和态度，它是人类的一种高级情感，贯穿于审美活动始终，而审美情感教育是一个综合的概念，包括审美关爱教育、审美理想教育和审美修养教育等。在审美实践活动中，审美情感从审美主体的实践活动中而来，同时又对审美实践具有能动的反作用，既指引其开展审美活动，又使其活动沿着规范化方向发展。

（1）审美关爱教育。根据马斯洛的需求层次理论，人的需要大致可以分为两大类：物质需要和精神需要，而在审美活动中，人们通过对事物的鉴赏所获得的审美情感其实是一种精神需求的满足。不同于一般的审美认知教育对实用功利目的的侧重，审美关爱教育关注人的精神需求，以及人格与审美情感的契合度。

纵观当下部分学校在培养学生的审美情感方面的一些实践，由此可见，学校审美教育的重点和难点在于如何发展和建设学校美育。就部分学校而言，大概包括两方面：第一，组织多种多样的社会实践志愿服务活动，如爱心敬老、爱心助残、爱心募捐、社区公益等，在参与这种公益性质的社会活动中，学生不仅可以培养自身的优良思想素养，同时可以获得独特的情感体验与情感共鸣；第二，充分利用学校的美育课堂，让学生的高尚人格在和谐的学校氛围、优良的学校文化等的熏陶与引导下得以沉淀。总而言之，学生的人格养成是教育的核心内容，要坚定培养学生的审美情感方向，在多种形式的社会实践活动中，引导学生关爱家人、关爱同学、关爱师长、关爱其他社会成员，以高尚的思想道德、良好的行为习惯、积极的团队合作意识投身社会活动。同时，在日积月累的实践过程中，将这种具体的行动上升为精神境界和人格品行，即促使学生树立关爱意识、团队意识，从而健全学生的自我修养。

（2）审美理想教育。审美理想是人的审美意识最高层次的体现，是人们对于美的最高要求和愿望，它以审美经验为基础，并以此为出发点进行高度凝练与总结。意识来源于实践，并对实践有能动反作用，作为意识层面的最高审美体验呈现，审美理想同样源于社会实践，是人类在从事社会生产过程中从现实中进行思考，从思考中产生理想，从实践中实现理想的过程中概括出的共同愿望。同时也由于这种在审美经验基础上的升华，决定审美理想与一般理想信念的不同之处，即审美理想具有一般逻辑概念所无法替代的地位和有经验性的形象特征。但是，审美理想的表现要通过以审美理想来反映现实的艺术媒介来实现，只有这样，才能赋予审美理想"物质化"的属性，才能为社会大众所接受。

从表现状态的角度而言，审美理想这种审美经验和艺术直觉主要潜藏在审美主体的内心，并不是外化于行的逻辑状态。这一点上，康德曾提出审美理想在确定审美主体、开展审美实践、评价审美实践方面的方向性、指导性和基础性作用。培养当代学生积极向上的审美理想之所以具有轻重的重要意义，就在于审美理想对审美认知具有深远的影响力，是衡量审美认知的重要标尺，而科学审美理想的建立与培养对学生健全人格建立的意义就在于它对认知活动的导向性作用，即引导认知活动朝着审美理想的标准和方向进行。

（3）审美修养教育。"修养"是人的道德品质、综合素养、外表形象、知识水平与能力等多方面的统一体，审美修养教育是将审美教育与受教育者审美心理结构的搭建进行有目的、有意识地融合和转变的过程，即由审美他育转变为审美自育，因此，审美修养教育是审美教育所预期实现的一个重要目标。我国的审美修养教育自推行以来，就拥有坚实的文化基础和现实影响力，并且在众多美学思想家的不同审美教育理念的指引下，对于提升学生的个人修养发挥重要作用。

审美情感教育的内容就是要为学生自我形象修养、内在气质修养的培养，以及正确的审美修养标准的认同感培养提供科学的方向和方法引导，并在对审美修养标准的认同感作用下完善自身行为，形成具有人格的审美影响力。在审美修养的培养方面，不同于德育以强制性的道德观念灌输来使学生获得某种道德标准，审美教育以对个体个性的尊重为出发点，特别强调氛围对学生审美修养的潜在影响和激发学生主动培养自身修养的积极性，以此为基础，不断改善自身行为，提升精神境界，在散发独特魅力的同时，收获大众的认可与尊重。

3. 审美实践

审美实践教育的方向在于促进完整人格的形成，这一方向实现的途径就是以对感性的发展来推动其向审美情感教育的转变。感性是美育的起点，具有现实性和艺术性双重属性。感性发展的层次同样有以下体现：①满足与解放感性要求；②提升与塑造感性。与之相对应的，审美实践教育也包括主体的审美体验和审美创造等内容。从本质上而言，审美实践其实是人的实践活动，这种自主实践以最直接、最集中的方式将美的内涵进行展现，并以对自由的体验自主进行审美创造。作为功利与超功利的统一结合体，审美实践教育既体现美的无功利性，又体现美的功利性，即实现人格养成。

从生命的角度而言，人的生命具有自然性，人在生活与社会活动过程中会萌发自然需要与内心欲望。但是，人的感性生命会在人类进化中被理性所规范，进而成为社会文化的内容，赋予感性生命更多的内涵。因此，人们通常说的"人的感性能力"其实是一种社会人的感性能力，即这种感性能力体现着认知力、理解力、判断力等理性要素。

审美教育的过程是以审美形式使人的感性得到解放、人的文化得到提升，从而使深层心理活动的非理性因素得到激发。在审美实践教育过程中，要坚持基本原则：①以学生的基本感性需要得到满足为出发点；②以学生的感性能力提升为落脚点。这两个基本原则之间存在着密切的联系，感性需要的满足要以感性能力的提升为前提，感性能力的提升可以满足学生的感性需求，同时激发学生更多、更高层次的感性需求。现阶段我国的美育实践侧重于对学生实践理论的教学，而对学生的审美需要、兴趣和个性的关注度尚显不足，进而导致学生的感性需求得不到满足，学生的感性能力得不到显著提升。当这种情况在现实中发生时，学生为自身感性需求的满足和感性能力的提升，不得不寻求校外帮助，因而学生的感性能力会带有一定程度的大众审美倾向。

发展学生的感性能力是学校美育实践的首要任务，要达成这一目标，首先的一点就是要依托于直观的审美形式，尊重学生的个性发展。之所以要坚持这一根本方向，主要在于感性与个性是相互联系的内在统一体，没有个性，感性便无从谈起，而直观的审美形式是人的感性因素得到充分自由表达的窗口，换言之，只有做到这两点，人的感性才具备培养、发展的条件。具体而言，通过美育实践促进人的感性发展要做到以下几方面：

（1）尊重和培养个性。在美育中非常重要的一点在于，要建立美育与现实生活和历史具体的个体之间的联系,也就是将感性融入美育过程。这是因为,感性是个性的一部分,美育作为一种感性教育,其最基本的宗旨就是尊重和发展学生的感性,也就是尊重和发展学生的个性。概括而言,审美教育是尊重、建构、强化学生个性的本体意义的最重要和效果最明显的选择,这也是美育区别于德育、智育的重要内容。因为,相对于美育,德育强调的是适应于大多数人的道德规范,这种规范的建立在于指导人的个性建立的实践;而智育从根本上尊重和保护个体对未知世界的好奇心和探索欲,尽管如此,不同个体所呈现出的不同的对于这个世界的把握都将与客观存在的某一真理相贴合、相联系,或者相一致。作为一项感性活动,在审美主体和审美对象的选择上,审美都十分强调个性化、具体化、生动化的眼光、感受、体验、直觉与洞察。

(2)尊重学生感性需要,完善学生感性功能。人的感性功能是人们开展艺术审美活动、获得审美感受的重要媒介,是以情感为核心,又超出情感体验之外的能力,既包括感官层面的功能,如感觉、知觉等,又体现在情感体验层面,如想象、情感等。感性是一个包括心理和生理两方面内容的综合概念,在感性教育层面,其教育核心诚然表现为心理功能的完善,但是生理功能的完善仍旧是其最重要的组成部分。这是因为,健全完善的生理功能是人们开展一切社会活动和实践活动的基础,在人们进行艺术审美实践方面发挥着不可或缺的核心作用。从这个角度来看,在开展艺术审美活动时,要重视对人的生理功能的完善,尊重学生的感性需要,凸显人性和人格关怀。

(3)形成良好的审美趣味与审美观念。相对于理性教育对逻辑结论的侧重,感性教育重点在于把握对象内蕴。但现阶段我国的教育现状是智慧教育占据绝对的主导地位,在这种教育模式影响下,人们看待世界的方式是通过概念和推理,而从实践和体验中获取对世界的直观感知相对要薄弱许多。而事实上,这种直观获取对世界的整体感知的方式,要比从概念获得的内容要具体、意识更丰富、影响更深远。这种感性教育在人们用单一的理性认识来感知世界的环境下具有一定的必然性,感性认识的培养和感性认识的直观作用发挥越发显得重要。基于此,可以将美育的实质理解为一种感性教育。

(四)美育课程建设的方法

1. 知识传授法

美育教育当中,常见的授课形式是通过课堂教学的方式,这也是目前教育当中最常用的方法。除课堂教学方法以外,也有其他一些知识传授的方式。例如,学习宣传法和知识讲授法。学习宣传法，就是通过各种舆论和传媒的方式，将美学知识传递给学生，通过给一些学生们创造专题讲座，来让一些知名的教授讲授美的思想，并且在讲座中引发学生们的思考与讨论。这种教学方法覆盖面广，具有很强的影响力，同时系统性的教学不但能够影响学生，而且能够为学生们创造一个良好的环境，让学生们自主地参与到学习中去。除此之外，知识讲授法也是常用的方法之一，通过教育者口头传授向学生的传递美学相关理论知识，这种方法十分常见。知识讲授法运营过程当中需要注意：教育者所传递的教学内容是需要十分准确的，对于知识的讲解需要系统、全面，并且具有科学性，在传授理论知识的同时，也需要注重实践的结合，通过循序渐进地启发和引导，让学生们有层次的学习。

除此之外，知识传授反映有一些特征，如具有直接性，在教育者教学过程当中，首先，教育者可以接受教育，并且在教学之前教育者与受教育者两方都需要明确教育的开展，这样才能有效实现教育目标。其次，教育者具有系统性，教育者实行审美教育，是一个长期的过程，受教育群体需要在相对固定的时间地点接受教育，这就需要教育者对教育内容有步骤、有目的、有计划地展开，根据受教育者接受的能力阶段进行不同时期的教育。最后，知识传授法便于普及，一般意义上而言，知识传授只需要有一两名专业的教育者，就足够对数百名受教育者进行教学活动，覆盖面积十分广阔。

教师在课堂上传授美育教育，不仅仅要将传统的理论知识传授给学生，同时也要引导学生们对于审美的起源和本质进行探索，正确看待审美的价值和规律，掌握基本创造美的方法。日常学习生活当中，学生们也需要亲自去感受和创造人与自然的美，并且学会有意识地自我鉴别，对美产生正确的评价。例如，"社会美"就可以让学生们主动地与自己对照，找出差距与完善的目标，让自己处在一个合适的定位中重新审视自我并完善自我。美的认知需要感性多于理性，所以美与丑不一定有明确的界限。从理性上让学生们认识到美的规律与本质，并且通过一些艺术常识，提高学生们的审美能力，让学生们在学习一些理论知识之后能够实践运用到生活与学习当中、提升自己的审美能力，同时也能够让学生的人格更全面地发展。

2. 环境熏陶法

环境熏陶法是指通过美的事物和美的文化，形成一个美的环境，在受教育者没有意识的前提下，潜移默化地让他们感受到美的熏陶，逐渐形成美的意识形态。

学生们正处于一个思想活跃的阶段，他们身上有许多可以开发的潜质，如他们具有诗人的品格，容易被激发起的情感。同时，他们又有一定的文化知识基础，如果在他们的生活环境中创造美的事物，让美与他们的生活紧密关联。这样就能够让他们在熟悉的生活中不断地被美熏陶和感染，让美育教育事半功倍。学生生活在校园中，如果学校能够具有良好的人文气息和审美精神，那么这将是对学生的审美教育十分有利的。由此可见，以美成人的美育教育想要得到更好的教育效果，那么校园是一个重要的载体。

学生的素质教育和健康成长都离不开一个良好的校园环境。一个良好的校园环境能够让学生们感受到身心愉悦，同时也能够潜移默化地提升他们的审美格调。这种环境熏陶具有强大的教育力量。校园环境包括校园绿化、配套设施、建筑等方面。例如，建立一个绿树成荫的校园环境、与校园文化相适应的建筑构造、干净整洁的空间等，都是能够让学生们体验和感受校园文化的方式。

同时，校园文化活动也能够为学生增强审美教育的心理体验。校园组织的各种活动，如演讲、社团、兴趣小组、读书会等方面活动，都是可以让学生们通过这些活动感受到美的感染力，从而震撼他们的心灵，陶冶学生们的情操，逐渐增强他们对真善美的理解。学校可以通过一种民主的管理制度，建立良好的校风和和谐的人际关系，再通过丰富多彩的校园文化活动，打造良好的校园文化氛围，让学生们在良好的环境中健康成长，潜移默化地在思想和行动上受到校园的熏陶，建立起完善的人格和全面综合发展。

环境熏陶也需要注意：①在形式上要举办一些具有感染力和吸引力的活动，让学生们产生共鸣，这样喜闻乐见的形式才能够达到教育目的。②注重学生的主体性，不但要通过正确的鼓励引导让他们主动参与各类文化活动，同时也要让他们可以主动进行创作，让他们在参与活动中感受到美的力量。

3. 情感共鸣法

情感共鸣法是教师在美育教育的过程当中需要把自己的情感融入课堂之中，从而让学生们产生情感的共鸣。这是一种通过教师的能力来传授知识，提高学生的觉悟能力，让学生们逐渐养成完善的人格的教育方法，这种方式非常注重受教育对象的情感激发，美育教育就是一个把客观对象逐渐内化为情感的过程，所以情感的熏陶和调动是十分重要的。

找到与学生情感共鸣的方式就需要坚持情理交融的原则。教育者在审美教育过程当中，需要通过激发人们的美好情操和积极进取的情感来达到审美教育目标，这种情感是积极向上的。注重学生们的精神进步启发他们的理性思考，能有助于他们树立正确的人生观、世界观、价值观。

因为学生在参加审美活动时，具有一定的情感性，所以在培育过程当中，一定要注意情感的教育。例如，在教学手段、过程、氛围、语言，这四个方面都可以注重情感因素的设置，通过设立一个愉悦的教育环境，让学生们在温馨愉快的气氛当中进行审美能力的学习和提升；在教学过程当中，让学生们独立主动地参与到教学中去感受美和接受美；教学语言上，可以用生动形象的语言，让学生们感受到情感，通过语言的艺术，让学生们接受美的知识，提升美的能力；在教学手段上，可以采用多样化的手段，提升学生的学习兴趣，如设置辩论、竞赛、参观等活动，让学生们产生浓厚的兴趣，积极主动地参与到教学过程中去，产生良好的教学效果。

4. 实践体验法

实践方法在美育教育教学当中表现在学校组织的各种审美实践活动中，审美实践活动是最基本的能够提升审美能力的方式之一，也是一个客观改变世界，从而影响主观精神世界的过程。实践活动分为劳动实践、校园活动以及参观访问等。

在实践活动过程中，学生们通过亲身经历逐渐形成美的认知，在潜移默化的体验过程中提升创造美和审美能力，亲身的实践能够从思想意识、感官体验、情感等层面认识到，价值与意义的事件，形成独特的美的认知，让身心得到和谐发展。体验能够超越理性，让人感知到生命当中的情调和生命力，在精神上让人得到满足。

以美成人的时间体验能够让学生在体验过程中感受到心理上的变化，实践需要亲身体验，能记录学生们的心路历程，体验需要通过行动与意识互相统一结合，产生综合的反应，实践之后的感受和体验能够通过人的内化与主体化，成为精神上的养料。

以美成人理念当中，实践体验是一种十分重要的教育方式。学生们通过实践活动可以在审美上将已掌握的理论知识得到应用，同时也可以在实践中获得新的感受和体验，这可以从客观和主观两个层面增强美育理论的成果，让审美达到新的高度。

美育实践的过程当中需要注意遵循以下原则：首先，建立一个有效的机制，让实践与认知这两个层面能够更灵活地互相配合，从而形成一种长效的机制。学生的审美过程是有波动性的，通过一次的实践活动，不可能立即提升学生们的审美能力，所以应该通过这种长效机制为学生们，创造更多的实践体验活动，根据新的问题和形式灵活地将活动形式进行转变，逐步提高审美和创造能力。其次，通过引导来加强实践体验活动的效果。如果仅仅让学生在形式上参与体验活动，这就容易流于表面，而没有达到实际的教育效果。所以在实践体验活动中需要受教育者受到一些引导，如提前制定体验计划。根据审美现状，制定相对应的体验方式，如需要记录和观察学生体验过程中的感受，教师提供一些理论知识和参考对象，让学生们在思想和情感上产生共鸣，在体验活动中达到审美的教育的目的。

第二节 校园文化建设中的美育管理分析

一、美育在校园中的人际关系构建

教育的目的是帮助人获得社会关系。因为人的本质是所有社会关系的总和，所以，教育在帮助人获取社会关系时也就实现个人的成长。人的社会化指的就是人在社会当中构建社会关系的具体过程，所以，从这个角度来讲，可以把教育看成是帮助个体完成社会化转变，让个体具备更多的能力参与社会交往实践活动。通过教育，人也会发展成与社会规范相符的社会个体，人会掌握社会生存技能，也会形成高尚的品格。教育活动是由教师和学生同时参与的教学实践活动。活动当中，师生通过教学活动参与交往活动，在此基础上形成师生关系。从校园的角度出发分析校园关系，可以发现校园关系不仅仅是师生关系这一种，还包括教师和教师的交流、学生和学生的交流、学校管理者和学校被管理者的交流。除此之外，远程交流、文化交流等关系都是校园关系的重要构成部分。分析人的本质可以发现，人需要借助人际交往来满足自己的心理发展需要。

现在，人们越来越重视生态人际关系或者绿色人际关系，人会把人际关系、人际交往放在整体环境当中，也就是说，人不再把人际交往看成是发生在人类群体当中的孤立行为，而是开始注重人和环境之间的互动。

（一）校园人际关系的具体作用

美学认为美是和谐。对应到人际关系当中，人际关系的美就是和谐的人际关系。也可以理解成和谐是衡量人际关系的审美标准。校园人际关系也应该以和谐为标准，是校园主体在交往互动之后形成的关系。学校想要构建出和谐的人际关系需要展开审美教育。德国著名诗人席勒指出:"美育并不是为了让某一个心理功能得到快速发展,美育主要是通过教育的方式让人的内心处于审美状态。"在这样的情况下,人的多项心理功能也将会处于和谐状态。也就是说,美育是通过教育的方式让受教育者的人格以及心理都处于和谐状态。人的人格以及心理如果能够处于和谐状态,那么,人际关系也将会得到妥善处理。人际关系非常复杂主要是因为人和人之间存在利害关系,但是,审美关系是与情感有关的关系类型,美育希望通过情感教育、爱的教育促进人和人之间的友好沟通,让人和人彼此理解、彼此相爱。

分析人际关系的实质,可以发现人际交往过程当中最先体现出来的是人的社会性。人类明显意识到人类交往需要遵循某些大家普遍认可的规则,这样人和人才能平等交往、顺利交往。校园人际关系和普通的人际关系存在的主要区别在于校园是特殊的教育场所,在这样的情况下,人际关系也变成一种教育活动。因此,如果校园人际关系是和谐的,那么校园教育活动的开展也会更加顺利。

第一,从文化实质的角度而言,人际关系是一种情感文化。校园人际关系因为发生在特定的校园环境当中,所以,可以反映校园文化精神。校园人际关系和人这个因素有极大的关联,也属于人际关系的一种,所以,校园文化建设也可以理解成情感文化建设。从职能角度对学校当中的主体进行分类,可以将其划分成教师、管理人员以及学生三种类型。他们作为校园文化主体,自然而然会在校园当中构建人际关系。他们构建人际关系除满足工作方面的需要之外,也是为了满足情感需要。人需要借助人际交往才能获得社会心理能力,才能正确分析正确对待自身和他人之间的关系,才能和他人建立信任、建立友谊。也就是说,在人的社会性成长过程中,人际关系至关重要,它是人类情感发展方面产生的需要,是人成长过程中不可忽视的内容。

第二,校园人际关系文化是与美育以及教育有关的心理环境。此处提到的心理环境包括人际环境、学习风气、校园风气、教学风气以及其他与校园氛围有关的人文因素。学校开展审美教育可以帮助个体调节自我心理环境,可以帮助个体构建更优质的心理环境。从本质上来看,审美教育属于情感教育的一种,在审美心理活动当中,审美因素非常活跃。人想要实现自身思想、文化、审美以及身心等方面素质的提升,都需要借助心理因素的帮助。当审美情感可以对人的行为产生支配作用时,人便会形成更强的自我调节能力,人的心理也会向着健康的方向发展。校园人际环境如果是和谐的、优雅的,那么人心理上所产生的不和谐的感觉、不健康的感觉也会慢慢消除，人的心理会处于和谐平衡发展状态，人会感受到生命的乐趣。

第三，绿色人际关系当中人和环境之间的沟通。绿色人际关系指出除了主体之间要保持和谐的人际关系之外，人与自然、人与环境之间也应该保持和谐的交流与沟通。人和自然之间的交流主要是人对自然的探索、开发、利用。人和自然之间的和谐交流主要指的是人应该保护自然，合理利用资源，合理地获取自身发展需要的物品，在保护的基础上开发。换句话说，就是人和自然之间应该保持和谐的关系，融洽地相处。

（二）校园人际关系的审美构建

学校想要提升自身的教育文化品位并且打造学校发展特色，那么需要开展审美教育，需要让校园文化体现出美的特点，需要在校园内创造出和谐积极、友好美丽的审美文化氛围。人际关系方面的审美化发展可以推动活动的顺利进行，可以加速校园文化建设。具体来讲，校园人际关系主要有以下类型：

1. 师生之间的关系

校园人际关系当中非常重要的一部分是师生关系。师生人际关系主要出现在教学活动以及日常生活交流当中，虽然教育理念一直在强调师生平等，但是，在教学活动当中很难真正做到师生之间的平等交流。现在教育理念一直在强调教师应该是引导者的角色，之所以强调这一观点是为了破解教师和学生之间存在的心理壁垒。

在现代社会快速发展过程中，知识不仅仅来源于校园，所以，人们在理解和分析教育活动的实质的过程中对教育的理解以及认识已经出现变化。在这样的情况下，校园教育目的也不再单纯是为了让学生学习知识，教育目的更加多元，开始关注学生的成长情感以及技能方面的需要。

综上所述，可以发现在教育理念出现变化使人际关系也发生变化，教师需要重新认识自身的职业特性，教师需要通过和谐师生关系的建立让学生感受到自身的魅力，进而对学生的情感、技能等其他方面开展教育。

2. 学生之间的关系

学生的人际关系主要表现在两个方面：一是学生的组织关系；二是学生的自我管理。其中，组织关系的形成需要借助组织形式、组织活动，学生在参与组织活动的过程中，可以提升自身的实践技能水平，也能够推动自身的社会化发展。

在学生日常的生活当中，参与的其他形式的活动以及学生和他人的交往属于学生对自我的管理，这也是学生人际交往当中的重要内容。首先，学生交往并不是为了单纯地满足情感需要，学生可以通过交往提升能力，建立信任关系、友谊关系，可以在交往的过程中形成更强烈的集体责任感；其次，交往可以帮助学生了解自身在群体当中的地位，帮助学生认识自身的价值，帮助学生获取他人的认可肯定；最后，学生可以通过交往来克服自己的不足之处，纾解自己的心理压力，获取他人给予的精神力量支持。与此同时，学生也可以借助交往分享信息、交流信息，在交往的过程中，学生可能会形成新的看待事物的观点和想法。

3. 教师之间的关系

想要建设出优质的校园文化，那么必然需要重视教师之间的交往，教师的交往显现出非常鲜明的创造性特点、主动性特点。教师和教师的交流有助于教学水平的提升，也有助于获取更多的科学研究成果。教师之间的良好交流可以在学校范围内营造出更浓厚的学术氛围。

综上所述，可以发现校园文化审美关系是一种真正关注情感而不涉及到其他利益的人际关系。无论是师生之间、学生和学生之间还是教师和教师之间，在构建审美关系时都遵循基本的美学规律、美学原则。遵循审美原则构建出来的人际关系非常有助于学校发展以及学生的成长。

正常情况下，人际交往就应该不包含功利目的。人在健康的人际交往中可以获得更强的自信心，可以缓解焦虑情绪，可以让身体处于放松状态，也能够从交流活动当中获得自我肯定。校园当中的人际交往有助于学生完成社会化成长，有助于学生掌握正确的人际交往技巧，有助于学生自身修养素质的提升。所以，校园人际交往除了是校园文化应该重视的内容之外，也应该是学生全面成长全面发展应该重视的内容。

二、美育在校园中的文化活动构建

（一）校园文化活动的类型划分

校园文化活动对校园文化的构建至关重要。学校会根据设置的教学目标组织适合的校园活动，学生在参与校园活动的过程中，可以发展个性、提升自我。具体来讲，学校使用的文化活动有以下几种类型：

第一，通过社团的方式组织活动。学校当中有很多艺术组织，如文学社、艺术团、摄影协会等。学生除了学习专业知识之外，也可以加入自己喜欢的社团，发展自己的兴趣。学生可以通过课外活动了解其他方面的文化审美标准，学习相关的审美内涵，掌握其他艺术的创造技巧，发展更健康更具有艺术性的爱好。在培养艺术爱好的过程中，学生的想象力、审美能力以及创造力水平都会有一定的提升，学校开展艺术教育也是为了让学生形成更高水平的审美素养。与此同时，学生在参与社团活动的过程中进行大量的艺术创造、科技发明、作品设计，也让校园文化发展有更大的活力。此外，学生的压力以及成长当中的焦虑也得到有效缓解，学生的情绪得到充分的释放。

第二，借助竞赛的方式组织活动。学生可以在运动会以及其他的比赛当中展示自我，也可以在各种比赛当中见识到更多的知识、更厉害的技能，激发自我的学习动力。

第三，组织与大自然亲密接触的活动，如夏令营环境、调查活动等。组织与大自然有关的活动可以让学生亲密地感受大自然，看到优美的景色，看到祖国的大好河山，可以让学生形成热爱生活、自然以及祖国的优质情感。除此之外，学生在接触自然的过程中也会形成更为强烈的保护自然的想法和意识，也会珍惜资源，形成强烈的保护自然的社会责任感。

第四，开展与社会实践有关的组织活动。社会实践活动的组织和开展对于美育教育至关重要，学生可以在实践当中真正地认识美、欣赏美。学校可以使用的社会实践活动组织方式主要有社会调查、辩论会、座谈会、分析讨论会等。借助这样的活动，学生可以感受到实际的人、实际的事物以及实际的思想，并且受到实际的启发，形成正确的审美观念。

校园文化活动涉及多个方面，它可以综合地对学生进行教育。也就是说，校园文化活动具备多种教育功能，而且不同教育功能之间彼此相连，彼此辅助。通过校园文化活动，学生得到全面且综合的美育教育。

（二）校园文化活动的审美特点

将审美教育理念贯彻落实在艺术教育活动当中，能够避免艺术教育活动受到世俗化思想的影响。审美教育具有多个作用，它能够陶冶情操，也能够让学生释放压力。学生在参与艺术教育活动的过程中，可以施展自己的才华，展现自己的个性，释放自身的能量，宣泄自身的情感。学生在释放与宣泄的过程中，情感会持续深化。综合来看，校园文化活动既能够帮助学生发展爱好、获取知识，也能够为学生的后续发展提供更强大的助力。具体来讲，美育教育和校园文化活动的结合显现出以下特点：

第一，校园活动体现出丰富性特点。多种多样的校园活动让学生可以发展业余爱好，让学生可以和其他的人有更多的社会接触，这是极为重要的培养学生素质的途径。在校园活动当中，学生的感官得到充分调动，兴趣得到有效激发，学生可以在实践操作当中同时开展感知学习。也就是说，校园文化活动是实践与理论教学结合的重要方式。在丰富的校园文化活动当中，学生的社会性、主动性以及创造性得到有效培养，对问题的处理能力、实践工作的开展能力也得到有效提升，学生变得更加热情，思维变得更加发散。

第二，校园文化活动体现出游戏性特征。在审美方面，校园文化除了体现出丰富性特点之外，也体现出游戏性特点，文化活动没有教学目的，它更注重参与的娱乐性以及体验性，所以，学生产生更强的参与意愿。除此之外，校园文化活动是真正以学生为主题的活动，在这样的情况下，学生更容易以放松的姿态投入到活动当中，学生的参与兴趣会被有效激发，从而真正做到亲自参与，更有利于自我的自身成长。

第三，活动场地是开放的。一般情况下，教学活动局限于教学环境当中，学生相对紧张。但是，校园文化活动不同，无论是它的时间选择还是场地选择都是自由的、开放的，这样的环境更有助于学生放松，更有助于学生感受美，收获快乐。

三、美育在校园中的生态环境构建

（一）美育在校园生态环境中的多样设计

1. 自然化与城市化设计

校园环境建设时应该考虑到校园所在城市整体的文化特征，在此基础上把自身当作是城市组成的重要部分去进行环境设计。在设计的时候，也可以充分借助城市资源的支持。因此设计出的校园环境与城市文化总体上呈现出的特点就会相互吻合。学校设计时，应该因地制宜，应该结合原有的地形特点、地貌特点设置校园功能、建设校园建筑、设计校园绿化，进而打造景观景致优美、文化气息浓厚的校园环境。除此之外，也要注重校园和城市之间的互动交流，学生的日常学习、日常生活、日常实践都需要借助校园和城市之间的交流互动。而且，城市通信、城市能源以及城市的交通系统为校园的建设提供重要的支持。所以，校园环境在设计的过程中要注重城市化设计以及自然化设计。

2. 人性化与环保化设计

人性化的本质是和谐协调。当外界环境非常和谐时，人更容易感受到美，形成美感。学校当中的学生来自不同地区、不同国家，所以，校园在设计时就需要体现出人性化特征。例如，校园应该使用双语进行标识设计，在配置设施的时候应该考虑到不同地域、不同国家学生生活习惯、学习习惯的差异。除此之外，教学设施还要考虑到校园建筑本身功能的影响，根据功能区进行温度设计、光线设计、声音设计。除此之外，学校还应该对自然景点以及人文景点提供文字性的解说，以此来引导学生感受自然景点、人文景点的美。之所以要提供文字解说是因为人只有在理解欣赏对象之后才能获得美感。校园当中的一切事物都可能会引起学生的好奇心，获得学生的关注，所以，学校应该在雕像、植物以及其他景点旁边配备文字性的解说和说明，帮助学生理解，让学生获得更强烈的美的感受。文字性说明除可以让学生获得更强烈的审美体验之外，也能让学生储备知识，提升审美水平。除了人性化特征之外，校园环境在设计时还应该体现出环保节能化特点。学校的建筑建造应该使用环保材料，学校还应该成立废品回收站，在学校内设置能源节约标语，引导学生形成更强的节能意识环保意识。

3.地域性与艺术化设计

地域性除了和人们熟知的自然地理因素有关之外，还和整个地区的文化、地域风俗等因素有关。

校园建筑是校园当中非常重要的构成部分，应该和城市建筑特色相互吻合，应该能够展现城市所处地区的地域文化特点。在设计时，建筑特点的确定既要考虑地域因素，也要考虑时代因素，在这样的情况下，设计出来的新校区建筑将会呈现出独有的地域标志性特点以及独创性特征。除此之外，校园环境设计还需要体现出艺术化特征，环境的艺术化有助于学生审美的提升，也有助于在校园内构建出良好的、协调的教学关系。从审美层面来看，校园环境设计时需要遵循美的规律进行设计。校园绿化设计、校园建筑的布局设计、其他环境因素的布置设计等都需要美观自然、和谐干净。这样，才能为学生呈现出轻松的、积极的学习氛围，缓解学生在学习过程当中的紧张和焦虑情绪，带给学生良好的视觉审美感受，引导学生感悟生活的美，欣赏生活。

教学使用的设施以及仪器也需要体现出美观性，教学仪器的设计要遵循美的规律，校园内部使用的各种各样的措施需要合理布置。与此同时，各项设施仪器需要保持干净卫生，如此，学生才能从校园环境当中获得审美感受，才能产生愉悦情绪，才能受到好的环境的影响，才能保持正确的卫生习惯、生活习惯。

（二）美育在校园生态环境中的系统构建

审美能力的培养是在环境教育作用下逐渐发展起来的，环境因素是学校美育系统中不容忽视的成分。美化环境对于学校美育工作起着潜移默化的作用，校园环境主要包括以下方面：

1. 自然景观

校园的自然景观大多与校园的地理位置相关。自然环境是校园环境的基石，保留自然环境中的山水体系，使人容易感受到自然的气息。天然的自然景观具有一切人工环境所不具有的审美功能。自然状态代表着人类理想的生活状态，自然景观营造的审美意境是其他环境所不能替代的。因此，学生不仅要回到大自然中领略自然的秀色，也应该重视和保护校园自然景观，回归于自然，从而体验内心的"本真状态"。

2. 生态建筑

在建设校园建筑时，最多的考虑因素是建筑在教学活动当中的作用。但是，建筑也因为本身的特性可以向人们传递文化美感和艺术美感，所以，人们提出生态建筑概念。生态建筑概念的提出代表人类深刻认识到环境生态问题的重要性，也代表人类把建筑看成理想意志产物。生态建筑遵循的发展基准是校园和自然之间的平衡和谐。生态建筑把人看成自然环境当中的一分子，在此基础上重新定位自己的位置。生态建筑强调建筑和自然应该保持平衡和谐状态，与此同时，建筑和其他建筑也应该保持平衡和谐状态，建筑之间的平衡和谐除了体现在色彩和谐造型和谐之外，也体现在建筑群作为整体形象所反映出的造型艺术和文化内涵上。同时，建筑群之间合理的布局使建筑功能形成一种良好的协调关系，这也是生态建筑的重要内涵。总而言之，校园的生态建筑布局既有满足教学、科研、生活需要的实用功能，又具有审美价值。

3. 人文景观

通常情况下，校园人文景观展现出较为浓厚的文化气息，人文景观通常和校园发展历史、校园人物有一定的关联。具体来讲，可以将人文景观划分成以下几种类型：

（1）很多学校中的一些地方是著名教授生活过、办公过的，人们可以通过知名人士生活地点、办公地点的设计感受到知名人士的精神品格。学生在观赏这些场所以及知名人士使用过的、创造出的各种各样的物品之后，可以受到他们精神品格的感染和熏陶，有助于自我精神的成长。

（2）很多学校都建设自己的纪念馆或者是校史馆、博物馆，对于学校而言，校史馆、博物馆也是教学过程中可以运用的重要资源，学生在了解学校发展历史的过程中会了解对学校发展有重要贡献的英雄人物，会让学生和学校之间建立起更紧密的联系，也会让学生更认可学校的发展精神以及办学理念。

（3）许多学校的科研机构、重点实验室、文化研究中心，也是科技美育、人文美育的重要部门。科技是创造美的重要因素，科学技术自身的美表现在对真理的追求及科技自身所拥有的魅力——满足人的好奇心理上。审美来自人的好奇，而科学正是解释人们的疑问。对科学技术的了解，可以培养学生对这个世界的认识能力，增加他们对自然的探索兴趣，从而激发他们的想象力和创造力。

（4）校友纪念林是已毕业校友表达对母校情感的一种方式，这种情感的表达方式容易让在校学生接受并对学校文化理念产生认同。校友纪念林促进学校和学生的内在沟通，使学生获得对校园内在精神的认同和体验，不仅有利于学生的内在精神品质的塑造，也使得学校的文化内涵在每一届学生中得到传承。

第三节　现代教育班级管理中的美育渗透

美育是学校教育的重要组成部分，是学生综合素质全面发展的基本内容之一。班主任作为班级的直接管理者和组织者，需要高度重视美育，帮助学生树立正确的审美观念。

一、班级管理中美育渗透的作用

第一，促进学生审美能力的提升。将美育渗透班级管理，对学生审美能力的提升有很强的促进作用。不同时代、不同阶级、不同修养的人对美的体验各不相同。学生们对美的追求比较迫切，美的事物往往对他们更有吸引力。"作为班主任，将美育融入班级管理有利于学生审美能力的提升"[1]。

第二，促进学生创新意识的提升。美育在班级管理中的渗透，有利于学生创新意识的提升。在美的体验和熏陶中，提升学生的想象力、欣赏力，学生对美进行创造的欲望也变得更加强烈。

第三，促进学生道德修养的提升。班级管理中融入美育，能够帮助学生不断提升道德修养，陶冶高尚情操，完善道德人格。

第四，促进健康的班级风貌的形成。美育在班级管理中的渗透，有利于健康

---

[1] 陈立君. 班级管理中美育的渗透 [J]. 西部素质教育，2019，5（24）：84.

的班级风貌的形成。学生在美的熏陶中，视野不断开阔，知识不断深化，认知水平也不断提升，举止行为更加规范，娱乐方式更加健康，其鉴赏水平也在不断提升。

二、班级管理中美育渗透的路径

第一，借助学科之间的融合，促进美育体系的形成。一方面，借助学科与学科之间的联系，促进美育体系的高效形成。例如，在语文教学中，教师不仅要关注学生听说读写能力的提升，还应该引导学生观察，进行积极探索，不断提升其想象力。另一方面，让学生学习感受、鉴赏、表达美的内容。如在体育课堂中，教师应开展一些竞赛性质的活动，让学生在竞赛活动中感受到成功的喜悦，这也是一种美育形式；在音乐课堂中，教师讲解优秀作品的时候，向学生描述一些音乐家当时的情绪及所处的背景，更容易触发学生的情感，让学生明辨是非美丑，深刻体会音乐作品中想要表达的真实情感。

第二，帮助学生形成正确的审美观点。班级管理中，促进美育的高效渗透。教师应该帮助学生形成正确的审美观，重视其内心需求，结合需求选择学生乐于接受的培养方式，考虑学生的学习实际，鼓励学生多参与一些兴趣小组，发挥网络教学资源的优势，让学生观看一些艺术作品，促进其精神世界的不断丰富。另外，教师应重视学生审美观的培养，给予学生适当的鼓励和引导，让学生就自己的所思所想写文章，鼓励学生与学生之间相互沟通交流。还可以组织学生走出教室，走进大自然，感受大自然的美好。

第三，创造美的育人环境。教师应注重教室的美化，为学生营造好的学习环境，激发学生学习的积极性。例如，教师可以利用黑板报展开教学，黑板报是学生进行思想教育的重要阵地之一，教师结合学校的需求及班级实际，制定板报工作计划，如"学习雷锋""法律在身边"等主题，这样的氛围本身就是充满"美"的，学生在潜移默化中会受到感染和熏陶。

第四，在课外实践活动中渗透美育。班主任可以利用课外实践活动带领学生走出校门，可以组织学生进行义工活动、班队劳动，或者带领学生参观工厂、建筑工地，一方面，可以培养学生热爱劳动、尊重劳动人民的良好品德；另一方面，可以让学生欣赏生产劳动实践的美。另外，班主任还可以组织学生进行郊游，让学生在郊游的过程中开阔视野，学会欣赏大自然的美。班主任在班级管理过程中组织课外实践活动，可以有效渗透美育。

第四节　现代教育美育管理及其考核研究

一、学校美育教育的具体价值

第一，培养和提升学生的审美能力。审美能力是人的综合素质中的一部分，是现代人非常重要的能力之一，对于人们在现代社会中的生存和发展有着极大的影响。

第二，培养学生美的创造力。创造美的能力所体现出的是综合的创造性思维，无论工作岗位，都会体现出劳动者创造美的能力。不同的人具有不同的审美要求和能力，这与所处的审美环境和所受到的教育有着密切的关系。

第三，促进学生思维能力的升华。目前的教育还没有完全脱离应试教育，学生学习的知识还是主要以应试为前提的概念、方法、规则等，这类知识通常以"背"的记忆方式为主，只有少数学生能够做到学科内以及跨学科知识的融会贯通，而将知识运用到实践中以及用知识解决生活中的问题的能力则普遍较弱。

第四，促进学生身心的和谐发展。美育不是独立的，人们常说"德智体美劳"，就说明"美"与德、智、体、劳密不可分。美育是情感教育，通过美的形象让学生在情感上产生共鸣、获得愉悦，寓教于乐，使学生在潜移默化中学习知识，接受美的熏陶，从而形成高尚的美德，实现身心的和谐发展。

第五，提升学生的道德水准。人类所有高尚的道德都充满着美，美育和德育密不可分，德育强调"以理服人"，而美育则强调"以情感人"，语言美、行为美、心灵美也是我国学生道德教育中的基本内容。美学教育最高的目标就是培养学生具有高尚的道德。

通过系统的美学教育，学生能够分辨出真善美和假恶丑，能够了解美好的事物，知道整洁的环境、活泼的性格、健康的体魄、高雅的音乐、动人的画面等是美，并能从美的事物中升华自己，使自己的心灵得到净化，从而在学习与生活中热爱美、崇尚美、追求美，以美的心灵快乐地生活。

二、学校美育教育的考核管理

（一）构建宏观调控管理机制

第一，确立学校美育教学的责任制。在学校的教学工作中，应将美育教学任务纳入各学校对上级教育行政主管部门必须履行的教学任务。美学教学从教材和课程上可以体现为美术课和音乐课，但同时还应包括美学理论的综合课程以及美学鉴赏等内容。学校的教研部门应根据学生的生理和心理特点，以及知识水平选择美学教育的内容和方法，并及时聘请相关人员进行分析论证。合理地安排学生必须要完成的美育教学内容，做到集科学性、综合性和系统性一体。此外，在美育课程的设置方面，还要充分考虑我国的文化背景，因为我国是一个历史悠久的国家，有着丰富的传统文化，因此，美育课程内容要兼顾发扬优秀的传统文化，以正确的方向为基准来确定美育教学发展的方向。

第二，制订学校美育教学的评估制度。在对各级各类进行教学评估时，教育行政主管部门十分有必要将美学教育纳入其中，并且在比例上体现重要性。对美育教学的评估，不但要关注教学计划的制订和完成，还要重视教学成果。在学期结束的时候，学生的成绩中除了应有美术课和音乐课的成绩外，还要有美育教学的综合成绩（美学理论、鉴赏能力等），从而体现出美育在综合素质教育中的重要地位。

第三，构建学校美育教师队伍建设的考核制度。教育行政主管部门应当以当地学校的实际规模和教育要求制定美育教师队伍建设的具体要求，从教师的人数、学历和能力等方面提出一定的标准。要建立和健全用人机制，吸引并留住教师，同时还要帮助教师提升教学水平，从而不断发展壮大美育教师队伍，营造良好的美育教学环境。

第四，加强对学校美育环境与教学设备的考核管理。学校的美育教学对于培养创新型思维人才具有至关重要的作用，因此，一定要完善学校美育教学的设备，以此满足美育教学的需要。学校的环境建设应以美育教育的需求为基础，应有规划、有步骤地逐步完成环境建设，在建设上要充分考虑美育功能。对于暂时条件和能力较弱的学校，主管部门应及时帮助该校制定符合学校客观情况的规划，从治理校园入手完成起步工程。

（二）创建微观教学考核机制

要改变当前学校的美育教学，最关键的一点是要建立起较为完善的美育考核机制。只有在制度的保障下，学校才能够真正做到将美育教学作为必尽的义务来对待。

第一，对于全校系统的美育教学，应制订完整的教学方案。方案中的要求要符合各个年级的实际特点，要有明确的目标和具体的内容。美育是全方位的，并不仅仅存在于音乐美术等艺术类课程，在语文、数学、外语、历史、地理、政治等科目中同样存在美育。因此，所制订的教学方案应在统一的教学目标下具体落实到每一个教研组、年级组、班主任和任课教师处。除了教学目标要明确外，方案中还需要对不同阶段所要掌握的知识和技能予以规定。

第二，逐步形成美育教学管理和激励机制。对于参与美育教学的教师，学校应具有管理和激励的具体办法，从物质和精神两方面来提升教师的积极性；对于学生，在好的管理和激励机制下，教师的热情与水平不断增长，学生的学习兴趣也会日益浓厚。

第三，对美育实行单独的定位管理考核。学校和教师应当将美育教学作为必要的教学手段，学校可以通过推广、宣传、评比等手段推动美育教学的发展，同时还应将美育教学具体成任务布置给教师，并对教师实行美育教学的方法和成果进行跟踪和评估。

第六章 现代教育教学管理信息化创新发展

第一节 现代教育教学管理新媒体技术的运用

媒体是指承载、加工和传递信息的介质或工具。当某一媒体被用于教学目的时，作为承载教育信息的工具，则被称为教学媒体。新媒体相对于传统媒体而言，是报刊、广播、电视等传统媒体以后发展起来的新的媒体形态，是利用数字技术、网络技术、移动技术，通过互联网、无线通信网、有线网络等渠道以及电脑、手机、数字电视机等终端，向用户提供信息和娱乐的传播形态和媒体形态。新媒体的特征是具有交互性与即时性、海量性与共享性、多媒体与超文本、个性化与社群化。

与传统媒体相比，新媒体的具有很多新的特点：①新媒体传播是一种多媒体的全传播，基于网络的新媒体利用文字、图片、声音、图像等手段，全方位、多角度地为受众呈现事物原貌；②新媒体传播走向分众传播，实现"个性化"和"一对一"的传播，根据特定媒体受众群需求而制定满足其使用的传播策略以及传播方式；③新媒体传播是一种渗透式传播，突破时空界限，受众通过手机、网络、楼宇电视等无处不在的新媒体，随时可主动或被动地参与到传播过程中；④新媒体传播具有高科技的特性，无论是网络，还是手机和数字电视，新媒体的传播都离不开技术的支持，因此其受众必须具有相应的新媒体工具使用能力；⑤新媒体传播具有很高的交互性，反馈迅速、及时，受众观点可多元化呈现。

一、交互式媒体的运用

交互式媒体可以创造灵活、多联结多媒体学习空间。在交互智能平板（触摸一体机）屏幕上，教师可以直接操控计算机以使学生聚焦于教学内容展示，改变传统多媒体教室单向传播的不足。交互式电子白板、交互智能平板等交互式媒体的使用，可以加强课堂互动，优化课堂结构，便于灵活实施教学过程。基于交互式电子白板及交互智能平板的功能，以下是对其在教学中的主要应用优势的分析：

第一，注解、编辑功能。交互式电子白板可以直接在上面标注或书写文字。能随时灵活地引入多种类型的数字化信息资源，并可对多媒体素材进行灵活地编辑、展示和控制。

第二，绘图功能。交互式电子白板拥有丰富的各学科工具、元件、仪器图，便于实验设计和学生参与到学习过程中。例如，在实物连线实验教学环节中，需要在白板上画出电路实验需要的仪器的时候，操作简单，可以提高学生的兴趣，积极参与课堂，获得实践的机会，这充分体现交互、参与的新课程理念。

第三，存储与回放功能。写在白板上的任何文字，画在白板上的任何图形或插入的任何内容都可以被保存，可供以后教学使用，或供以后与其他教师共享；也可以打印出来以印刷品方式分发给学生，作为课后温习或作为复习资料。这样不仅可以提高课堂效率，还能帮助学生在课后实现知识的巩固。

二、网络教学平台的应用

网络教学平台的应用，有助于创设开放、共享的网络学习环境。网络课程与多媒体课件等丰富的教学资源，配合精品课程、精品视频公开课的建设，激发教师开发优质教学资源的积极性，从而推动网络教学平台的建设。以下是网络教学平台的实际应用内容：

第一，利用精品课程模块，共享精品课程视频资源以及课程材料。精品课程模块中包含精品课程展示、精品课程研究、精品课程通知和视频公开课等内容。校内各类精品课程的教学材料和相关内容都可以通过平台进行共享，师生可以通过校园网或互联网等途径，不受事时间和空间的限制随时获取大量的教学资源。

第二，重点打造教学资源库，为学生创设开放的网络学习环境。教学资源库，是储存教学资源的地方，其中包括各种可用于教学的素材，如文本、多媒体视频、图片、flash 等。教师可以要求学生通过网络教学综合平台辅助学习课程内容，进行答疑讨论和经验交流，按时提交作业等。教师可以根据课程或实际的变化，不断地整理、制作和借用教学资源填补其中，保证其中资源的时效性、精确性，学生也可以上传分享自己独有的资源，以资源的质量和下载的次数排序。各学科之间交互的部分，由交互的老师共同制作素材，使教学素材的内容更加丰富和有连贯性。资源上传时可以设置资源公开程度，并且需要通过平台管理员的审核，确保资源的质量。资源库拥有多重资源检索模式，自带有内部资源检索。

教学资源库的建设，使学生可以在课外利用计算机网络作为学习工具，获取课内无法获取的一些优质资源，并且使资源实现共享，提高资源利用率，提高教学效果。

第二节　新媒体环境下教学环境的构建与管理

随着现代高科技在教育领域的应用，多媒体教学环境，即多媒体教室的建设在学校飞速发展。多媒体环境的构建不仅可以提高教学效益和教学质量，同时为传统教学模式提供新的平台。多媒体环境构建需要在合理、安全、科学的前提下，满足教学需求，保障多媒体教学的正常进行，以下是多媒体环境构建的原则：

第一，实用性。实用有效是主要的构建目标，只有操作简单、切换自如、效果良好，才能最大限度地发挥设备的效益。

第二，可靠性。人机安全、设备的长期稳定运行等可靠性要点作为系统构建方案的首要设计原则，以保证系统在运行期间，为用户执行安全防范和高质量服务管理提供有效的技术支持手段，为用户降低系统运行方面的人工和资金成本。

第三，兼容性。对不同厂家、不同型号的同类设备具备兼容性。

第四，先进性。设备的选型要适应技术发展的方向，特别是中央控制软件要充分体现整个系统的先进性。

第五，扩展性。多媒体教室能否和网络相连，能否调用教室外教学资源是多媒体教室可扩展性的首要标准。

第六，安全性。考虑到多媒体教室的多功能，即在非教学时间供学生使用教室（不使用设备）的设备安全性，操作台应根据设备规格定制并兼顾防盗、防火。

第七，便捷性。改变以往教师上、下课开关设备的烦琐问题，采用一键关机或远程控制关机（使用继电器根据设备操作流程分时控制设备的开关时间），方便教师操作。

第八，经济性。系统设计和设备选型应注重实用功能，降低总体投资，求得先进性与经济性的完美统一，做到设备性能、价格比的最好综合，从学校教学管理的实际需求出发，一切学校不需要设备都不予以购买。

一、基于新媒体技术进行教学环境的构建

多媒体教室的构建应根据构建原则，科学、合理地选择设备。设计多媒体操作台，根据学科需要及拟建多媒体教室的位置、形状、大小、座位数量，相对集中地构建多媒体教室。根据管理方式，可分为单机型和网络管理型多媒体教室。

（一）单机型多媒体教室的构建

单机型适合多媒体教室相对分散的区域，或是对设备要求较简单的部分学科的多媒体教学。单机型多媒体教室在构建中应根据多媒体教学特点采取优化措施，不用录像机、展示台、卡座等不常用或多余设备，使整个系统简洁明了，利于教学与管理。

1. 投影仪

根据多媒体教室的大小配置不同亮度和对比度的品牌液晶投影仪，一般情况下，亮度和对比度与投影仪价格正相关。因多媒体教室的后期耗材消费主要是投影灯泡，品牌投影仪的选用将有效避免投影灯泡购置的困难，保证质量；同时要注意选择高使用寿命和灯泡亮度稳定的超高纯工业系统（UHP）冷光源灯泡的投影仪。

2. 操作台

操作台应根据设备规格科学合理地设计定制，满足使用的方便性（如教学需用设备接口的安装），并兼顾防盗性。操作台门锁采用电控锁，通过中央控制器实现一键开、关机，即一开即用、一关即走，极大地方便教师的使用。

3. 扩音系统

扩音系统的配置需根据多媒体教室的大小、形状及教学声音环境要求选择，应选用无线话筒，有利于教师在教学时方便表现其形体语言。目前常用的扩音设备是壁挂式和组合式，两者都具备线路输入功能，能满足相应的教学管理信息化延伸发展音源的扩音需要。部分学校多媒体教室使用移频增音器，教师在短距离内可以脱离话筒的束缚，但过多地削弱低频和高频，扩音效果也会相应减弱。

4. 电子书写屏

电子书写屏的使用可以替代传统显示器，并替代黑板的传统书写功能。电子书写屏主要功能包括：同屏操作、同屏显示、具备风格各异书写笔、自动排版、文书批改、手写识别、动态标注、后期处理等。电子书写屏的使用可有效避免多媒体教室设备因使用粉笔灰尘过多而导致出现故障、影响设备的使用，尤其是投

影仪存在因灰尘过多而频繁保护导致停机的情况，液晶投影仪的液晶板也会因灰尘过多而产生物理性损伤，因此电子书写屏可以提供给教师洁净的教学环境，有益于教师身心健康。

5. 中央控制器

中央控制器具有手动调节延时功能，可以设定时间控制投影仪、功放、投影幕布、计算机等设备的开关，保证投影仪散热充分，延长投影仪灯泡和液晶板的使用寿命，并防止多个设备同时通电和断电时对设备的损坏。

（二）网络管理型多媒体教室的构建

网络管理型多媒体教室适合于多媒体教室相对集中的区域，根据各学科需要构建功能不同的多媒体教室。该配置与单机型多媒体教室配置的不同在于采用网络中央控制系统，操作可采用网络远程控制和本地控制，并增加监控系统，以下是其相关功能：

1. 操作台

操作台与单机型多媒体教室相同点在于，也是根据设备规格合理地设计定制，满足使用的方便性（如教学需用设备接口的安装），并兼顾防盗性。操作台门锁的开启可通过网络远程控制，也可本地操作，即与中控系统联动的控制锁同时也是操作台的门锁。多种设备联动实现系统的一键开、关机，即一开即用、一关即走，方便使用。

2. 中控系统

网络管理型多媒体教室采用的是网络中央控制系统，包含教室网络中控和总控软件。该系统高集成度，接口丰富、功能强大。内嵌网络接口，采用TCP/IP技术，可通过校园网互联，实现远程集中控制。具备网络、软件、手动面板三种控制方式选择，具备延时功能，防止通断电时对设备的损坏。

3. 对讲系统

对讲系统的使用有利于及时发现、解决问题。目前对讲实现方式有多种，如双工对讲系统、半双工对讲系统、电话方式对讲系统、网络IP电话方式等。

4. 监控点播系统

监控系统有利于管理人员远程掌握教学动态，通过相关控制软件使得教师所用计算机屏幕内容与上课音视频同步录制，通过该系统实现即时点播和转播功能。

二、基于新媒体技术进行教学环境的管理

目前学校教学基本建设不断发展，多媒体教室不断增加，只有不断完善多媒体教室的管理才能保证多媒体教学的正常进行。

（一）教学管理制度建设

教育技术与课程整合不断深入，教师使用多媒体教室的需求不断增多，教师的教育技术水平参差不齐，结合实际，制定相应管理制度，规范多媒体教学日显重要。主要考虑以下内容：①多媒体教室设备使用提前预约，统一安排；②教师按操作规程操作平台，不得私自搬动设备和接线，无关人员不得操作多媒体设备；③不得在计算机内设开机密码、修改和删除原有参数和应用软件；④课间休息应关闭投影仪电源，以便提高投影仪使用效率；⑤课后教师应按操作规程退出系统；⑥课后教师应填写使用登记表。

（二）教学管理系统建设

管理系统建设分为多媒体教室教学管理系统和多媒体教室网络控制管理系统。教学管理应由目前普遍使用的人工安排多媒体教室逐步过渡到网上预约，通过开发适合学校实际的多媒体教学管理系统，采取智能化预约，提高多媒体教学的管理效率。多媒体教室网络控制管理，是指通过该系统可在主控室内控制多媒体教室内的相关设备，实现设定功能，并能实时与任课教师交流，保障教学正常进行。多媒体教室网络控制管理系统应根据教学实际多方论证，选择适合学校的多媒体教学的系统。多媒体教室网络控制管理系统的实施将使反映问题和解决问题变得更加快捷。管理上的方便、直接和高效，从而解决多媒体教室数量增加后，管理复杂、人员紧张的问题。

（三）教学管理人员建设

以人为本，明确人才队伍建设对多媒体教室管理的作用与地位。在加强多媒体教室硬件建设的同时，应注重和加强管理技术队伍的建设。多媒体教室管理技术队伍是多媒体教室建设的骨干力量，对保障多媒体教学正常进行及教育技术与课程整合起着重要作用。因学校各学科教师对多媒体技术掌握程度不一，管理人员的任务不仅仅是建设、管理好多媒体教室，同时应根据教师需要担负起多媒体技术培训的任务，更好地为教师服务、为教学服务。

在人员建设方面应逐步引进高学历、高层次人才充实到管理技术队伍中来，

改善队伍知识结构。对现有技术人员制订培训计划，重视新技术的学习与消化，提高业务水平和实践技能，以适应技术的发展和多媒体教学的需要。重视和发挥管理技术队伍的作用，用好人才，积极创造条件，调动人员的工作积极性。加强考核，建立人员考核制度，提高队伍的整体素质，造就一支业务水平高、奉献精神强、富有团结协作精神的管理技术队伍，使其为学校教学科研工作做出积极贡献。只有不断优化结构，提高素质，建设高水平管理技术队伍，才能充分发挥现代信息技术的作用；同时，通过多媒体教室的构建，在实践中积累经验，完善多媒体教室建设，从而更好地为教学服务。

（四）教学管理方式建设

多媒体教室使用人员广泛，操作水平参差不齐，使用频率高。应根据不同配置，采用相应的管理方式，这对优化管理资源具有重要影响。

1. 自助式管理

自助式管理，是指教师掌握多媒体技术及设备操作规程后，对所使用多媒体设备实行自我管理。每学期开学初，对使用多媒体教室的相关教师根据使用教室的设备差异分开进行技术培训，内容为多媒体教室使用规章制度、操作规范以及多媒体基础知识等，培训结束后发给相应的资格证书；并在使用开始一段时间内投入管理人力现场跟踪，记录相应教师的操作能力，有针对性地进行再培训。对能独立操作的教师核发独立操作证书，对其使用教室采用自助式管理，上课前到规定地点领取相关钥匙即可，设备的开关由教师自行操作。在自助式管理过程中，管理人员应加强对多媒体设备的课后维护，对每次检查结果及时登记备案，发现问题及时解决，保证下次课程设备可以正常运行。自助式管理适合相对分散，无法或不适合安装管理系统的多媒体教室。该措施的实施能有效缓解管理人员紧张的局面。

2. 服务式管理

对于实行网络管理并装有监控系统的多媒体教室实行服务式管理。服务式管理，是指教师无须对设备开关进行操作，通过网络管理系统对设备进行管理，保证多媒体教室在上课前5~10分钟全部开启（投影仪、计算机、展示台等设备），教师可以直接使用设备。管理人员通过监控系统全程监控设备使用情况，并在上完课后，检查设备状况并关闭设备与操作台。服务式管理与自助式管理都应在管理过程中加强设备管理，增加巡查力度，做好记录，及时了解设备使用状况、投影机灯泡的使用时间，定时还原计算机系统等。服务式管理更加方便教师使用，可以提高效率,同时体现"管理为教学服务"的思想。多媒体教室的构建与管理是一项系统工程,科学、先进、管理规范是多媒体教学的基本保证,管理人员应在实践中不断摸索,及时沟通,以教学为本,加强管理机制,最大限度地保障多媒体教学正常进行,促进技术与课程整合。

第三节　大数据时代教育教学管理的路径创新

一、树立大数据教育管理发展理念

当前,学校正处于信息化教育管理向大数据教育管理转变阶段,在"智慧校园"建设的过程中,必须进行大数据理念、大数据制度和大数据机制三维联动,其中理念是先导,制度机制是关键。

在学校数据"生态圈"中,各类教育管理是"融通、共享、互激"的存在关系。学校互联网技术是大数据教育管理的基本设施和保障,它的使命体现在两方面:①连接作用。"连接"师生、人与资源、师生与学校;②支撑作用。支撑"教"和"学",使之富有效率和创新。

大数据时代学校应提出全新的教育理念,从多个角度区分创新教育与传统教育的区别;秉承"合作学习是最有效学习"的理念,以移动技术为载体,努力创建"时刻连接着学习体验"的融合学习社区;通过移动设备将教师、学生联结在一起,成为一个学习共同体,在课堂上,教师在移动设备和其他应用程序的辅助下,创设参与性的学习环境,在课堂外,学生利用移动设备实现移动学习,打破课堂限制;在社交、管理等方面,都广泛应用移动设备进行。

大数据教育管理的发展理念要强调"联通与分享、人技相融、应用体验"的特点,要体现中国特色、学校个性等。学校需要打破部门、学校、行业、地域等界限,建立协同机制与分享机制,从最大程度上践行大数据的开放与分享理念,实现教育资源和数据资源的共建、共享,从而实现课堂教学结构的根本变革,实现教育管理水平和教育管理效益的显著提升。

二、完善大数据教育管理制度规划

学校大数据治理制度建设,一方面,需要通过法律法规促进大数据利用和交易规范化，从而保护个人隐私、保护数据安全；另一方面，需要通过法律法规促进学校教育资源共享平台、数据平台的建设和开放。

（一）构建大数据制度体系

学校要以大数据制度的制定为契机，推动教育管理制度体系的整体变革。在学校大数据制度生态中，包括规范制度和促进制度两类。学校大数据教育管理的促进制度，包括对教师拥抱大数据技术和教育改革热情的保护、激励制度，师生实时、完整、真实而准确采集信息的鼓励制度等。目前，不论是规范制度还是促进制度都处于探索阶段，已经制定的大数据教育管理制度都缺乏完整性、系统性、稳定性及可持续性，表现为某一阶段的应急之策。学校在制定大数据管理办法的时候，应在遵循国家法律法规的基础上，根据学校实际、地区实际，制定具有可行性和创新性的制度，应考虑管理制度的稳定性和可持续性，在规范大数据教育管理行为的同时，积极促进大数据教育管理的变革。

（二）处理大数据建设争议

学校大数据管理制度主要包括采集制度、存储制度、使用制度、公布制度、审查制度、安全制度等。形成完善的制度体系是一个完整的过程，当前学校这些制度的建立处于探索阶段，存在一定争议，主要包含以下方面：

第一，在采集制度方面。存在告知数据生产者（拥有者）知情权与义务的明确规定是否必要的争议。

第二，在存储制度方面。存在存储期限的争议，哪些数据需要设定短期存储、哪些数据需要设定中期存储、哪些数据需要设定长期存储、哪些数据需要设定永久存储仍没有定论。保存期限与数据的性质及存储者所评估的数据价值相关，但是主观评估价值都具有相对性，现在认为没有价值的数据也许未来具有很大价值。

第三，在使用制度方面。存在着有偿使用还是无偿使用的争议。如果无偿使用，学校办学资金有限，然而有偿使用，有悖教育的公益性，也妨碍数据的流转、传播与价值放大。

第四，在公布制度方面，存在着原始数据之争、粒度之争、安全之争、质量之争、价值之争、虚实之争。

第五，在审查制度方面，存在业务部门审查还是技术部门审查还是第三方审查的争议，数据采集存储部门审查发布，则对数据质量不能保证，第三方审查或技术部门审查，因对业务不熟悉，只能从宏观或技术层面进行查错。

第六，在数据安全制度方面。存在人防和技防可靠性比较的情况，其实要做到"人防"与"技防"相结合。学校制定数据安全管理办法的核心内容应包括：建立数据安全管理的部门架构；建立数据资源的保密制度、风险评估制度；采用安全可信的产品和服务，提升基础设施关键设备安全可靠水平；采取数据隔离、数据加密、第三方实名认证、数据迁移、安全清除、时限恢复、完整备份、行为审计、外围防护等多种安全技术等。学校必须高度重视这些大数据制度争议，并努力予以解决，否则大数据相关制度的制定将无从下手。

（三）加快制定大数据标准

学校应广泛应用区域教育云等模式，积极推动各级各类学校建设基于统一数据标准的信息管理平台，实现各类数据伴随式收集和集成化管理，形成支撑教育教学和管理的教育云服务体系。数据的价值是通过数据共享来实现的，但是教育管理大数据的异质性给数据共享带来挑战。因此，需要鼓励提高智慧教育设备的互操作性、源数据和接口及标准的可共享性，从而提高数据的可访问性和价值。

学校大数据标准制定的前提是遵循国家标准和行业标准，即国家大数据标准和教育行业标准，这样才能既保证学校内部各类数据之间的统一和共享，又能与学校外部各类教育数据进行集成与共享。学校数据标准应具有可行性、适用性和延展性：可行性和适用性的要求保证大数据标准从学校业务实际出发，具有切实可用的价值；学校需要立足长远的教育变革，使数据标准具有延展性。此外，学校在选择大数据技术合作伙伴时，不仅要顾及其技术能力及业务领域的成熟度，同时还要考虑技术方案与现有数据及标准的兼容性，以提高数据的可访问性和价值。特别是学校内部或学校之间的资源采取标准接口和协议，并对异构的、动态变化的教学资源进行整合，这是建立共享机制的基础。虽然学校数据标准应根据国家数据标准进行，但是在国家教育管理大数据标准出台之前，应该积极主动组织教育管理大数据方面的专业人员和业内人士进行提前谋划与研制。

三、推进大数据教育管理协同发展

（一）促进社会积极参与

学校大数据教育管理发展离不开社会力量的参与，学校要与企业协同，发挥各自优势，共同研发教育管理大数据技术和培养大数据人才。学校要进一步加强与企业合作，结合本国、地区及学校的实际，联手打造具有本土特色的智慧教育方案，建立学校大数据技术与安全保障体系，以技术、方案、服务和运营推动教育服务市场发展。同时，学校也应利用自身对教育教学管理业务熟悉的优势，依托学科、专业，结合教学实际，研发相关大数据产品，还要借助社会力量促进教育大数据技术成果的推广和应用。目前，我国规模最大、最权威和最具影响力的教育成果展是中国国际智慧教育展览会，截至2022年已举办十二届，是我国首个专注教育信息化的展览会，旨在促进信息技术领域与教育教学领域融通，依托政府保障，传达权威学术，以专业化商业运作的展现方式，来努力打通教育信息化发展的最后一步。

（二）积极开展国际合作

我国学校必须抢抓机遇、博采众长、知己知彼，才可以实现教育管理工作跨越发展。部分国家在教育、经济、科技、人才等因素上具有先天优势，这使他们获得大数据教育管理发展的先机，已经积累一定的经验，这对我国学校大数据教育管理具有重要的借鉴价值。我国学校要建立国际交流与合作平台及机制：①需要加强在大数据教育管理技术方面与国外高水平学校的合作，增强我国大数据关键技术、重要产品的研发力，拥有技术主权；②需要加强在学科建设及人才培养等方面的国际交流与合作；③需要坚持网络主权原则，积极参与数据安全、数据跨境流动等国际规则体系建设，促进开放合作，构建良好秩序；④学校教育管理的变革是一项系统工程，面对全球智慧教育的发展潮流，必须保持理性，既不能跟风，也不能坐失机遇。

综上所述，我国学校在学习借鉴优秀大数据教育管理成功经验的同时，要用批判的眼光和战略的思维，提出适合国情、能够解决实际问题的大数据教育管理发展方案。

四、建立大数据教育管理评价体系

教育数据"资产"是智慧教育构建的基石，只有建立科学的评价机制，才能推动从数据采集到数据利用"一体化"发展，实现智慧教育的良性循环发展。"利用大数据的数据挖掘技术对教学管理中的多元评价结果进行汇总、归纳和分析，有利于提高教学管理质量评价的有效性和可靠性，减少在评价过程中产生的冲突和张力"[1]。

---

[1] 丁银军. 大数据时代职业教育多元评价体系在教学管理中的应用研究[J]. 中国成人教育, 2019（9）: 23.

（一）建立完善的教育管理评价体系

开放式课程在组织架构方面，学校应该建立一个专门的评估团队，设计一个集项目评估和过程评估于一体的评估体系，并分别制定评估档案。项目评估侧重评估课程的访问情况、使用情况和影响情况；过程评估考察实施过程，评估其工作效率和效果。项目评估与过程评估体系相结合的方式，有助于评估团队全方位了解项目的实施和进展情况，以便制定相应的改善措施。此外，学校也应高度重视评估工作，对移动学习计划进行持续的监测和评估，每年发布移动学习报告，为学校下一步科学决策提供依据。我国学校应加强督导，形成对学校大数据教育管理的评价机制和反馈机制；要加强大数据教育管理评价体系的顶层设计，将大数据基础设施和制度建设作为学校的基本办学条件之一，作为一个学校达到现代化的重要观测点，纳入学校的基本评价指标体系之中。与此同时，建立学校大数据教育管理建设和实施过程中各个环节的具体评价体系，学校大数据教育管理建设指标体系的设计要突出教学的中心地位，坚持效果评价与过程评价相结合的原则。

（二）构建完善的教育管理评价方式

我国学校大数据教育管理中，也要重视各种规划或工作的实施情况，进行阶段性和总结性评估，评估实施状况与实施效果是否达到最终的目标。我国学校需要建立量化督导评估和第三方评测，将督导评估结果作为相关人员奖励和问责的依据，以提升学校发展教育信息化的效率、效果和效益。我国学校大数据教育管理建设中，既要关注整个数据治理的全流程管理，又要关注数据分析和利用的效果评估，通过对学校数据采集、数据全流程管理、数据质量、数据治理能力、数据利用等各个环节的项目评估、过程评估和效果评估，促进学校大数据教育管理各个环节的改进，这是一个长期的持续优化的过程。

第四节　大数据时代教育教学管理的双创实践

"高校双创教育（即高校创新创业教育）的主要目标就是培养学生的创新意识和创业素养，以切实解决当前大学生就业紧张的社会问题"[1]。为引导大学生敢于创新、勇于创业，学校要以创新意识积极拓展双创教育管理的路径和方法，发

---

[1] 燕晓彬. 大数据时代高校双创教育管理工作探索[J]. 继续教育研究，2021（8）：92.

挥大数据技术优势，为学生的创新创业提供行业、市场、资源、运营等方面的数据支持，以更好地促进大学生的创新创业，进一步体现学校双创教育管理实践的积极作用。

一、大数据时代双创教育管理的具体特性

双创教育的理念就是基于当前社会的多元化发展态势，结合学生的多元化发展需求，依据社会发展规律和时代特征，采取切实有效的教学模式和管理方法，来提高学生运用所学知识分析问题、解决问题能力。最主要的目标就是要培养学生的自我管理能力、学生的创新意识、学生的团队协作精神和敢于挑战的实践精神。

（一）时代性

学校双创教育是时代发展的产物，它是基于当前国家的创新驱动发展战略、结合社会发展的多元趋势以及学生就业所面临的现实问题，对学生所展开的基于重点培养适应社会发展能力的教学形式。当前，世界经济新格局已经逐步形成，各种新业态层出不穷，社会对人才培养提出更新、更高的要求，时代的发展也使得市场经济呈现出更加激烈的竞争态势。学生在未来的社会竞争中能够在职业素养、文化素养、精神意志、创造能力等方面都表现出一定的优势，就能够更好地适应社会的发展，这是他们必备的核心素养。因此，双创教育受到社会的广泛关注，一方面，由于它契合当前国家的发展思路，有着诸多切实的政策鼓励和政策支持；另一方面，由于社会的发展与进步离不开创新创业，技术创新和各行各业的发展是推动社会进步的最主要动力。因此，双创教育具有明显的时代特征。

（二）开创性

学生的创新创业实践主要基于他们的创意理念，学校双创教育正是通过课程教育、教学管理对他们进行思想与意识的引导，培养他们敢于创新、勇于创造的探险精神和面对困难与失败的抗挫折能力。与此同时，也通过课外的创新创业实践活动鼓励并指导学生积极地表达他们的创意理念，并将这些创新创业意识付诸行动。双创教育核心本质就是要通过理论引导和实践指导，将学生的心理行为转化为实际行为，从而培养他们的积极思维，培养他们将思想付诸行动的实践能力。这对于学生而言具有开创性的特点。

（三）创新性

创业教育的宗旨是为了培养学生的创新精神和创业能力，而这些都基于学生的创新意识。学生创业成功与否在一定程度上取决于其创新意识、创新方向及创新精神。因此，双创教育就是要通过逐步培养学生的创新思维、创新意识，塑造学生的创新品格，并且逐步提高学生的创新创业能力。在这一过程中，双创教育就是要通过教学理论引导和实践，让学生将创意转化为商品意识和品牌运作实际行为，使学生以一种全新的、从未出现过的形式将自己的创意在市场运营中体现出来，并通过创新行业业态、链接新的服务形式来体现自己的创造价值。

二、大数据时代双创教育管理的实践分析

高职院校的创新创业教育，需要学校领导的高度重视和全体教师的积极配合，逐步构建自己的创新创业教育体系。具体工作可以归纳为以下几方面：

（一）制度建设

高职院校应进一步制定和完善"大学生创新创业训练计划实施办法""大学生创新创业训练计划项目及经费管理办法"以及其他学科竞赛相关的制度文件。从项目组织申报、立项、执行、结题验收都作出具体规定，对指导教师在工作量上补助、奖励、考核办法作出具体规定；对参加项目学生给予相应的学分，对成果突出的学生授予荣誉称号，从而为开展大学生创新创业训练工作提供制度依据和政策保障。

（二）团队建设

高职院校应设立创新创业社团和学科竞赛社团，使具有共同爱好、兴趣的学生结合在一起实现智慧、激情、朝气的碰撞。团队实行自我管理、教师辅助指导的模式，培养学生的创新精神和创业实践能力，尤其注重培养学生的团队精神。通过专项的研究探讨与实践经验交流，很多简单的想法逐步成熟到国家级、省级的创新创业项目。团队建设需要注重承前启后，在一个团队里既要有大三的老成员，也要有大一大二的新成员，并鼓励学生在团队里跨学科、跨专业，取长补短。

（三）文化建设

高职院校应致力于创新型校园文化建设，通过开展大学生科技活动月、大学生创新创业训练计划项目成果展、学生论坛、名家讲座等活动营造创新创业教育的文化氛围，以自主创新、先进高尚的文化培育学生、塑造学生，使继承、创造、发展的理念扎根在每位学生思想里。

（四）项目建设

高职院校需要通过出台相关政策，设立专项经费，每年遴选多个优秀项目进行前期资助。在资助政策中明确项目申请、评估、经费监督等具体实施办法，并得到落实。鼓励和激发学生提出好的创意，设立专门教师收集学生好的想法，并配备指导教师进行指导，重点培育有潜力的项目。

（五）课程建设

根据学科专业创新创业教育的需要，高职院校需要建立专门的教师团队来编写课程教材，并对各专业学生的培养方案进行全面改革。在课程体系构筑方面，着眼于创新创业教育与专业教育相融合，着眼于学生创新意识的培养、创新创业能力的增强。考核办法上并未采取简单的考查方式，而是提交具体的创新项目或创业项目，并从可行性、创新性、合作能力等方面进行考核，注重实践能力培养。

（六）教师队伍建设

教师队伍建设是一项长期的系统工程。在培养创新创业教师方面，高职院校需要重点关注以下方面工作：①要求教师利用横向科研课题机会，积极到有关部门、公司、企业参观锻炼，为指导创新创业项目和学科竞赛项目积累实践经验；②要求年轻教师参与创新创业教育，担当各类创新创业项目和学科竞赛项目的指导教师；③聘请公司、企业实践能力强的专业人员与教师共同担任学生实践指导教师，以提高实践教学效果；④打造经验丰富、稳定的创新创业课程讲授教师队伍和项目指导教师队伍。

（七）监控反馈

在项目实施过程中，高职院校需要设立创新创业专干教师负责创新创业教育工作，对创新创业成果进行统计和整理，并将创新创业教育工作的进展和存在的问题及时反馈给学院，使学院能够及时采取应对措施和对各项工作进行调整。

通过对创新创业教育体系的不断改进和完善，能够在一定程度上调动教师对创新创业教育工作的积极性，学生受益面得到显著提高。在此基础上，进一步增强创业意识、促进创新项目转化为创业项目已成为创新创业教育的工作目标，这将对于提高学生就业率，提升我国企业科技竞争力，活跃市场，等方面具有重要的现实意义。

第七章 高校教育教学的实践创新

第一节 高校教育教学创新之 VR 课堂

一、高校 VR 课堂的教学实践

VR 技术在高校教育教学中的应用途径多种多样，主要应用于日常性的课堂教学、多样的实验教学课程以及数字图书馆的建设等方面。VR 技术的广泛应用，极大地提升了学生的学习兴趣，完善了教学环境。VR 技术已成为高校高效率开展工作的重要组成要素。

（一）高校 VR 课堂教学的应用

VR 技术在高校基础教学中的应用主要集中在两个方面：基础的课堂教学和实验教学。

1.VR 技术在课堂教学中的应用

课堂教学是高校教育教学的主要方式，也是最基础的方式。当下多媒体教学已经普及，但是这种以二维图像为主的多媒体方式更能吸引学生的注意力，激发学生的热情。VR 技术能够将现实世界进行多维的信息化呈现，将其应用到课堂教学中，可以丰富教学内容，同时这种新颖的技术可以吸引学生的注意力，提高学习的积极性。比如，在学习建筑结构相关知识的时候，VR 技术就可以发挥自身优势，构建一个多维立体的建筑模型，教师可以根据教学需求，将虚拟的模型通过计算机进行改变，学生可以达到身临其境之感，加深学生对知识的认知与理解。VR 技术可以将枯燥的课堂变成生动有趣的课堂，提高课堂的教学效率。

第一，课堂教学的技能训练。技能训练一般需要对简单的工作进行反复练习，以达到熟练程度。根据 VR 技术的特点，其具有显著的交互性与沉浸性，因此将其融入技能训练，将有利于学生专注地置身于虚拟环境模拟出的训练场景中，通过与虚拟场景交互来实现技能训练。如在医学领域中，学生可以通过虚拟交互系统模拟出的手术场景，操作完成一台手术，期间可以虚拟出手术过程中的任何一种细节，学生通过这种实践教学，不但能够进行反复练习，而且真实模拟了现实情况，同时又不存在风险。

第二，课堂教学的探索学习。VR技术与传统实践教学工具不同，它不存在材料的消耗和维护，可以在课后向学生开放，促进学生自主实践的兴趣，在实践过程中不断提出自己的条件假设，并对此进行模拟验证，从而培养学生通过虚拟交互系统的实践探索能力，促进学术进步。比如，对于电子与电气相关学科，学生可以在不购买不消耗任何电子器件的基础上，在虚拟实验环境下搭建自己设计的电路，并进行可行性分析；对于环境领域的学生，只需要在虚拟实验环境中搭建出温室效应的模型，便可以完成温室效应的影响因素分析。总之，基于VR的交互系统与高校实践教学相结合，能够提高学生对于学科领域的学术探索精神。

2.VR技术在实验教学中的应用

VR技术在实验教学中的应用，可以发挥VR技术的交互性特点，实时为学生提供有效的实验数据，指明实验操作步骤，解决学生在实验中的困惑。教师在这一教学过程中，可以通过VR技术实现对学生的针对性指导，提高实验教学的效率。学生在虚拟教学环境下，可以通过实验数据资料的指引完成实验操作，提升自身的实验水平。

高校实验教学作为教学与生产、社会实践紧密结合的环节，既是VR技术的潜在重要使用者，同时也是VR内容的重要提供者，并可能成为VR技术研发的重要引领者。因此，高校实验教学应对VR技术发展的策略应当是：根据自身发展实际情况，积极、主动适应新技术革命的变化，以开放适应、引领的态度和行动去面对VR技术对教学的影响。

第一，厚植基础，继续推动高校开展实验教学领域的虚拟仿真项目教学改革。全国高校已经建设了几百个国家级虚拟仿真实验教学中心，覆盖了大多数部属高校和一大批地方所属高校以及军队院校。省级教育行政部门也开展了省级虚拟仿真实验教学中心建设工作，建设数量约为全国层面的两倍。按照平均每个虚拟仿真实验教学中心建设几十个虚拟仿真实验项目估算，仅获得省级和全国层面认可的虚拟仿真实验教学项目就有几万余项。在现有基础上，高校应继续根据自身的教学实际需求，按照问题导向和目标导向的原则，创造性地开展虚拟仿真实验项目建设。

第二，优势共享，以搭建在线开放虚拟仿真实验项目平台为契机助推优质资源共享。在线开放虚拟仿真实验平台建设，就目前来看，在全球范围内还没有类似的集成式平台，属于集成创新的范畴，也属于中国特色高校教育管理的优势领域；平台建设要注重顶层设计，坚持成熟一批、推出一批，确保推出的实验项目已经在学校、区域或行业内试点，并获得基本认可；坚持符合专业实践教学发展方向，对于不能很好反映教育教学规律、不能体现专业教学需求、不能适应时代发展的实验项目，不进行平台支持；坚持创新驱动，鼓励与行业、企业合作共建共享，推动教学形式创新、技术创新、组织模式创新等各项创新；坚持互利共赢，确保集成平台与分布站点之间保持平等互利关系，确保实验效果和网络通畅。注重科学分类，体现平台为学生服务、为高校服务的目标。可以考虑按照专业类型进行分类，如工、农、医等，也可以细化到专业类；可以按照区域进行分类，如华北、东北等，也可以细化到省份，甚至到达市级层面；可以按照技术类型进行分类，如虚拟类、仿真类、增强现实类、增强虚拟类，也可以按照实现技术，如软件类、硬件类等进行分类；可以按照实验类型进行分类，如演示性、验证性、综合性、设计性等。总之，分类的目标是为了实现多维度的快速检索，提供更为便捷的服务。要注重规范建设，为实验项目可持续发展奠定基础。在平台建设初期，要注重对外展现和使用的统一化，进一步要注意虚拟仿真技术的接口统一化，逐步实现虚拟仿真实验开发标准的统一。

第三，主动介入，以高校实验项目的使用为需求引导中国虚拟现实产业发展的方向。美国高盛集团发布的报告显示，2020年VR教育市场规模将达到3亿美元，而2025年将达到7亿美元。根据以往的历史经验，信息技术对教育的投入，往往可以带动其他行业实现十倍以上的营业收入。VR产业在我国的发展，高等学校实验教学领域可以从供给和需求两侧综合发力，实现高校教育与VR产业发展的深度融合，体现高校人才培养、科学研究和社会服务的综合功能。

从供给侧看，高校实验教学基于已有的虚拟仿真实验项目研究，可以为VR技术的发展提供技术支撑；同时，作为现代信息技术人才培养的主要基地，高校实验教学承担着培养VR技术研发人员的重任，可以为产业发展提供人才保障；最后，高校实验教学领域是虚拟仿真教学内容的重要提供方，也是解决VR产业应用内容初步设计和研发的主要承担者，通过将教学内容在更大范围的推广与应用，促进"VR+"相关产业的发展。

从需求侧看，高校实验教学是"VR+教育"的具体使用方。需求决定供给，有效的需求将引导供给的方向。因此，高校实验教学改革要关注VR技术的发展，注重VR技术与人才培养的深度融合，注重理顺生产实践和社会发展的虚拟实践与真实实践的关系。

从长远发展来看，VR技术的兴起、发展，将会对未来高校教育的教育教学形态产生越来越重要的影响，高校实验教学研究和改革人员要从提高人才培养质量角度出发，对VR技术可能产生的技术革命保持高度关注，并积极介入其中，推动和引领整个高校教育教学与现代信息技术的深入融合。

3.VR技术在高校实训教学中的推广

第一，前期投入成本。

尽管近几年VR技术得到了迅速的发展，但VR设备及其软件开发的成本还是比较高的。如果高校在实训教学中引进VR技术，需要的设备数量不是一个小数目，引进初期仅在设备购置这一项的投入资金就是相当大的。

第二，场景的建模。

VR设备的使用需要虚拟场景的支撑，而虚拟场景的开发离不开虚拟现实建模，所以在实训教学中，如何根据实训教学的需要建立合适的模型成为该项技术应用的重要前提。面对不同的学校、不同的专业、不同的教学目的，实训的种类繁多，根据不同的实训内容构建不同的VR实训模型。

第三，统一标准，共享平台。

VR场景的开发是一项复杂的工作，如果每一个高校都根据自己的要求来开发VR相关的实训教学内容或系统，从全国范围来看，就会造成资源的浪费。可以由政府牵头规范，制定一个统一的VR教学开发的标准，全国范围内的高校可以合作共同开发，并构建共享平台，这样不仅能节约教学资源，而且能节省开发时间。

第四，VR技术应用在实训中的教学设计。

VR技术的革新日新月异，在教学实践中为了能够让学生及时了解和掌握这些技术，能够更好地理论联系实际，并做到与时俱进，高等院校在实践教学中应引入虚拟现实技术。

以物流仓储实践教学为例，具体教学课程设计如下：①实训前的理论教学。在进行实践教学之前，需要先让学生了解物流仓储系统，仓储是一个系统工程，大致分为入库、盘点、分拣、包装、出库等。先把学生分为几个组，分别对应这几个作业流程。让每个组的学生都认识一下各个流程，为实训打下理论基础。②虚拟现实教学。利用VR技术，展示某仓库的布局及其设施，通过预先的设计，学生可以通过触摸按钮，对某一设备进行更具体的观察和认识，并进行比较。每一个设备都会配有对应的说明以及注意事项，从而让学生对仓储有个大致的直观认识。③安全教育。虽说是虚拟现实环境，但也要按现实生活可能遇到的非安全因素，对学生进行相关的安全教育，利用VR技术先让学生身临其境地观看易出现状况的环节和出现状况后正确的应急处理方式。这样才能在学生遇到实际情况时，知道该如何处置。④实操训练。按之前分好的组别，模拟某电商仓库的日常运营（训练主题不仅限于此），在进行模拟实训过程中，对学生出现的违规操作以及不安全的操作，可以在操作的界面引入警报系统。当出现这些操作时，界面就会出现红色闪烁报警，提醒学生出现错误，并会扣掉相应的分数，同时也会设有加分环节，来表扬那些操作得当和娴熟的学生。⑤实训总结。最后在模拟实训结束后，系统会根据每位学生在实训过程中的表现，进行评比打分，并打印出实训成绩单，包括最终的分数和扣分的原因。实训结束后，学生要根据成绩单和实践训练写实训报告，交给指导老师，并由老师给予指导建议。

(二)VR技术在高校数字图书馆中的应用

图书馆是高校学生重要的综合性学习场所，图书馆的数字化建设是符合现代化知识教学要求的。高校数字图书馆信息技术的引入，便利了学生的借阅，在一定程度上改善了学生缺乏阅读兴趣的问题，但是初步的信息化并未将图书馆在高校教育教学中的主体地位凸显出来。VR技术在高校图书馆的应用，则可以有效地提升学生在图书馆学习知识的意识。VR技术可以将图书馆资源进行全面、立体、真实地呈现，可以为学生提供丰富全面的参考资料，提高学生阅读学习的主动性。

二、AR/VR技术对高校教育教学模式的改革与创新

(一)AR/VR技术对高校教育教学模式改革创新的影响

AR通过计算机技术将模拟的信息叠加到真实世界，真实的环境和虚拟的物体实时融合到同一个画面中。

AR允许用户看到真实世界以及融合于真实世界之中的虚拟对象，因此增强现实是"增强"了现实中的体验，而不是"替代"现实。

AR/VR对于促进教育发展，增强学生的注意力和学习兴趣具有明显优势；通过师生双向的交互，提高学生沉浸感和想象力，使学习的深度、广度有所增加；

在教学情景创设、学习模式创新方面，AR/VR 创设探究与体验情境，学生由被动学习变为自主学习、体验学习、探究式学习，显著提高了学习效果。

高校教育教学模式的改革一直与信息技术息息相关，从传统的课堂教学手段到图文教学，再到多媒体教学，以 AR/VR 为代表的可视化技术教学，必将对教育影响深远，已经成为教学发展和改革的新方向。2017 年 1 月 19 日国务院关于印发《国家教育事业发展"十三五"规划》的通知里提到："要全力推动信息技术与教育教学深度融合。综合利用互联网、大数据、人工智能和虚拟现实技术探索未来教育教学新模式。"

（二）AR/VR 技术对高校课堂教学模式改革与创新的内容

教学模式是指在一定教学思想或教学理论指导下建立起来的较为稳定的教学活动结构框架和活动程序。教学模式的框架结构一般包括教学思想或教学理论、教学目标、操作程序、师生角色、教学策略和教学评价等因素。不同的教学理论、教学目标、师生角色等都会形成不同的教学模式。作为结构框架，突出了教学模式从宏观上把握教学活动整体及各要素之间内部的关系和功能；作为活动程序则突出了教学模式的有序性和可操作性。AR/VR 技术在教学中的应用会对教学目标、师生角色、教学策略、教学评价等因素产生一定程度的影响，增强学生的主观能动性和创新能力培养，对高校学生的学习兴趣具有提升作用，从而提升高校课堂的教学效果。

1. 重构教育教学理念

传统教学理念是教师教、学生学，一般的过程是教师先教授理论知识，学生再到实际环境中体验和应用。AR/VR 技术具有沉浸性、构想性和交互性，使得学生的学习具备了情境认知特性。情境认知理论认为，大多数知识都是人的活动与情境互动的产物。如果能为学习者提供接近于真实的学习环境或仿真情境，对提高学习者学习热情与对所学知识的理解掌握大有益处。AR/VR 教育思维不是告诉学习者什么叫知识，而是让学习者自己尝试直接体验知识，从学习知识到体验知识是一种学习方式的转变。在 AR/VR 技术下的教学中，学生通过虚实结合，与场景互动，变被动学习为主动探索学习，改变了教学思维和形式。

2. 改变教学目标

在传统教学中，教学的主要目标就是教师教授学生知识。AR/VR 模式下的教学可以通过学生的互动操作、师生互动等方式促进学生主动参与和自主学习，其主要目标是通过体验式学习提升学生的学习兴趣以及加深学生对知识的理解，提升课堂教学效果。

3. 操作程序的改变

每一种教学模式都有着其对应的操作程序和逻辑步骤，即围绕课堂师生先做什么，后做什么。在传统课堂中，操作程序更多的是针对教师来说的，是教师如何安排组织课程的讲授、测评等过程。AR/VR 模式课堂教学中，互动教学环节会增强，有时候课堂必须要学生互动参与才能完成教学任务，课堂测试等环节的运行形式也与传统课堂有较大变化，整个课堂的教学程序发生了改变。

4. 师生角色转变

传统教学的普遍形式是教师在讲台上讲，学生在下面听，课堂总是以教师为中心，这种形式导致学生没有自我性，认为课堂跟自己无关，通常在课堂上做自己的事，听课效果不好。AR/VR 模式下教师可以针对不同的学生设计不同的内容，提出不同的要求，往往要求学生互动完成，这样的课堂更多的是围绕学生来开展，以学生为课堂的主角，教师作为引导者，这种师生角色的转变可以增强学生课堂学习的积极参与性。

5. 教学策略的变化

教学策略是指在教学过程中，为完成特定的目标，依据教学的主客观条件，特别是学生的实际，对所选用的教学顺序、教学活动程序、教学组织形式、教学方法和教学媒体等的总体考虑。在 AR/VR 技术支持下，教学活动不再都是以教师的教为主，更多的是围绕着学生的学展开，教学的组织形式和教学方法也会发生改变。

6. 教学评价方式的改变

在传统课堂中，一个教师对多个学生，教师对于学生的课堂评价比较难以实施，特别是个体学生的评价。在 AR/VR 教学环境下，教师可以通过学生的交互活动，由 AR/VR 教学系统自动实现对学生的个体评价。如在叉车结构知识点学习中，可以设置一个叉车结构的测试题，让学生自己动手选择，系统自动判断正误，实现对学生知识掌握情况的测试。此测试可以同时对所有学生进行，解决了传统课堂教师提问学生受时间限制的问题。

教学评价是双向的，除了教师考评学生，学生也可以及时反馈教师的教学效果，以便老师清楚地了解学生对知识的掌握情况，在后续的讲解中有所侧重，从而提升课堂教学效果。

第二节　高校教育教学创新之慕课

一、高校基于慕课的新型教学模式探索

当前，基于慕课的教学模式日益渗透我国高校教育的课堂，慕课的教学理念也推动着我国高校教育人才培养方式的转变。"慕课来潮"对高校培养人才和实现内涵式发展是一个难得的机遇。对此，慕课有哪些优势，是否适用于高校的教学，高校如何构建基于慕课的新型教学模式，值得深入探讨。

相对于传统课堂教学模式和一般的网络课程，慕课主要具有以下两个方面的优势。

（一）慕课给我们带来广泛的、优质的、模态化的教育资源

现开设的慕课突破了国际和校际壁垒，并不局限于传统的学科，而更注重课程的综合性、实用性和普适性，既有涉及国际前沿的理论课程，如"博弈论"，又有应用型和通识类的课程，如"英文写作""食物、营养与健康"等。

在慕课中，教师讲解环节主要通过视频实现。慕课的授课视频一般经过师资团队反复研究制作而成，大部分视频的主讲是名校名师，专业师资团队对专业知识的讲解一般比单个教师课堂讲授的质量更高。慕课课程的设计能够突出每门课程的特色，课程教学内容主要以模块的形式呈现。通过约10分钟的微视频把知识体系分解为单元模块，突出知识要点，这有利于学习者集中注意力和利用碎片化时间学习和理解。

（二）慕课体现了以学习者为中心的教育理念和教学模式

1. 慕课能够兼顾学习者学习能力个性化的要求

传统课堂主要以教师为中心，教师按照一个版本，面向学生群体统一授课，这难以照顾不同学生个体的能力差异。在慕课中，学习者可根据自己的学习能力自主选择课程内容和难度等级，自主调节学习进度，如果遇到难点或外文课程的语言障碍，可以回播教学视频继续学习。这种个性化的学习方式有利于增强学习效果。

2. 慕课能够满足学习者学习方式多样化的需要

在慕课平台注册的学习者可通过多个社交网站、论坛，运用多种社交媒体与

教师、同伴讨论和交流，形成"师生互动"和"生生互动"，共同解决学习问题。学习者在慕课平台中可通过授课视频内嵌测试、在线测试、线下作业等多种方式加强训练；可利用在线教材注释、在线虚拟实验室、可视化游戏等软件辅助工具做课程笔记和模拟实验；可借助教师评价、同伴评价、自我评价所构成的多元化评价方式审视自身学习效果和不足，以便总结提高。

3.慕课让学习者在学习时间和地点选择上更具有灵活性

在传统课堂中，学生修读课程需在规定时间到指定课室听课或做实验。而慕课课程在时间安排上相对灵活，也没有固定的地点。学习者可以自我计划和管理学习时间，主动营造良好的学习环境。

二、慕课的适用性

慕课的到来为我国高校教育人才培养模式的改革提供了一个很好的机遇，但我国高校在把慕课运用到教学实践中需要考虑慕课的适用性，因地制宜，针对不同高校、不同类型学科课程采取不同的实践模式和应用策略。

（一）不同类型高校可采取不同的应用慕课的策略

对于国内一些综合性研究型高校，在利用国际慕课资源的同时，可开发一系列品牌课程参与到国际慕课平台之中。对普通本科院校和职业院校而言，其策略以吸收、引进和利用国内外慕课资源为主，利用慕课资源实现内嵌式教学课堂以提高教学质量；再根据高校自身的学科优势选择性地开发一些特色专业类或技能型的慕课课程，参与到全球慕课平台中去。

（二）慕课对不同学科课程的适用性不同

慕课在技术和制度设计上尚不成熟，高校教育不同学科课程有不同的知识结构体系和不同的思维能力要求，因此慕课对一些学科在教学过程中的应用有一定的限制性，并非适合所有学科课程的教学。慕课的学科课程适用性具体表现在：一是慕课本质上属于网络课程的范畴，对于理论课程的教学，可以借助慕课实现优质教育资源的共享，优化教学设计，提高教育质量。但对于实践课程，慕课的实用性并不强。实践课程更多地需要学生现场做实验、实地调研等才能有效培养学生的操作技能和实践能力，而慕课难以实现实地操作和现场体验。即使有些慕课课程试图用虚拟实验室来模仿实验，学生也不能获得如化学实验所释放气味的真实感受。二是慕课更多地应用于以结构化知识传授为主的程序化的学科课程，对于高阶数理推导和逻辑思维训练的学科课程的适用性较小。三是目前慕课的授课语言以英语为主，少数课程配有中文翻译字幕，这对于外语类课程和双语教学的课程而言，慕课是十分合适的教学资源，学生通过慕课既可学习地道的外语，又可汲取专业知识。而对于其他课程，慕课的大范围应用还有赖于中文慕课的开发。

三、高校慕课应用教学模式的构建

慕课具有优质教育资源和先进教育理念的优势，而实体课堂又弥补了课堂难以督促学生、无法面对面交流和开展实践活动等不足。因此，将慕课与实体课堂相结合才是有效应用慕课推动教学模式创新的可行途径。对于高校而言，慕课与实体课堂结合的主要形式是将慕课作为课程主体内容，构建翻转课堂；或是将慕课作为课程的强化与补充，形成混合式学习。所谓"翻转课堂"（Flipped Classroom）是把传统课堂的"先教后学"模式翻转为"先学后教"的新型教学模式。在上课前，学生独立完成对教学视频等教学资源的学习；在课堂上，学生在教师指引下进行作业答疑、协作探究和互动交流等活动。混合式学习（Blended Learning）在形式上是在线学习与面对面学习的混合，在内容上涵盖多种教学理论的混合、教学资源的混合、教学环境的混合和教学方式的混合。当前促进高校课程教学改革的一种有效路径是突出资源整合和教学互动，充分利用慕课课程资源，将慕课与实体课堂相结合，建立基于慕课的翻转课堂和混合式学习。具体而言，高校可着力构建"课前设计、慕课学习、课堂互动、实践拓展"四位一体的慕课应用教学模式。

（一）课前设计

在课前设计阶段，由任课教师事先设计课程的体系结构、筛选合适的慕课资源、制作教学视频、提供预习资料，给学生在之后的慕课学习和课堂互动阶段提供导航。课前设计是慕课应用教学模式必不可少的阶段。由于慕课平台所提供的课程并没有严格的课程体系结构，教师在开课之前告知学生关于课程的体系结构和相关的基础知识，可让学生对课程有一个整体把握，避免学习后形成"知识碎片"。由于慕课的课程比较多，而学生对课程的甄别能力有限，且不同学生的能力层次和学习需求存在较大差异，教师在课前设计中筛选合适的慕课课程推荐给学生学习，并为学生设计不同的学习路径以供选择，可帮助学生选择适合自身学习能力和学习需求的优质慕课课程。

（二）慕课学习

在慕课学习阶段中，学生根据教师课前布置的学习资料，自行观看必修模块的慕课教学视频和选择性地学习选修模块的慕课教学资料，并完成相应的作业，以便对课程新知识有一定的了解，找出疑难之处。该阶段的学习一般在课外完成，学生可根据个人情况适时调整教学视频学习的进度，遇到授课语言障碍或知识难点，可反复播放视频或查阅相关学习资料，以便加深理解。在慕课学习阶段，学生可以自控式地深度学习，获得个性化的学习体验，完成"知识传递"的过程，该阶段的"先学"是实现下一个阶段课堂互动"后教"的基础。

（三）课堂互动

课堂互动是基于慕课的翻转课堂教学模式的核心，是真正实现"以学习者为中心"的课堂组织过程。在课堂互动阶段，学生在教师的引导下，进行作业答疑、小组讨论、协作探究等学习交流活动。学生的学习过程一般由"知识传递"与"吸收内化"两个阶段组成，在慕课学习阶段学生完成了"知识传递"的过程，而在课堂互动阶段的主要任务是促进知识的"吸收内化"。如对于经管类课程，知识的吸收内化侧重通过问题讨论和案例分析等方式促进知识的综合应用；对于外语类课程，则侧重语言的"输出"练习；对于理工类课程，吸收内化主要是通过实验和方案设计等方式验证原理并在实践中运用。

课堂互动的主要活动包括作业答疑、小组讨论与展示、反馈评价等。在作业答疑中，教师首先根据课程大纲内容，针对学生观看慕课视频和课前预习中提出的疑问，总结出有代表性的、有探究价值的问题；然后教师在课堂上给予学生答题思路和方法指引，由学生独立或师生共同完成作业的解答，并在作业解答和知识点梳理中达到化零为整、知识融通的教学效果。在小组讨论与展示中，学生组成小组，根据教师设置的问题、案例、场景等，开展小组讨论，通过辩论、案例分析等方式探究问题，并通过团队报告、小型比赛等形式展示小组学习的成果。这种协作学习的方式能够增进学生间的合作，提升关联体验，弥补线上慕课学习缺乏情感交流和社会关联的短板，增强学习效果。对于反馈评价，在课堂互动阶段，需要通过教师点评、同伴互评、学生自评等方式，对学生之前是否自觉完成慕课学习、是否掌握基本知识要点、是否积极参与小组讨论、团队成果展示水平如何等进行多维度的评价，以便达到"以学定评""以评促学"的效果。

（四）实践拓展

高校实施慕课的翻转课堂和混合式学习模式的最终落脚点是学以致用，培养应用型人才。课前设计、慕课学习、课堂互动和评价考试并非课程构成的全部，而实践拓展也是该教学模式下课程教学的重要一环，是课堂教学的延续。实践拓展阶段以成果分享、技能竞赛和社会实践为着力点。由学生团队根据自身对课程内容的理解和学习感悟制作成视频等形式的作品，上传至网络平台，与同伴分享课程学习的成果，通过学生对知识的再创造，加深其对新知识的理解。师生根据课程内容共同开展相应主题的竞赛、调研、实验等实践活动，并给予计算相应课程的学分和学时，以达到训练学生的应用技能和提高其创新能力的教学目的。对于经管类课程，可采取企业调研、社会调查、沙盘演练等。

对于外语类课程，可开展英语演讲比赛、英语情景剧比赛、担任兼职翻译等。对于理工类课程，可让学生参与新实验开发、新产品设计、小发明制作等进行实践拓展。

总之，慕课的引入一方面提供实用性较强、覆盖面较广的教育资源，更大程度地满足高校培养应用型人才的需要，同时也弥补高校优质教育资源缺乏的短板；另一方面，慕课的引入也带来先进的教育理念，这种教育理念强调"以学习者为中心"，注重学习能力的培养。

在这种教育理念引导下，构建慕课的新型教学模式，是推动高校教育教学改革和实现应用型人才培养目标的有力举措。

四、高校慕课教学的改革

随着慕课的快速推进，给高校的课堂教学改革带来了新的机遇和挑战。这就要求管理者要搭建更高效的资源共享平台来促进课堂教学。教师需要重建课堂教学理念，确立新的教学目标，重新组织课堂教学过程并更加注重过程化、多元化的考核方式。与此同时，教师要做好由统一化培养到个性化培养的转变，由课堂教学到多平台教学的转变，由单向教学到多向互动的转变，由人工教学管理方式向智能化教学管理方式转变。

（一）搭建有效平台，促进资源共享

慕课是与现代教育技术紧密结合的产物，慕课下的课堂教学改革需要凭借平台来运作。目前，慕课运作平台主要有公共的开放平台和校内网络教学平台，搭建好两个平台有助于教学资源的整合，有助于课堂教学改革的顺利推进。

1.搭建慕课联盟平台

对于高校教育发展来讲，建立高效、共享、优质的教学资源合作机制，开展

慕课建设、推动课堂教学，将有助于提升高校教育整体发展水平。在搭建慕课联盟平台的过程中，要改变过去的观念；达成推动共建共享慕课机制这一工作共识；制订参与慕课共建共享有关规章，形成和构建相应的共建共享机制。

(1) 铺垫平台基础

首先是政策基础。政府需要在政策上给慕课资源共享提供保障，特别是制订学分互认政策，协调学分互认关系，并确定慕课在教学中应用的比例。其次是技术基础。各高校慕课建设应执行国家相应标准，实现平台的交互操作，建设的慕课能够在不同高校的平台上顺利运行。最后是教学基础。教学的基本内容和基本要求应达到一定程度的规范和统一，为学分认证奠定基础。

(2) 丰富平台资源

首先，盘活现有资源。各高校现有的精品课程、精品开放课程、资源共享课程、课堂教学设计与创新课程、双语教学课程等课程建设项目，前期进行了大量的投入和建设。这些项目虽然已经完成了阶段性使命，但仍有开发利用的巨大空间，根据慕课建设要求和技术标准对以上相关课程进行改造，充实到平台中去。其次，引进优质资源。目前很多慕课资源平台提供了大量优质慕课资源，在尊重知识产权的基础上，通过协议等形式把这些资源课程嫁接到高校慕课平台上去，使学习者通过一次身份认证便可学习到更多慕课平台上的课程。最后，自主开发资源。鼓励高校自主开发慕课。尤其是在平台运行初期，对高校中的选修课、公共课等共性较多的课程加大扶持开发力度，为高校校际慕课学分互认积累经验。

(3) 提供平台保障

首先，处理好"权""利"关系。在平台上运行的慕课存在着知识产权和利益分配等相关问题。这就需要签署《联盟高校慕课学分认证协议》《联盟高校慕课学分收费协议》等相关协议，以及制定《联盟高校慕课制作规范》等相关制度。平衡好教师、学习者、学校和平台提供者之间的"权""利"关系，以保障慕课资源共享机制长效运转。其次，成立慕课评估组织。政府可以委托某一高校牵头成立慕课评估机构，对纳入平台的课程，组织各方面专家进行评估。尤其是教学大纲、课程目标、授课内容以及对学生应掌握的知识、技能以及应达到的水平进行信誉等级评定，为课程学分认证提供参考。最后，建立协调机制。政府是协调慕课商业化的有效保障，在校企合作过程中发挥着助推作用，也能够敏锐地把握慕课在企业、高校之间的关系。所以，政府应该对慕课平台进行统筹管理。

2. 加强校内网络教学平台建设

在国家和各级政府的财政支持下,目前国内大部分高校都建立了网络教学平台。但从目前运行来看,需要加强以下三个方面的建设。

(1) 加快网络教学平台数字化对接

高校内的图书馆信息系统、财务缴费平台、教务管理系统、毕业设计平台、网络教学平台等多个与教学密切相关的系统(平台)分属于不同的管理部门,有不同的公司开发与维护,技术参数标准不尽统一,造成师生身份认证重复操作,为教学和管理带来诸多不便。校内网络教学平台应及时和校园数字化平台对接,共享相关数据信息,使教师上课、学生学习以及其他信息查询都可以在一个身份认证下完成。

(2) 加快网络教学平台的运用

首先,加强宣传。通过多途径宣传网络平台的优势,发放平台使用手册,并有针对性地开展培训工作,让更多的学生知道并使用平台。其次,出台使用网络平台相关鼓励政策。教师在网络平台上开放慕课或进行相关的课堂改革,耗时耗力,对技术要求高,学校应给予一定的资助或奖励。最后,给学生提供便利的网络学习条件。实现校园网无线网络全覆盖、便捷的活动桌椅讨论教室、快速的机房上网服务等。

(3) 加强网络教学平台管理

一个合格的网络教学平台需要一套系统的管理模式,才能保证平台的平稳运行。首先,制订和完善相关管理制度。学校要出台《网络教学平台管理办法》等相关制度并及时更新制度内容。其次,及时更新课程资源。及时了解网络技术与课程资源的发展动态,实时引入和更新网络课程资源。再次,做好网络教学平台管理服务工作。做好平台设备的日常维护、使用管理,及时排查故障,确保平台始终处于正常工作状态。最后,做好网络信息安全工作。严格执行课程准入制度,定期巡查入库课程内容,防止无关信息的渗入与传播。

(二) 强化过程评价,注重实际效果

传统的课堂教学改革多以公开发表论文、提交研究报告作为改革的成果来呈现。慕课背景下的课程教学改革应建立过程性、多元化的评价标准,着重考核实际课堂教学效果,这就需要采用新的策略来重建课堂教学。

1. 重建课堂理念

传统的课堂教学教师处于主导地位,教师控制着教学进度,课堂教学内容中

的重点、难点均由教师来掌控，学生是被动接受知识的客体。而慕课的课堂教学翻转，教学的重心由原来教师的"教"转移到了学生的"学"上，部分内容则由学生通过慕课微视频来实现，教学中的重点是在教学情境中生成的，教师的工作重心在于课堂教学设计和辅助教学。在教学理念上发生了根本性的转变。

2. 重建课堂教学目标

传统的课堂教学主要在课堂上把基础知识和基本技能传授给学生。而慕课背景下的课堂"翻转"使教学目标重建成为可能。学生可以利用课下时间通过微视频来完成基本知识的呈现、讲述与传授，课堂则成为师生探究、问题解决、协助创新的场所。学生可以不受时间的限制来掌握基础知识和技能，通过学生自主学习，掌握学习过程中的重点和难点。在课堂中，学生带着自己的问题与教师探讨、交流，从而获得新的知识建构。

3. 重建课堂教学实施过程

慕课背景下的课堂教学由于教学目标发生了变化，所以教师需要重新组织和安排教学。在教学实施过程中主要包括课前自学、课中内化讨论、课后深化三个阶段。学生通过课前观看教师拍摄的视频完成初步知识、技能的接受和理解；通过解答教师预设的问题来检验学习过程中遇到的问题或不足；通过网络交换平台和同学、教师讨论学习中遇到的问题，将仍然解决不了的问题记录下来并带到课堂教学中去。在课堂中，教师搜集学生提出的问题，通过讨论、讲解等给予现场解答。期间，教师给学生提出具体的实践活动任务，由学生自主探究或协助学习；在课后深化阶段，教师根据学生对知识的掌握情况，提出一些拓展性的实践任务，给学生提供在真实情景中解决问题的锻炼机会，同时辅以反思、活动，促使学生课后自主探究与反思，促进知识、技能的进一步内化、拓展与升华。

4. 重建课堂教学评价模式

慕课背景下的课堂教学，在教学模式和教学方式上较传统授课模式有很大的区别，更注重过程化考核和多元评价办法。这就需要教师在教学进程中分阶段对学生进行考核，考查学生对已学内容的掌握情况、学习能力、初步运用知识分析问题和解决问题能力。教师可以针对不同的课程性质和特点，选择平时作业、阶段测试、期中考试、研讨交流、答辩、调查报告、读书笔记、项目设计、实践操作、专业技能测试、课程论文、学生互评等灵活多样的考核形式，或采用方法的部分组合。慕课下的课堂教学，需要教师以全新的视角来审视教学，重视过程化考核，注重学习者实际学习成效。

（三）发挥慕课优势，助力课堂教学

教师要熟记慕课开发及管理相关知识，指导学生学习方式的转变，调整课堂教学知识结构，利用好慕课资源。重点在于教师如何更好地促进课堂讲授与学生慕课学习相结合，线下辅导与线上辅导相结合，自主开发的慕课与其他慕课资源相结合等问题。为此，教师需要做好以下三个转变。

1. 由统一化培养到个性化培养的转变

慕课体现了一种以学生为中心，以"学"为本的教育价值取向，重视激发学生主动学习的积极性，强调学生自主学习。班级授课制下预设的假设是所有的学生有相同的基础，培养出具有该课程基本知识和技能的学生，可以说是同一化培养。而慕课则更注重学生个性化的学习需求，侧重差异化和个性化培养。

2. 由课堂教学到多平台教学的转变

传统的课程教学往往局限于课堂时间内，虽然也要求学生课前预习、课后深化，但缺少检验、交流的平台。而慕课给传统课堂带来了转机，教师可以利用现有的慕课平台课程资源，打破课堂时间限制，形成实体课堂和虚拟线上的合理衔接，由单一的课堂教学转变为丰富的多平台教学。与此同时，教师可以有效利用其他网络资源，如微信、微博、QQ空间等交流平台，来补充慕课资源的不足。

3. 由单向教学到多向互动教学的转变

线上平台的开放，无疑延伸了课堂教学时间，形成了师生、生生、个人和小组、小组与小组等多向互动局面。尤其是在"翻转课堂"中，教师的角色发生了重大变化，传统课堂中的基本知识在翻转课堂中教师不再讲授，而由学生课下线上学习。教师的角色由原来的"教学"变为了"导学"，授课方式也由原来的单向教学到多向互动教学转变。

4. 由人工教学管理方式向智能化教学管理方式转变

运用慕课技术实现由有纸化向无纸化转变、由有人化向少人化或智能化转变。传统的教学资料中的教材、作业等多以纸质的形式呈现，而慕课下的课堂教学更多采用的是电子资料、视频材料、电子书、电子作业、帖子等，甚至考试也在线上进行。这就要求教师适应无纸化现代教学的需要，更新教学技能，利用好线上资源，做好数据统计与分析。

（四）把握慕课发展趋势

1. 政府引导，把握慕课发展大趋势

（1）慕课类型发展趋势

从目前来看，慕课主要有两种形式：C慕课和X慕课。C慕课，"C"代表"连通主义"（Connectivism），认为知识的本质是"网络化的联结"。强调知识的获取"去中心化"以及知识的创造与生成；强调的是同伴学习，其运行于开放资源学习平台。就目前的几大慕课供应商所提供的课程来说则属于 X 慕课，基本上还是传统的课程，即以教师课堂教学为主，只是通过现代的技术方式表达出来。由于 X 慕课简单易行，熟悉亲切，和传统教学模式相近，加上运营商不惜成本大力推介名校、名师、名课堂，目前发展比较迅猛。而随着先进的网络技术被不断用于高校教育，人们更重视"人"在慕课中的作用（而不仅仅是技术在慕课中的作用），从而将会把 C 慕课推向新的高度。

（2）慕课建设发展趋势

从目前慕课开发的主体看，主要有运营商、高校个体和高校联盟。运营商虽然有较大的资本投入，不遗余力地进行广告推广、技术更新，但必须依靠高校优质的师资进行"原创"，高校虽然有雄厚的智力资源，但往往缺乏资金的投入和技术的指导。鉴于此，就诞生了"校企合作"式的慕课开发和"校校抱团"式慕课联盟。从发展趋势看，这两种慕课开放模式都将有很强的生命力。但需要注意的是"校企合作"式的慕课开放模式，高校要重视知识产权保护以及正确处理合作开放中的角色。在"校校抱团"式慕课联盟中，要处理好高校间的权利和义务关系，遵循互通有无、优质共享、凸显特色的原则。

2. 符合校情，稳步推进课堂教学改革

不同的高校有不同的教育使命，要量力而行。一是分类推进慕课建设。通识类选修课以及部分专业选修课可以通过慕课形式来完成，或尝试"翻转课堂"等教学方法，但专业核心课程要慎重推行。对于一些简单的知识点应鼓励通过慕课来学习。未来的课堂教学应更多体现知识的探索和师生的互动。二是引进与本土化慕课建设相结合。一方面高校要引进一些名校、名家的慕课资源；另一方面要立足区域联盟开发一些本土化慕课，凸显本校的办学特色。其三，借鉴慕课优势，激活现有课堂教学。在普通的课堂中增添一些慕课环节，利用现代化的即时通信工具增强师生互动，把"静"的课堂教学变"动"。

3. 与时俱进，提升教学管理服务水平

传统行政化教学管理要向信息化学习与课程服务体系转变。努力为学生提供最优质的课程和个性化学习服务，为教师提供全方位的课堂教学支持服务。一方面，教学管理部分要充分利用大数据资源为教师提供个体化的"学情"信息，揭示在传统教育的经验模式中无法检测出来的趋势与模式，以便于教师洞察学生是如何学习的，学生理解了什么，没有理解什么，是什么原因导致学生获得成功等关键问题，从而使教师能够卓有成效地开展因材施教；另一方面，充分利用现代信息技术，通过各种学习终端向学生推送选课、空余教室、作业、讨论、考试及相关教学信息，为学生提供快速、简单、直接的各种学习服务，让学生更高效地进行学习。

4.着重引导，培养学生自主学习能力

虽然慕课落实了学习者的中心地位，拓展了学习方式的时间界限，创设了沉浸式、社交化的学习环境，但慕课自由化的学习方式，对学习者自主性和自我约束力以及学习过程的可持续性提出了更高的要求。与此同时，海量的信息来源和知识资源，也容易使得学生无所适从。因此，高校必须着力引导学生培养自主学习能力。

五、利用信息技术促进高校慕课教学

慕课的广泛推广离不开信息技术的运用。慕课时代，对高校教师也提出了更高的要求，高校教师需要充分利用信息技术促进慕课教学。对利用信息技术促进高校教育教学的途径提出相应对策如下：

（一）教师个人制作动画、电子手写板书等新型慕课资源

慕课资源如果全靠院校管理者提供经费请专人制作，那平台的更新和有效应用将得不到保障。美国可汗学院的慕课视频就是利用录屏软件、电子手写板独立完成的，费用不高，完全靠可汗个人的发挥，在手写板上完成板书。技术和教学的关系应如何对待早已是人们探讨的话题，手写板书反映了教师的思维，对学生也有更深层的教学效果，将信息化技术的应用深入教学的精髓。此外，动画、电子手写板书完成的慕课资源在同等清晰度下能比课堂实录压缩得更小，有利于在线学习。

（二）将移动学习应用于开放课程资源的应用

目前，青年学生使用大屏幕手机浏览网络资源已经非常普遍，慕课资源如果不能在移动网络上方便点击观看就失去了生命力。因此，开发时间短、容量小的片段式慕课视频，并适用于手机平台浏览就是目前最紧迫的工作，除了传统的网络课程，微信课程等新生事物也能应用于学生的在线学习。

（三）在试点专业进行慕课的研究

慕课是否适用于所有课程还需要研究，可以首先把部分专业开展自主学习、自我发展教学形式作为研究案例，从采用形式、条件、培养目标、管理形式、评价标准等方面做重点分析，以指导提升学生创新能力为目标进行开放教育资源应用。以国际商贸和模具类专业试点课程学习方法的转型为例，由于国际商贸系所面向的就业范围广泛、模具类学生毕业后转行的比例相对较高，为使专业培养适应工作岗位的条件，根据现在师资条件难以让每个学生得到全面发展机会的现实，每个专业方向通过专业教师管理引导并实施考核，学生自主选择慕课资源进行自主学习。根据部分高质量国外教学资源，访问速度不能保证以及语言障碍等问题，学校应帮助解决，搭建良好的自主学习平台，提升学生创新综合能力。试点专业可采用贯穿学程的学分制、专业选修课体系，提供教师自由安排学习模式的可能性。

（四）教师要正确认识教育技术对自身教学的重要性

在慕课大潮的冲击下，随着现代教育技术化程度的不断提高，高校教师只有及时将最新教育技术纳入自身的专业知识体系中，才能胜任新形势下的教学工作，专业化发展道路才会通畅，以慕课为代表的新技术应用并不只是专业教育技术人员的事，而是和广大教师息息相关的。

六、慕课资源在高校的利用

嵌入学科服务强调以"为用户"为出发点，将学科信息资源与信息服务融入用户实体空间或虚拟空间，构建一个满足用户个性化信息需求的信息保障环境。结合图书馆的实体空间将慕课嵌入学科服务进行介绍。

（一）实体信息共享空间

如今图书馆的实体信息共享空间发展迅速，包括了各种形式的信息环境，例如咨询空间、研讨室、学术报告厅、开放交流空间等，有的图书馆还以学科分馆为基础，按学科和专业对图书馆的空间和资源进行整合，为用户提供了更为便利的学科环境。慕课除了视频之外，还有非常重要的交互部分，那就是师生、生生之间的交流，可以借助图书馆的信息共享空间实现面对面的交互，如授课教师与学生之间大规模的异地实时视频讨论，可以在图书馆的学术报告厅进行，课后某一慕课学科学习小组的成员可以借用研讨室进行学习交流。利用信息共享空间，可以支持用户顺利开展慕课线下学习活动，同时学科馆员也可以和用户一起进入空间，提供咨询服务，可以依据课程内容提供纸本、电子的参考资源列表以及网络开放获取资源的信息，对用户的学习提供帮助和支持。教师录制慕课课程可以借用图书馆的学术报告厅，获取配备音响、投影等较完备的课程录制环境和工具。

（二）学科服务平台

学科服务平台通常应包括学科知识资源、特色资源、学科信息门户、学科导航、学科咨询、个性化定制、主题服务、知识挖掘等信息，它是图书馆提供学科服务非常重要的窗口。目前，各高校的学科服务平台形式多样，有学科博客、专业的学科服务平台、自建的学科信息网页等，但无论哪种形式都可以将我们的慕课资源嵌入其中，为学科服务的内容拓展一个新形式。可以学习国外高校的方式新建慕课指南（或者慕课指南博客、慕课信息网页等），通过这个指南展示慕课宣传的信息、常见的综合类慕课课程、信息素养知识慕课课程、慕课版权等。学科类的慕课课程、特色多媒体资源、课程参考资源、学科专题信息、素养知识课程等信息嵌入发布到各个学科指南中去，方便用户按照学科获取，利用学科服务平台工具对本学科相关课程信息进行系统的收集、整理，并将学科服务平台上的常用专业资源如电子资源、图书、信息门户等整合，嵌入教师学生的研究和教学。

（三）移动图书馆

目前，国内高校推出的移动图书馆服务已经非常丰富，例如手机短信服务、移动图书馆 APP 服务、微信服务、RSS（简易信息聚合）订阅等。移动图书馆服务借助网络技术与移动设备帮助使用者能在任何时间、任何地点获取图书馆的相关资源与服务内容，馆员可以通过移动图书馆将慕课课程服务嵌入教师建设课程与学生学习课程的过程中去。

微信具有的基本功能为基于学科服务的慕课活动嵌入式服务提供了重要途径。基于语音文本交互和群聊的交互功能，可应用于慕课课程协作学习，实现师生与图书馆员之间的交互沟通。例如，学科馆员可以通过一对一或者一对多的方式回复某个学科群组里师生的咨询。基于微信公众平台的信息聚合与推送功能，可以开发慕课课程学科参考资源的订阅推送和自动回复响应功能，使师生能够检索和获取学科慕课资源，如推送信息素养知识的微视频。如检索策略的编制、学科数据库的使用技巧、学科开放资源的获取与介绍等主题微视频，或者读者发送微视频的关键字，可通过微信自动响应发送相关主题微视频至读者的手机终端。基于微信公共账户的信息发布功能，发布慕课相关新闻信息。

RSS 个性化需求定制也可以为读者提供订阅推送慕课资源与新闻的服务。图书馆员发布信息时可以将慕课资源按照不同学科类别聚合，为读者提供分类查询的途径。读者进入图书馆 RSS 服务页面后，可以看到按学科排列的资源链接地址，读者用鼠标点击需要的慕课信息链接地址，从菜单中选择增加频道，粘贴上复制的信息链接地址即可。图书馆员也可以将慕课信息按照主题词和关键词进行聚合，为读者提供主题词和关键词的查询方式。读者进入图书馆 RSS 服务页面，可以按主题词和关键词进行搜索，例如检索慕课版权、慕课工具、参考资源、慕课课程等关键词，然后将搜索结果中需要的信息资源链接地址复制粘贴到新建频道中。图书馆可以根据课程的内容设置、学生的在线咨询等提供配套于慕课教学的资料推送、个性化需求定制等服务。

图书馆员通过实体信息共享空间、学科服务平台、移动图书馆等途径，根据不同慕课服务的特色，选择较合适的途径传播给用户，教师与学生也可以通过这三个途径产生信息互动。

（四）慕课嵌入学科服务的特色

1. 促进学科服务的内容嵌入

学科服务是学科馆员主动深入到教学科研活动中，帮助用户发现和提供更多针对性更强的专业资源。很多情况下传统教学和科研工作的模式使得教师、学生局限于自己的课堂、实验室，与图书馆员之间的交互难以深入并持续。通过将慕课资源嵌入学科服务，扩展学科服务的信息来源、信息形式，满足师生们浏览学科慕课资源的需求，图书馆员有更多的机会将学科内容嵌入教学中去，提高学科资源的利用率。当然，这也要求学科馆员对现有的慕课资源进行搜集、评判、选择、重组、分类、标记等工作，并与其他学科资源进行整合。

2. 促进学科服务的过程嵌入

学科服务需要深入了解读者的行为习惯、信息能力以及信息需求，根据学科特征，为读者提供主动、个性化的服务。图书馆为慕课教学师生互动、生生互动提供实体空间，使得学科馆员有机会参与教学活动，为教师提供数字化资源的内容支撑，了解教师与学生的实际信息需求，并提供相应的咨询服务，推荐参考文献，帮助学生利用图书馆资源解决慕课课程中遇到的难题。

3. 促进学科馆员专业服务水平

学科馆员在整理慕课资源的同时，对该学科优质的教学内容、学科领域的研究热点、该领域的学术专家等会有更深入的了解，会从一定程度上提升自身的专业服务能力,与教师和学生交流时,能更加了解其信息素养需求、教学需求,以做好辅助研究工作。学科馆员也可以自学一部分学科课程内容,结合图书馆员的专业知识,提升工作效率与学科服务能力。将慕课嵌入高校图书馆学科服务,试图找到一个馆员为教师教学和研究提供学科服务的小窗口,为新信息环境下赋予学科服务新活力提供一些思考,当然馆员也将面临更多的挑战,期望进一步通过实践开展相关研究。

七、慕课背景下高校人才的信息素养教育

我国高校慕课的建设步入稳定发展的阶段,而高校人才的信息素养教育仍未受到足够关注与重视,开设学生信息素养系列慕课是大势所趋。

(一)慕课与高校发展

慕课的问世与开放课件、开放教育资源有着密切的关系。可以说,慕课是在开放课件的热潮与开放教育资源运动的背景下出现的。

2000年,美国麻省理工学院提出"MIT开放课件计划",计划把该校所有的课程资料放到因特网上提供免费利用。2002年,该开放课件网站建成,该计划的提出与实施,不仅为师生提供了丰富的数字课程资源,向全世界宣传推广了开放课件的理念,而且在全球范围内掀起了开放课件的热潮,进而引发了一场高校教育资源开放与共享运动。

2002年7月,联合国教科文组织在法国巴黎举办"开放课件对发展中国家高校教育的影响"论坛,正式提出了"开放教育资源"(Open Education Resource,OER)这一概念,并对其内涵进行了界定:OER是"通过信息通信技术为全社会成员提供的、开放的教育资源,这些资源允许被进行非商业用途的咨询、利用和修改"。开放教育的核心是免费和开放共享,并能够在任何时候、任何地方为任何人增加获得教育和知识的机会。从此,OER运动的浪潮席卷全球,得到国内外许多高校和其他机构的积极响应。

值得一提的是,2003年10月,我国教育部批准成立了中国开放教育资源协会,旨在推进中美两国高校之间的紧密合作与资源共享,致力于引进国外大学的优秀课件、先进教学技术、教学手段等资源,同时将中国高校的优秀课件与文化精品推向世界,搭建国际教育资源交流与共享的平台。该协会成员包括北京交通大学、北京大学、清华大学、北京师范大学等12所高校。

成立于2008年的开放课件联盟是OER运动的成果。该联盟的成员包括来自

52个国家和地区的250多所高校教育机构和相关组织，开放共享了超过20种语言的1万余门网络课程。该联盟致力于推进开放教育及其对全球教育的影响，力求通过扩大获得教育的机会来解决社会问题。近年来，随着慕课的发展，全世界各大名校纷纷建立了慕课建设平台。

（二）我国慕课发展的整体状况

中国的高校在2013年开始参与慕课建设。2013年1月，中国香港地区的香港中文大学加入Coursera平台。4月，中国香港地区的香港科技大学加入Coursera平台。5月，北京大学、清华大学、香港大学、香港科技大学等6所大学宣布加入edx。9月，北京大学开设了4门慕课，并通过edx开始全球教学。

值得关注的是，除了中国香港地区的12门慕课全部是由Coursera和edx提供建设平台之外，中国有50%以上的慕课是在本土自主开发的平台上建设的，清华大学的全部慕课均在其自主开发的"学堂在线"平台上建设的，上海交通大学的全部慕课也在其自主开发的"好大学在线"平台上建设的。

中国高校的慕课从无到有，从少到多，步入稳定发展的阶段，并呈现出以下特点：一是中国的慕课主要集中在北京和华东两个地区；二是超过五成的课程均依托本土平台建设；三是中国台湾地区的慕课建设已经形成规模，发展迅速。

2011年11月9日，作为教育部、财政部支持建设的中国高校教育课程资源共享平台，由高校教育出版社承办的"爱课程"网站正式开通，并推出了第一批20门"中国大学视频公开课"。2013年6月26日，"爱课程"推出首批120门"中国大学资源共享课"。

（三）信息素养慕课建设现状

在对中国慕课建设现状进行调查的基础上，为了解国内外信息素养慕课的开设现状，通过网络调查方法对网站上提供的20多个慕课平台上的1万多门慕课进行调查发现，开设信息素养慕课数量最多的是美国；其次是英国；再次是中国、加拿大、荷兰和爱尔兰。有关数字素养和计算机素养的慕课数量最多，共18门，占50%，这说明数字素养慕课受到了相当的关注。

在美国开设的20多门慕课当中，有4门课程的名称含有"素养"，有关数字素养、计算机素养的有13门，有关科学素养的有3门，有关媒体素养的有2门。开设的机构除了7所高校之外，还有地方政府的教育部门、教育基金会、教育机构和商业机构，类型多样，这些非高校的机构所开设的慕课内容丰富，范围广泛，生动有趣。值得一提的是，由微软公司开设的"数字素养与信息技术技能"为系列课程，共有数字素养、计算机基础、计算机安全与隐私、数字生活方式、信息技术原理、因特网与生产计划、因特网与万维网等，包括阿拉伯语和英语的子课程。

当前国内外信息素养慕课的建设尚属起步阶段，呈现以下特点：一是欧美经济发达国家的信息素养慕课发展较为迅速；二是高校仍然是开设信息素养慕课的主体；三是内容主要集中在数字素养和计算机素养等领域；四是信息素养慕课数量少，参与机构不多。

（四）高校开设学生信息素养系列慕课

我国信息素质教育始于20世纪80年代，主要采用在全国高校开设"文献检索与利用课程"（全校公共选修课）的形式，对在校学生进行信息素质教育。尽管课程名称比较多，如信息获取与利用、信息检索与网络资源利用、现代信息查询与利用、文献信息检索等，但其课程的核心内容主要围绕文献检索的基础理论和基础知识、各科各类检索工具的基本原理及检索方法、主要数据库的利用、图书馆利用等。在进入信息社会的今天，该课程无论是形式还是内容均已过时，一方面无法适应社会发展和时代进步的需求；另一方面也无法满足学生对信息资源获取与利用以及其他信息素养相关知识的需求。

近年来，国外高校纷纷从开设传统的文献检索课改为开设信息素养课程，国内也有些高校紧跟国际潮流，开始开设信息素养课程，如北京大学的"信息素养概论"、上海交通大学的"信息素养与实践"、深圳职业技术学院的"信息素养步进课程"、韶关学院的"大学生信息素养教育"等。

在高校开设学生信息素养课程，不仅能够培养学生的信息检索技能、图书馆素养、媒体素养、计算机素养、因特网素养、数字素养和研究素养等，而且能够培养学生对现代信息环境的理解能力、应变能力以及运用信息的自觉性、预见性和独立性，从而提高综合素质。随着国内外高校开设慕课热潮的到来，开设学生信息素养系列慕课不仅必要，而且已经是大势所趋。高校开设慕课教学意义如下：

第一，慕课的交互性能提升学生信息素养课程的教学效果。与传统的面授课程相比，慕课的形式多样，有大量穿插于慕课视频中的交互式练习。这些练习不仅能帮助学生及时理解并巩固所学的内容，而且能够激发他们的学习兴趣，鼓励和引导学生更加积极地学习与思考，使他们从被动学习转变为主动自主学习，大大提高了学习效果。与此同时，慕课的交互性也有利于进行信息素养课程的模拟检索操作。

第二，慕课的开放性有利于面向全校本科生甚至社会公众开设学生信息素养课程。开放性是慕课区别于以往其他网络课程的最大特点，而这种开放性特别适合开设作为全校公选课的信息素养课程，不仅因为学生都需要信息素养教育，而且因为社会公众也需要信息素养教育。因此，信息素养课程应该以慕课的形式同时面向在校学生和社会公众免费开放，使得更多的人有机会获得信息素养教育，提升自身的信息素养和综合素质。

  第三，慕课的灵活性非常适合学生信息素养课程的模块化教学。由于学生有不同的学科专业，不同的学科专业对信息素养教育的需求各异，因此可分为人文社科、自然科学、理工、医学等四个模块，才能满足各个学科门类的需要。与此同时，还可以开发类似"插件和游戏"的模块，方便教师随时嵌入慕课当中，充分利用慕课的灵活性开展教学。

  第四，慕课的互动性为信息素养课程中需要的多方互动与交流提供了有利条件。依托网络社区和社交网络进行互动交流是慕课的优势之一，它不仅可以开展学生与老师的互动交流，而且也可以进行学生之间的互动交流。学生可以围绕老师提出的问题进行交流和讨论，也可以开展基于网络社区学生群体的"同学互评"，增强了学生的参与感，也促进了学生之间的相互学习。

八、慕课在高校教育教学中的应用

  慕课在教学理念、教学设计、教学模式、教学评价等方面都有独特的优势，并将改变高校的教学机制。

（一）慕课资源的优势对传统教学的镜鉴

1. 教学理念——"自主学习"VS"接受学习"

  现行的高校教育教学理念是"接受学习"，教师是教学的绝对主体，他们是知识的拥有者，以"传递高深学问"为己任，将教材上的知识以及自身所拥有的知识以自己最擅长的方式教给学生，"教"完全支配"学"。而慕课的教学理念是"自主学习"。它将学习的主动权交回给学生，允许学生根据自身知识、能力水平自主选择学习内容，自行把握学习进度，自主选择学习环境。一门慕课课程通常会持续几周至十几周，每周一次课，每次课一般几个小时，以事先录好的视频形式呈现。每次课程的视频又经过事先处理被划分为若干时长在10分钟左右的知识单元。这种设计的目的就是允许学生在学习过程中，根据自身的实际需要，自定学习步调，不必受传统教学的限制；允许学生根据自己的兴趣爱好选择学习自己感兴趣的内容；在学习环境方面，学生也可以自由选择在宿舍、教室、家庭等不同场所进行学习；在学习工具方面，学生可以选择台式电脑、笔记本电脑、手机等不同设备。由此可以看出，慕课所主张的是一种自觉、自愿、自立、自为、自律的学习，体现了"自主"的本质特征。

2. 教学设计——"技术性、便捷性"VS"工具性、烦琐性"

慕课的教学设计是技术性和便捷性的统一。以 edx 为例，其课程的教学设计包括两大阶段：前期阶段和核心阶段。前期阶段主要是对学习者需要、教学目标和教学内容进行分析。首先，根据学习者的职业、学习背景对其学习需求进行分析；其次，根据不同类型学习者的需要，确定不同类型的教学目标；再次，根据对学习者需要和教学目标的分析，确定教学内容，并将其科学地划分为若干个相对完整且相互关联的知识点。核心阶段则是对学习资源、教学活动、学习评价和学习支持的设计。对学习资源的设计主要就是对教学视频的设计，它包括对教学视频的制作、视频内容的设计等方面；对教学活动的设计主要是对学习者个体活动、生生互动、师生互动的设计；对学习者个体活动的设计就是根据学习者的兴趣合理设置小测验或试题库，对生生互动的设计是根据合作学习原理合理设置小组互评等形式的活动；对师生互动的设计则是以注重交互性为前提，设计线上师生问答互动、线下博客、微信互动讨论等；对学习评价的设计就是根据学习者需要、教学目标和教学内容对相关内容的测验、作业以及试题的设计；对学习支持的设计就是对学习资源、教学活动、学习评价等工作提供相应的技术支持。

3. 教学模式——"以学为本"VS"以授为本"

传统课堂教学模式是"以授为本"，这体现了教师对整个课堂教学活动的绝对控制。也就是说，教什么、怎么教和教多久都要由教师决定，较少考虑学生自身的需要和想法，学生只能被动地接受。而慕课是将众多优质课程资源置于专门的网络课程平台，供学生根据自身的兴趣、爱好和需要自主选学。其规模之大、时空范围之广、开放程度之高是传统课堂教学无法比拟的，其核心就是强调"学"，体现了"以学为本"的特点。这种从"以授为本"到"以学为本"的转变，归根到底是由慕课自身的特点决定的。首先，慕课的大规模和开放性为学生的自主选学提供可能，而慕课简便的操作方式、低廉的学习成本使得这种可能变成了现实。其次，慕课的可重复性为学生正式学习之后的温故知新创造了便利条件，学生可根据自己情况重复学习其认为重要的或必须掌握的内容。最后，慕课重视学生自身的体验和师生、生生之间的互动，有助于巩固学生的自主学习成果。体验是一种静态的自主学习，它突出的是学生对学习内容的独立认知和感悟；而互动是一种动态的自主学习，它突出的则是学生对学习内容的相互交流和碰撞。可以说，慕课是学生对学习内容的认知、感悟、交流和碰撞等的集合。因此，慕课的设计必须突出"以学为本"。

4. 教学评价——"重在评学"VS"重在评教"

高校现行的教学评价主要是对教师教学过程及结果的评价，对教学过程的评价重在对教师授课过程的评价，而对教学结果的评价则重在对教师授课结果的评价。概括地讲，现行教学评价重在评"教"。然而，教学是由"教"与"学"两方面组成的，只评"教"就容易忽视"学"，也就无法真实、全面地反映实际的教学状况。事实上，检验教学效果好坏的标准只有"学"。因此，如何科学合理、切实有效地检验学生的学习效果是开展教学评价的根本。而慕课正是从这一根本出发设计的。

（二）慕课资源融入高校教育教学机制

1. 采用混合式教学模式，改善教学资源

教师可以借助慕课平台获取备课所需各种资料，无须再受场所限制；学生可以在任何一台互联网电脑上以在线注册的方式学习这些课程，享受全球教学资源，无须再受几百人共同上课的困扰，也不必再担心不能正常上实验课等问题。因此，将慕课融入传统教学，可以切实改善高校资源短缺的现状。具体做法是：课程开始前，教师将所授课程内容按课时划分后，上传至慕课平台，并给学生详细安排每节课的自学任务。然后，学生在每节课开始前自学慕课平台上的相关内容，并完成习题和小测验。在学生自学期间，教师每周组织一次线下讨论课，安排学生针对自学过程中的疑难问题开展小组讨论；之后，教师再针对课程中的重点内容提出若干问题，由学生回答，并进行点评讲授。在这个过程中，教师只是一个引导者，在适当时候负责牵线，大多数时间都是学生发言。这种"自学、讨论、讲授"的混合式教学，是慕课资源嵌入高校教育教学较为理性的模式。

2. 实施"双师教学"项目，提升教师专业化水平

在慕课平台上，教师资源非常充足，且不乏许多世界知名高校的优秀教师，每一门课程均由 1—2 名优秀教师主讲，有的课程还配有 2—3 名负责线上课程测评及论坛区工作的课程助教和论坛助教。如此充足的教师资源是传统教学无法比拟的。慕课平台上的每一门课程，都可以供成百上千，乃至几万、几十万学生共同选择学习。因此，可以引入慕课平台上的优秀教师资源；对于一些慕课平台和高校共有的课程，高校可以尝试让全校学习同一门课程的学生在规定的时间内，

在慕课平台上按要求自学该门课程的主要内容，并完成课程测评及讨论。之后由本校教师集中时间开展辅助教学，主要针对学生在慕课学习各环节中所遇到的问题进行及时解答。这样就形成了集高校与慕课平台教师资源于一体的"双师教学"。在慕课平台上，一方面学生可以在规定时间内完成课程的学习；另一方面教师也可以从优秀教师身上学到很多平时无法学到的知识、授课技能与方法等。可以看出，这种"双师教学"既是一种新型的远程教育教学模式，又是一种可行的教师资源共享途径，还是一种便捷的师资培训方式，可以使更多高校共享优质教师资源，从而促进其教学质量的提高，提升教师专业化水平。

3. 拓宽信息来源渠道，开阔师生视野

借助慕课平台，高校师生不需要进图书馆就可以学到丰富的知识；可以了解到国内外学术团队运作的基本情况，通过线上交流使线下学术合作成为可能；可以把握相关学科最新的研究进展和发展动态，还可以接触国内外先进的教育理念和教学方式。世界知名慕课平台之一的edx，目前拥有来自世界各地的10多万名学习者，可以在全世界任何地方学习哈佛大学的"古希腊英雄"、加利福尼亚大学的"幸福科学"、芝加哥大学的"城市教育中的关键问题"、北京大学的"化学与社会"、清华大学的"中国建筑史"等来自世界100多所名校的300多门课程，这些课程充分体现了相关领域最先进的思想观念、最丰富的研究手段、最多样的研究范式。因此，高校可以借助"双师教学"的运行方式有效利用慕课提供的信息，丰富课堂教学内容，拓宽信息来源渠道，开阔师生的视野。

4. 加强师生对外交流，提升高校国际化水平

慕课的到来，为高校的对外交流也提供了极大的便利。教师不出校门就可以与国内外名校名师在线进行学术及思想的交流；学生借助电脑和网络，也能够与名校名师进行线上或线下的讨论交流。许多慕课课程都有极其富有生气的讨论区，国内外不同学校同一学科的教师之间可以针对所教内容中的重点、难点及最新研究动态进行线上交流；数以千计选择同一门课程的学生以他们特有的方式与教师、同学开展交流，如微博、微信、QQ群等。通过不同形式的交流，达到共享学习内容、分享学习收获、共同感受学习乐趣的目的。高校可以以慕课平台作为拓展师生对外交流的起点，通过线上多次交流为线下交流奠定基础，使对外交流从线上最终延伸到线下。因此，高校可以借助慕课平台增强广大教师对外交流的意识，调动其积极性，并以慕课为中介，为广大教师提供线下的对外交流机会，不断开放线下对外交流渠道，最终提升其国际化水平和竞争力。

第三节 高校教育教学创新之微课

微课的兴起为课堂教学的革新提供了一条有效的途径，也对提升教育公平和质量，共享优秀的教育资源，满足学生的个性化需求，实现随时随地的学习提供了有力的保障。翻转课堂正是建立在微课的基础上对传统教学方式的一次变革。

一、高校微课教学模式

（一）翻转课堂

根据教育心理学相关的研究成果以及翻转课堂教学的实践，提出一个 OPIRTAS 翻转课堂教学法，作为教师在教学中应用翻转课堂一个可依据、可操作的模式。OPIRTAS 是英文单词 Objective、Preparation、Instructionalvideo、Review、Test、Activity、Summary 的缩写，分别表示实施翻转课堂的几个必要环节：教学目标、课前准备、教学视频、视频回顾、知识测试、活动探究以及总结提升。教师可以根据这几个步骤具体实施翻转课堂教学。下面对 OPIRTAS 翻转课堂教学法做出具体的阐述。

1. 确定教学目标（Objective）

为了帮助教师更容易区分教学目标的种类，结合已有关于教育目标分类的理论以及翻转课堂教学模式的特点，我们认为大致可以把教学目标分为两大类：知识性目标和能力性目标。知识性目标属于初级目标，主要包括对知识的记忆和理解。能力性目标则属于高级目标，包括布卢姆教育目标分类中的应用、分析、评价、创造等高级认知目标以及情感态度、价值观、批判思维、自我认识、学会学习、沟通合作等能力和素养。

需要特别指出的是，这里的能力性目标除了包括通常意义上的能力（如应用能力、分析能力、沟通能力），还包括情感、品格、态度等内容，称之为素养性目标可能更为合适。但是这里为了方便教师的理解和操作，并与知识性目标相对应，我们统一把这些素养称为能力性目标。知识性目标是最基础的教育目标，脱离了知识性目标，能力的培养就失去了基础。但只满足于知识性目标是远远不够的，教师需要在知识性目标的基础上进一步发展学生各方面的能力和素质，才能培养出符合社会和时代发展要求的人才。

把教学目标分为知识性和能力性目标两大类，与学者彭明辉和马顿等人对教学目标的分类有相通之处。彭明辉和马顿把教学目标分为直接目标和间接目标两种，直接教学目标是指学习的内容性知识，比如，化学反应率，经济学的供给和需求；间接教学目标是指学生通过学习内容性知识能够发展的能力，比如通过实验计算某种化学反应的反应率，或者能够使用供需的同时变化来解释某种商品市场价格的变化。这种分类的直接教学目标类似我们的知识性目标，而间接教学目标则类似能力性目标。

把教学目标分为知识性和能力性目标两大类，可以帮助教师比较直观地分析教学目标并应用于教学设计之中。对教学目标的分类是跨学科和年级的，我们认为对于任何学科和层次的教学，都可以分为知识性和能力性这两类目标，教师要根据具体教学实际设计这两类目标，以保障教学的有效实施。知识性和能力性目标的分类还符合翻转课堂教学模式的特点。总的来说，翻转课堂的课前、线上、课外自学部分主要是围绕着知识性目标展开的。而翻转课堂的课中、线下、课内集体学习部分则主要围绕着能力性目标展开的，因此明确两类教学目标对于后面开展翻转课堂各环节的教学具有统领作用。

应该认识到的是，对于教师的工作和价值来说，知识性的教学是相对比较容易被代替的，或者说不是教师的主要价值所在。今天信息社会区别于以往社会的一个重要特征就在于知识的获取十分便捷，教师不再是知识的唯一来源，甚至也将不是主要来源。当前网络上具有各种丰富的资源、搜索引擎，甚至包括慕课、可汗学院在内的各种优质教育资源，都可以成为学生获取知识的重要来源。可以说，每位高校教师在学校所教的课程，基本上都可以在网络上找到相应的慕课资源。而且这些慕课课程都是名校（比如哈佛大学、麻省理工学院、斯坦福大学）名教授精心制作的课程。从知识的角度，这些慕课和知名教授是学科知识的代表，比大多数教师更具权威性、系统性以及准确性，完全可以取代教师成为学生获取知识的途径。未来随着人工智能技术的发展，人类在知识教学上的优势就更加荡然无存了，人工智能完全可能成为一个比人类更好的教知识的老师，这是大势所趋。

相对于知识性的教学目标来说，能力性的教学目标是人类教师的独特优势。能力性目标涉及人类情感、创造力、沟通、合作这些人类所特有的品质，是人工智能所不具备的。因此，未来教师的主要工作和价值应该体现在对学生能力性目标的培养上。

明确教学目标是成功实施翻转课堂教学的首要环节和先决条件。翻转课堂教学不满足于只是完成知识性的目标，而是更加注重能力性目标。知识性目标基本上可以通过视频让学生在课前自学完成，实体课堂则主要被用来发展学生的能力。

2. 课前准备活动（Preparation）

课前准备活动主要有以下两个作用。

第一，提高学生学习的兴趣和目的性。认知目标是形成学生学习动机的一个关键因素，个体只有对未来的学习目标产生期待时，才会发生有意义的学习。研究表明，学习的过程往往是从整体到部分的过程，学生了解了学习的总体目标之后，再进行分解学习的时候就会更有方向性和目的性，学习效果也会更好。在实际教学中，教师要通过课前准备活动先让学生明确学习目的，使其对未来的学习结果产生一种积极的期待。如果教师通过课前导入活动，在正式教学之前告诉学生本次学习的目的和作用，那么就能够激发起学生学习的兴趣，并让他们的学习具有指向性。

第二，课前准备能为之后的视频学习打下良好的基础。在教学形式的顺序上，翻转课堂和传统课堂还是一样，都是先讲后练的顺序，并没有进行翻转。教师的讲授是需要一定的时机、条件或基础的，讲授要发挥作用需要学生具备一定的先前知识，学生在努力思考、探索、挣扎过某个问题或情境之后能更好地理解讲授的内容。虽然学生在接受讲授之前进行的问题解决和探索可能是不成功、不正确的，但是这种尝试有利于图式编码和整合，能够帮助学生认识到自身先前知识的不足，还能通过对比正误解法来让学生注意到学习的关键特征，从而为之后接受教师系统地讲授打下必要的知识基础。

那么，什么样的活动能够帮助学生形成必要的先前知识，为下一步接受讲授打好基础呢？国外学者施瓦兹和布兰福德建议可以通过让学生对比相关概念或原理的多重样例，来帮助学生注意并理解样例之间的区别，发现知识的结构性特征，从而发展出辨别性知识。这些辨别性知识是理解之后系统讲授的重要基础。学者卡普尔提出有益性挫败理论，他建议在直接讲授之前让学生先进行探索性的问题解决，让学生使用已有知识探索问题的解法，有助于图式建构，投入更多的认知资源，发现不平衡并意识到自身先前知识的有限性。学生还可以通过对比不同解法的异同，来发现新知识的关键特征并更好地进行编码。我们基于变易理论的研究成果发现，对比学习对象的多重样例能够帮助学生审辨出学习的关键特征，这些审辨出来的关键特征为之后的系统讲授奠定了基础。我们还进一步提出对比、分离、类化、融合四种变与不变的范式用来指导多重样例的设计。多重样例之间应该变化一个关键特征，让学生首先单独审辨出这个变化的特征。在学生单独审辨出多个特征之后，再让学生对比同时变化多个关键特征的多重样例。

在学生正式学习教学视频之前，先通过相关的探究活动让学生进行适当的学习和探索，激发起学生的学习兴趣，并准备好必要的先前知识。课前准备活动可以让学生带着兴趣和疑问进入视频的学习，将能够显著改善视频教学的效果。

3. 课前教学视频（Instructionalvideo）

在完成课前准备活动之后，学生需要在课前自学教学视频。翻转课堂的教学视频可以是教师自己录制，也可以使用他人录制的视频。教学视频形式可以多样，内容主要反映的是教师在传统课堂中的讲授部分，视频学习部分主要对应的是前面制定的知识性的教学目标。

目标的实现并不需要在实体课堂中接受教师的实时现场指导，或者与同伴进行互动合作。高校学生通过自学教学视频就可以在很大程度上完成对知识的记忆和理解。此外，在这个环节还可以充分利用信息技术和多媒体的优势，让整个知识的教学过程更加有趣、生动、高效率。从知识性的目标来说，一个制作良好的教学视频或者在线课程，其教学效果可以达到甚至超过教师在实体课堂的讲授。即使是一个质量一般的教学视频也能在很大程度上完成知识的记忆和理解目标。

4. 课堂视频回顾（Review）

学生完成线上视频学习之后，就进入线下实体课堂进行学习。通过教学视频，翻转课堂把知识的学习移到课外，大量的课堂时间可以被用来进行问题解决、合作探究等活动。有些教师可能会在线下上课的时候，马上给学生呈现的问题进行解答或布置活动进行探究。但是根据我们的实际教学经验，我们建议在实际开展课堂活动之前，教师应该首先简要回顾一下课前教学视频的内容。这是因为一开始上课就直接让学生回答问题，会显得比较突兀，学生也会难以适应，难以营造良好的课堂氛围。有研究表明，学生在上课之初往往需要3—5分钟才能静下心来，短暂的过渡之后精神才会非常集中，注意力才会高度专注。此外，学生虽然已经在课前完成对视频的学习，但是视频学习时间距离上课已经过去几天时间，学生一时可能难以迅速回想起视频的内容，尚未从心理上完全做好准备，这时候马上做题、考试，会引起学生心理上的抵触。

线下课堂首先起始于对课前视频的知识回顾，视频回顾不是对视频知识的重新讲解和详细分析，而是提纲挈领地帮助学生回顾内容，把握知识结构。学生课前如果没有学习视频，仅仅是通过短时间的视频回顾是无法完全掌握知识的；如果课前已经完成视频学习，视频回顾则可以帮助他们迅速唤醒记忆，把思维集中到课堂的主题上，为课堂之后进行的问题解决和探究活动打好认知基础。

5. 课堂知识测试（Test）

教师带领学生回顾完视频之后，就进入课堂知识测试部分。翻转课堂的先驱伯格曼和萨姆斯最早使用翻转课堂进行教学改革的时候，就是在课堂上让学生在教师的监督和指导下完成家庭作业的。教师通过作业考查学生课前视频的学习和掌握情况，然后针对学生在做作业中出现的问题进行指导和讲解。测试就是教师通过提前设计好的问题来考查学生课前对视频内容的学习效果，主要还是针对知识性的教学目标。课堂知识测试环节有以下两个目的。

第一，检查学生课前是否观看了视频。很多教师在实施翻转课堂的时候，都会担心学生课前没有提前观看视频，导致无法有效参与课堂活动。因此，为了检查学生课前是否观看了视频，教师上课时可以设计一些比较简单的题目，考查事实性信息。学生如果在课前提前观看了视频一般都能正确回答，如果没有提前观看视频则无法正确回答。通过这部分问题，教师可以发现那些没有提前观看视频的学生。学生只要观看了视频，就可以正确回答题目。回答错误的学生，基本上可以认为是没有提前观看视频。

第二，课堂知识测试的目的是检查学生课前是否看懂了视频。课堂测试的主要目的是检测课前视频的学习效果，虽然我们预期学生通过自学教学视频能够完成大部分的知识性目标，但需要承认，学生只是学习视频可能还无法完全掌握一些教学难点。因此，教师需要在课堂上有针对性地设计一些比较难的问题，用来检测学生是否真正掌握了该教学难点。教师可以根据学生对问题解决的情况，决定怎样进行相应的讲解。如果大部分学生的回答正确，教师可以略过不讲；如果很多学生的回答错误，则表明课前视频的教学效果不好，教师就需要仔细分析学生的错误，并进行有针对性的讲解，学生课堂问题的回答情况将被计入课程总分。

在这个环节中，教师需要及时掌握学生问题的回答情况，才能决定是否进行指导、指导什么、指导多少、怎样指导。教师可以利用一些信息化互动工具来实现这一点，这些工具可以帮助师生实现课堂测试的即时互动和反馈，提高教学效果。

6. 课堂活动探究（Activity）

课堂测试之后，就进入课堂活动探究部分，教师需要设计相关的课堂教学活动以完成前面制定的能力性的教学目标。大量的课堂时间可以用来互动、探究、问题解决和个别化指导，进行高水平的认知活动（应用、分析、评价和创造）。如何有效利用这些上课时间创设有意义的学习活动，让学生在深层参与课堂学习中，就成为翻转课堂能否有效实施的关键。

教师要根据具体的教学目标，综合使用问题解决、合作、辩论、汇报、角色扮演、实地考察等多种形式设计课堂活动。教师在设计课堂活动的时候要注意与基于问题的学习、基于项目的学习、基于游戏的学习、同伴教学案例教学等比较成熟的学习模式结合起来。这几种教学模式都强调以学生为中心进行合作、探究、互动，因此可以与翻转课堂做到无缝对接。在使用这些模式的时候，教师要注意具体的操作原则和使用方法，使得活动向深层次探究，从而有效地实现教学目标。这需要一个借鉴、学习、实践、反思、改进和提高的过程。

除了应用一些成熟有效的教学模式和方法设计课堂活动，教师还应该帮助学生改变学习的观念和习惯。教师需要为学生搭建脚手架，教给学生讨论和合作学习的技巧，有效支持学生进行学习。学生需要学会如何准确地表达自己的观点、倾听他人的思想、回答问题或辩驳他人的观点。在自主学习方面，教师应该在学期初就告诉学生为什么改变学习模式、怎么样改变学习模式，向学生分享好的案例，设计适合自学的任务单，提供多样化的自学资源，利用网络实现学生之间的问答互动，要求学生依照任务完成单自我核对和评价自学成果，给自主学习环节合理的课程分数，上课开始时进行一个小的阅读测验等。

教师应该加强教学法的学习，尤其是对这些比较成熟的教学模式和方法的学习和应用，这将成为教师一项必备的能力。随着未来技术的发展，教学的知识性目标基本上可以被技术所取代，教师将真正成为学生"灵魂的工程师"。未来优秀的教师将是会用、善用技术者，把技术能够完成的任务交给技术，自己则通过组织教学活动培养学生的能力，在人类擅长的合作、情感、沟通等领域发挥重要作用。

7. 课堂总结提升（Summary）

在完成课堂测试和活动探究之后，教师需要对整个教学过程和内容进行总结，提升学生的学习和认识。学生从最初的课前准备活动，然后学习各种教学视频，再到课堂回答问题，进行活动探究，整个学习内容丰富、时间较长，对于很多学生来说，可能无法完全把握住重点。因此，教师最后需要进行适当的总结、归纳和提升，帮助学生提炼出最核心的学习内容，以形成完整的认识。此外，教师也可以利用课堂最后的时间开始下一个 OPIRTAS 教学循环，进行下一次课的课前准备和导入活动，引起学生的学习兴趣，或者布置课前探究活动，为下一次的视频学习做好准备。至此，整个 OPIRTAS 翻转课堂教学的闭环形成。

OPIRTAS 翻转课堂教学模式从教学目标的确定，到课前准备活动、课前教学视频、课堂视频回顾、课堂知识测试、课堂活动探究、课堂总结提升，包括课前课中课后、线上线下、课内课外、知识能力不同维度。该模式为教师在教学中实施翻转课堂教学提供了实际可行的指导，可操作性强。而且每个环节都有相应的教学心理学的研究成果作为支撑，合理性高。

（二）知识微课

知识微课是指以通用知识技能为主，每节微课围绕一个知识点展开的微课形式。知识微课又分为知识类面授微课和知识类电子微课两种模式。

知识微课主要用来传授通用原理、方法、工具等，是学生需要掌握的基础知识和基础技能的应用。这些知识需要学习者自己根据实际的场景进行转化和应用。知识微课开发者需要系统化的理论知识和丰富的教学设计能力，因此更加适合教授、咨询顾问、培训讲师来开发。

（三）情境微课

情境微课是指根据特定的环境、任务、场景展开的微课教学活动。情境微课分为情境类电子微课和情境类面授微课。

1. 情境微课的价值

第一，情境微课是针对具体工作场景，尤其是挑战性场景和痛点场景开发的。这些场景能够与企业业务改善需求快速对接，也符合学习者改善工作方法和提升绩效的需要。

第二，萃取教授头脑内的隐性知识转变成组织经验并快速复制推广，是高校教育教学学习的一种重要手段。情境微课开发提供了这样一种载体，通过聚焦特定情境和问题，借助教授丰富的实战经验及反思总结，萃取高价值的知识，并通过课程实现转移。

第三，情境微课来自实际工作典型情境，与学习者遇到的问题和挑战一致，学习内容非常容易应用到实际工作中。

第四，情境微课需要多个教授结合实战经验进行深入讨论，萃取关键知识、梳理方法论、挖掘典型案例，这个过程同样是教授能力升华的过程；同时，课程设计或课程面授又提高了专家辅导能力，使具有丰富实践经验的教授成为实践＋理论＋传承三位一体的教授。

2.应用领域

情境微课主要用来传授特定任务,在场景中需要的整合性知识、技巧,学习者可以直接模仿和借鉴,容易转化和应用。这就要求情境微课开发者有丰富的实践经验,能结合特定情境中的挑战点、痛点、难点提炼出有针对性的知识,因此适合有专业知识的教授开发。

3.情境微课的开发模式

在情境微课开发过程中,企业一般会采取两种模式。

第一,个人经验分享式。常见模式是专家案例分享课程,这种模式简单且易于操作。通常结合自身的典型案例进行个人复盘,总结经验教训或方法窍门后,利用简单课件工具就可以制作完成。通过鼓励教师和更多人分享,经过简单制作就可以获得大量微课。尽管质量参差不齐,但是可以通过评价、点赞等机制,筛选出一批有水准的课程,然后进行深度萃取。

第二,组织经验萃取式。常见模式是组织一批教授或教师通过头脑风暴、焦点小组等多种形式对组织经验进行深度萃取,最终形成可以复制的策略、方法、工具、诀窍等,同时输出具有典范和对比效应的正反案例。

二、微课的开发制作

(一)微课的开发制作过程

微课的制作过程是一个较为复杂的系统工程,制作一般要经过前期的可行性分析、分析知识单元、确定序列结构、设计教学内容、设计教学交互、脚本编写、视频开发与制作、微课实施设计、反馈与优化等几个基本环节。

1.可行性分析

微课的可行性研究是对微课开发进行技术性、科学性和实用性的论证。其基本任务是通过调查研究,综合论证一节微课在教学上是否实用和可靠,在学生学习上是否有需求,在经济上是否合理(制作成本和利用率),在开发过程中是否有技术和人才的保证。微课的可行性研究主要考查点有以下几个方面。

(1)微课开发在课程中的必要性

微课开发者需要对课程有全面的掌控,包括微课开发的内容和可利用性。合理确定哪些知识点必须开发微课,哪些知识点不宜开发微课。应选择有代表性、普遍性及关键知识作为微课的开发对象。

（2）微课对学习者的作用

分析学生的思维和认知特点，回答为什么该知识点会成为学生学习的难点或重点，分析微课表现什么内容和采用什么形式更能适合学生的微学习方式。

（3）微课开发的人才和技术保证

微课主要格式有视频、动画和音频。对于视频制作，需要有视频拍摄和后期制作。对于音频，需要音频制作和素材整合。因此，微课开发需要有掌握一定视音频制作技术的人才。

（4）微课的后期利用率预期

可行性研究还要考虑后期的利用率，要分析学生对该知识点的学习是否有较大的需求，明确需求量不大的知识点不适合制作微课。要考虑开发后微课是否具有较高的使用访问量，在课程教学中的地位是否举足轻重。要根据以往的教学经验给出预期的利用率，也可以通过网上问卷形式得出结论。

（5）微课开发的成本分析

微课开发的成本主要有脚本编写、视频拍摄、视频制作、3D制作、字幕制作、配音配乐、服务器租用等。但是，微课一般不使用高分辨率的视频格式，其目的是方便网络传输。所以，对计算机等硬件要求不高，主要是软件技术的制作成本和人工费。

2. 分析知识单元

知识单元是每节微课向学生展示的知识内容，分析知识单元是微课程设计的首要任务。知识单元的设计要符合教学目标，所以分析知识单元分为两个过程：分析教学目标和建立知识单元。

（1）分析教学目标

微课程的教学目标有两个层级：一般性目标和一般性目标指导下的详细目标。

一般目标分为三个维度：认知目标、情感目标、技能目标，以这三个维度为指导性目标，用于指导微课程类型。微课程可以按照目标的不同维度，分为认知型微课程、情感型微课程、技能型微课程。

（2）建立知识单元

建立知识单元包括两方面的含义：一是要梳理目标和知识单元的关系。知识单元的微小和单一的特点，决定了知识单元所能承载的目标不能太多、太复杂。二是我们通过分析教学目标，将教学目标组织成知识单元目标，其中不仅要有知识单元体量、难度上的考虑，也要考虑到是否需要设置成独立的知识单元，是否需要补充额外的知识单元。如果微课程作为课堂教学的辅助性资源，则不必每个知识单元都设计成微课。如果微课作为开放的课程补充，则要按需求增加大纲以外的内容。由此可见，从课程目标到微课程知识单元的过渡，同样需要按需设计和筛选。

同时，设计知识单元也需要坚持一定的理念。教材中的单元之间有很强的逻辑性和连续性，单元之间层层推进。但微课程里的知识单元不同于教材的单元，具有体量小、相对独立、半结构化、开放性、生成性的特点。相对独立的特点使微课程中的每一节课都可以被单独拿来学习，用以深化或拓展学生某一方面的知识、能力或情感。半结构化可以让微课更加灵活地适应教学内容，类型丰富多样。开放性让微课作为相对独立的单元，可以通过适当的接口，与其他微课形成或纵向或横向的联系。生成性则让微课不断优化、更新或维护，以适应日新月异的新知识环境。

3. 确立序列结构

将知识单元分析出来后，需要组织成一定的序列结构。此处的结构化与微课程的半结构化所指不同，并不矛盾。微课程内部半结构化是指媒介微课程的结构，知识单元间的结构化能够更好地与教材知识体系相结合，让微课程更系统地为课程教学提供服务。同时确立序列结构时也要尽量保持完整性和灵活性相结合。完整性使得微课程具有完整的培养体系，照顾到大多数的学生，能够让普通学生通过连续学习，完成教学目标的要求。同时，灵活性也兼顾学生的个性化差异，在"完成微课程学习即达到相同水平"的前提下，让不同能力背景的学生可以有选择性、有主次地学习。

一般依托教材开发微课程，知识单元的串行化比较简单。在分析出知识单元后，按照教材目标体系即可确立知识单元的序列结构。串行化过程可以自上向下逐步细化，从抽象到具体形成学习目标树，目标树的最底层枝叶为拥有具体目标的知识单元。

一些微课程整体或局部针对的教学内容并非教材内容，内容中各知识单元之间的关系复杂、凌乱或不清晰。当分析的各级教学目标不具有简单的分类学特征，或者其中的概念从属关系不太明确，也不属于某个操作过程或某个问题求解过程时，使用ISM解释结构模型分析法比较合适，包括以下几个操作步骤：抽取知识元素，确定教学子目标；确定各个子目标之间的直接关系，做出邻接矩阵；利用邻接矩阵求出教学目标形成关系图；利用关系图拆分成关系树；对关系树进行后续整理并取消重复项，以此来生成目标序列。求出的关系图即可以用来完成知识单元串行化。

4. 设计教学内容

设计教学内容主要包括课本内容设计、辅助内容设计，目的是形成微课程资源包。从教材分析中得到的知识单元内容，是单节微课的主题。教材内容的主要呈现方式是微视频，微视频依据不同的微课程类型，也会有一些不同的特点。

（1）主题设计

首先，微视频要依照知识单元的内容设计重难点。因为知识单元本身就是粒度比较小的知识点。一般情况下，一个知识单元只会包含一到两个重难点。其次，对于以知识掌握为主题的认知型微课程，微视频的重点就在于理解基本概念、基本原理，难点就在于对复杂概念和原理的掌握。以情感、态度和价值观培养为主题的情感型微课程，微视频应以学生情感体验为主，主题应该是与生活结合紧密的案例。通过对案例的展示和讲解，体现出教师对案例本身的情绪、态度、价值判断、理性思考，从而将价值观传达给学习者。技能型微课程的主题是展示技术动作、技术流程、操作标准、操作判断、应急处理等技能。例如，体操教学中的分动作讲解、实验课的操作流程和注意事项、防火防震技巧讲解等。

一节微课程不会只包含一种维度的培养目标，可能包含两种或三种维度，我们称之为混合型微课。这种微课的主题设计，首先要分清培养目标的主次；再次要依据主次，对微课进行灵活的混合式设计。

（2）过程设计

微视频是课堂教学的浓缩再现，其过程简洁而完整，整体时间约为 10 分钟，最长不宜超过 15 分钟。在这简短的时间内，要完成课题引入、内容讲解、总结收尾等过程，必须要求节奏适宜、不拖泥带水。

第一，快速引入课题。迅速地接入主题内容，给学习者搭建环境或脚手架，可以更好地开展课程学习。课程可以以开门见山的方式，或者以一个有趣故事、一道问题求解、一段悬念入手，让学习者迅速产生兴趣，了解本课程所授知识点的内容。微课导引部分要求切入主题的方式力求新颖和引人注目，此部分时间不宜过长，半分钟到一分半钟之间即可。

第二，内容讲解主干清晰，理论简而精。引入部分之后便是内容讲解，依照知识单元的内容要求、课程培养目标、微课类型特点展开主题讲解。讲解时主线要明确，主干突出且逻辑严谨，学习者不产生新的疑问。去掉可有可无的举例、证明，案例尽量精且简，力求论据准确和有力。内容主干的讲解形式应该多样，依据课程知识点的特点，可以用问题启发式、案例讲解式、故事隐喻、正反对比等技巧，在短短几分钟的讲解中，吸引学生保持注意力。

第三，总结收尾快捷。总结作为内容讲解后迅速开展的一项重要工作，可以帮助学生梳理脉络、查缺补漏、加深记忆，也给学生一定的时间吸收新知识，与已有的知识经验相结合。好的总结往往一针见血、富有特色、简洁新颖，在课程中起到画龙点睛的功效。

第四，提供测试题和布置作业。总结后提供经典例题的讲解，抽象的理论需要实践经验的基础。这一部分，可以让学生在解决问题的过程中，将内容讲解和总结过程中不能完全消化的部分再次加工和认知。这部分是否存在或具体比重，可以根据实际情况而定。教师可以通过布置作业，让学生课下练习。利用云端一体化平台，师生的作业检查、讲解、答疑等过程均可以延续。

（3）教学语言设计

在微视频的拍摄过程中，由于节奏较快，教师往往不能很好地控制讲解时间，所以提前设计好解说词、讲解结构就尤其必要。教学语言力求精简、明确，富有感染力，最好多用手势、表情。对于重点和难点内容，将关键词提取出来，在实际讲解中要紧密联系关键词逐条展开。

在认知型微课程的教学中，教学语言要注重对关键词、关键原理的复述。依照认知心理学原理，短时记忆经过精细复述可以转化为比较牢靠的长时记忆。在情感型微课程的教学中，要注意用词恰当，将语言的情感与课程情感态度培养方向调整一致，用富有感染力的语言向学习者传达思想和价值观。在技能型微课程中，教师的操作动作与语言紧密结合，教学语言要客观明确，准确客观地描述每一个动作和步骤。

（4）辅助内容设计

微视频是微课程的核心资源，除此之外还应有辅助性内容资源支撑和完善课程。辅助内容从微视频的内容关系上可分为支持性内容、外延性内容、平行性内容。这些辅助性资源，可以以视频、图文、链接等方式给出。

支持性内容就是对课程内容本身的知识点进行逻辑支持、例证支持、基础理论支持、经典问题解决过程支持的支撑性材料。因为微视频时间较短，例证部分、例题讲解部分也力求精简，所以有些内容可以作为支持性内容存放在微课程资源包内。

外延性内容是与课程内容紧密相关的延展性知识。依照最近发展区理论和个性化学习理论，学生在完成课程内容主题学习以后，可以对自己感兴趣的知识进行广度和深度上的进一步探寻。这种探寻基于兴趣、情感等内驱力，效果极佳。同时，通过外延性内容提供的接口，微课可以以超过课程结构的方式与其他微课产生联结。

平行性内容主要是与课程在逻辑深度上平行的知识点。这些知识点不存在于课本教材，也不是根植于本微课内容的知识拓展或实践拓展，而是保有更强的独立性和开放性。

（5）设计教学交互

基于云平台的微课程，可以依托平台一体化的优势构建便捷、强大的师生交互。微课程建设的主题不应仅仅是资源建设，更应该将微课程的建设与平台建设相结合。

第一，学习专题设计。研究性学习是素质教育的一项重要内容，主要以学习专题的形式开展，培养学生创新意识和能力、学科间相互渗透的能力、合作的意识与能力。微课程的知识单元目标比较单一，在微课程实施过程中，可以以一节或几节微课程的主题为基础，提炼出一项研究性学习专题。微课平台提供了学习专题模块，该模块可以很好地承载学习专题的开展。

设计专题可以通过云平台通知模块发布专题任务通知，包括专题题目、专题目标、专题实施计划、学习小组分配、专题时间表、专题成果展示及验收评价等。专题题目基于一节微课程或几节围绕一个主题展开的微课程，具体表现形式为一个实际待解决的问题、一篇文献综述的要求、一次实验的设计等。

第二，教学问答设计。微课程教学方式以学生为中心构建资源环境，突出学生主体性、培养学生自主学习能力。但是就目前微课程实施状况看来，微课程师生互动存在不足。微课程可以利用云平台的教学问答系统，增强师生之间的互动。同时，针对问答系统出现人气不旺、提问积极性不高的情况，师生都要有意识地加强问答系统的使用积极性，发挥问答系统的价值。

第三，实践活动设计。微课程通常以微视频为核心，但其半结构化的特点，使单节微课也可以有其他的组织形式。例如，有些以实践为目标的课程单元，需要开展教学活动才能更好地达成目标。微课程可以采用两种策略，一种是实践演示法、虚拟实践法，通过微视频对标准实践步骤、实践现象、实践要点、实践细节、评价标准等进行讲解或示范，或通过虚拟软件及课件让学生在虚拟环境下实践操作，例如用 Flash 软件做虚拟化学实验。第二种是将微视频作为辅助资源，将活动方案作为当前微课的核心资源，微视频只作为活动范例展示活动要点。解释活动原理和合理性活动方案设计则要尽量精简，直指当前微课的目标。

（二）视频开发制作方式与工具使用

微视频开发制作方式灵活多样且技术入门门槛低，教师可以利用身边的工具进行微视频的制作。常见的微视频制作基本方式主要有利用电脑录屏软件录课、利用录像设备录课。

1.PPT+ 解说词 + 录课软件

第一，准备课程 PPT 和解说词。PPT 为画面的主要呈现方式，为教师提供授课逻辑与音画展示。PPT 要求尽量简洁、美观，切忌华而不实。PPT 设计应合理，单页内容不宜过多。学生在读取较难或内容较多的 PPT 时，如果需要经常暂停视频，那么虽然微课程时间长度被限制在 10 分钟左右，学生实际花费时间更长，这背离了微课程的初衷。教师不能直接把课堂 PPT 拿来用，需要适当修改。解说词最好提前做设计，不一定逐字逐句地设计，但一定要列好提纲、把握好重难点和分配一下时长。

第二，准备录课软件。电脑端录课软件常见的有 Camtasia Studio、屏幕录像大师、BB Flashback 等。这些软件功能强大，且操作简单，教师经过简单培训即可上手。录制视频的常见分辨率一般有 720×576、1024×768、1280×800，帧速率不超过 25fps，录制颜色最好设置为 16 位（bit），保存格式为常见的 mpg、wmv、avi 等为宜。

第三，后期剪辑。后期剪辑的目的主要是去掉录制时的错误内容、删掉重复内容及语病、修饰不清晰的音频、适当的特效包装技术等。微课程的剪辑区别于电影电视的节目剪辑，主要剪辑目标是清晰、完整地呈现教学内容。所以，微视频在画面取舍上，不拘束于画面的连续与完美衔接，但要尽量保证授课过程流畅，不产生歧义。

2.绘图板 + 电子白板软件 + 解说词 + 录课软件

该方案在录课软件和后期剪辑环节要求与方案基本一致，其特点是主要呈现工具为绘图板。绘图板结合电脑端的绘图软件或电子白板软件，教师可以实现手写教学板书的功能。常见的绘图软件或电子白板软件有 photoshop、painter、Eduffice 等，教师可以经过短期培训，快速掌握与课程相关的软件操作技巧。这种方案非常有利于推理证明过程和复杂关系的呈现，教师自由度高且类似于课堂黑板板书。一些图片、音频、视频、实物等教学元素，可以在录课过程中借助其他软件呈现，也可以放置到后期进行剪辑。

3. 纸笔/电子白板/液晶屏幕/抠像技术+摄像机

这种方案成本较高，制作周期也较长，适合在学校有计划、有目的的微课程建设中开展。电子白板、交互式液晶屏有极强的交互特性，可以直接持笔书写，展示多媒体文件，是比较理想的展示平台，但是成本比较高。投影仪和液晶屏幕可以用来呈现PPS、多媒体文件，成本相对低廉。也可以利用抠像技术，制作人员在绿背景或蓝背景下先前期采集，然后利用后期软件去掉背景色，添加动态背景、知识要点、音画资源。摄像机采用单机位即可，拍摄过程由专门的拍摄人员负责，教师可以不用理会具体参数细节。

4. 课堂实录+双机位

课堂实录一般有很强的即视感，师生互动比较多，容易让观看微视频的学生产生身临其境的体验。同时，真实课堂上教师细小的肢体语言和表情都会被记录下来，现场录制可以让学生获得更多隐性信息。课堂实录的优势在于记录了师生互动，所以如果只有单机位就会很难操控，建议采用双机位录制，同步录制教师讲解和学生学习提问。同时，这种微视频制作方式可以是录制现实的课堂环境，也可以是录制专门搭建的微课程环境。

三、微课平台建设

（一）微课平台的构建

1. 页面风格设计

微课网站界面的设计应当以简洁、美观为主，色彩、文字、图片、视频的使用风格要统一，排列清晰有序。网站页面以浅色为主，营造轻松、舒适的页面感受。

2. 系统功能结构的建立

网站功能模块主要包括网站帮助系统、资源中心、论坛、检索系统、后台管理五大模块。

网站的帮助系统主要包括网站使用说明、资源上传规范说明、留言板和论坛板块使用说明，同时提供系统留言板，支持匿名留言，解答用户使用中的疑难问题，帮助系统和用户有效操作微课资源网站。

微课资源中心是微课资源网站建设的核心。对资源中心的资源分类依据课程进行划分，这样有助于用户迅速查找相关课程资源。同时，在论坛模块以同样的方式划分论坛板块，与资源中心相呼应，并将注册用户的操作信息同步发布。例如，在资源中心上传资源后，会在论坛相应板块自动发布一条带有超级链接的该用户；上传资源的帖子；推荐与评价功能，同时通过设置注册用户的角色信息，实现对注册用户的个性化资源推送功能。

资源的功能如下：①资源订阅功能，通过 XML 语言实现资源库对不同需求的注册用户个性化推送。一旦网络上传了用户订阅的偏好资源，系统即可以向用户以短信、邮件的形式直接向用户推送该资源。②资源收藏功能为注册用户提供网络在线资源收藏功能。用户对自己上传、下载或喜爱的资源，可以直接分类保存在用户网络收藏夹中，以便于用户管理自己的学习资源。③资源的检索功能分为分类检索和综合检索。分类检索是用户可以依据资源的专业、年级、学院属性直接进行检索；综合检索中，可以实现以标题、关键字、专业和作者等数据的核心资源属性进行检索。④资源评价功能可以实现用户对微课资源的评分、评论，评分结果计入系统推荐功能模块，在首页实现对资源的评分排序推荐。⑤论坛功能为用户提供交流的平台，论坛板块分类与资源中心的资源分类同步，当资源中心注册用户上传相关资源后，在论坛相应板块也会直接新建帖子，提供该上传资源的链接地址。同时，论坛可以实现与 QQ 账号绑定，个人发言信息可以在微博同步广播。注册教师用户可以根据教学的需求，向管理员申请新建课程讨论板块，在板块内讨论的内容，教师有权进行审查、删除。⑥后台管理模块可以对网站的所有上传资源、论坛、网站注册用户进行管理，并且可以实现对注册用户网络学习行为的统计，包括注册用户在线时长、发帖频率、资源上传与下载频率等，并以报表的形式呈现给后台管理员。在网站管理模块中，管理人员的角色划分为网站管理员、教师、学生三个不同权限的组。

（二）用户角色权限的建设

根据微课网站的使用对象，将网站用户分为四类，即教师、学生、匿名用户、网站管理员，具体权限如下：

第一，匿名用户权限包括检索、查询、获取资源，可以对访问的资源进行留言评价，还可以通过网站留言板获得支持。

第二，学生注册用户除了拥有匿名用户的权限外，还拥有以下权限：①资源管理权限。资源的上传与下载，对自己上传的资源进行再编辑，包括查看、删除、修改；对喜爱的资源进行收藏、订阅。②论坛权限。用户基本信息维护，参与论坛讨论，申请加入特定教师课程讨论组，向论坛注册用户发送站内短消息，留言版块留言。

第三，教师注册用户除了拥有学生用户的所有权限之外，在资源与论坛权限方面还拥有以下特权：①资源管理权限。教师可以对相关类目下的微课资源进行管理，包括对该网站相关资源进行查看、删除、修改、上传与评价。②论坛权限。教师有权申请设立独立的课程讨论板块，并有权新建用户组，对该用户组学生用户进行管理。例如，教师能够为新建用户组的学生发放学习资料、发送群组消息、推荐资源、管理组内学生上传内容、查看学生网络学习行为的统计信息，包括学生上网时长、逗留板块、发言频次等。

第四，网站管理员对用户的管理包括添加、删除、修改学生和教师用户的信息与权限。对网站资源的管理，包括对资源入库的审核，资源的编辑、删除；对论坛的全面管理，包括帖子审核、屏蔽、删除、修改；同时也可以查看整个网站注册用户的网络行为统计信息（包括登录次数、在线时长、发言频次、登录板块分布等）。

（三）微课网站运行流程

教师可以充分使用微课网站辅助课堂教学，在课堂教学开始之前，教师可以首先通过微课资源网站发布课程相关信息，包括使用论坛专属板块、教师个人微博、邮件推送等方式，向班级学生提供课程资料（包括微课视频、教学课件、讲稿等）布置课程任务、提出讨论主题，学生及时参与互动，自由上传搜集来的各种课程相关资源，由教师审核后发布至网站，为课堂教学的展开打好基础。在课堂教学过程中，学生依据自学的网络课程资源与讨论主题，在课堂上与教师展开互动，依据网站平台的学生网络学习行为统计信息，对已经参与网络学习讨论的学生，直接回答其学习疑惑；对未进行网络学习的学生，引入新课，讲解要点，布置任务，督促学习，有针对性地区别辅导。课后，再次通过微课资源网站，汇总讨论问题，上传新课任务。

学生在课前通过微课资源网站与教师腾讯微博邮件等方式，自主学习教师布置的新课任务，收集学习各类课程相关资源，并将自己认为较好的资源上传至微课网站，提交教师审核。同时整理学习疑问，在课堂上集中与教师和同学讨论，课后再通过微课资源网站发帖或向教师发邮件解决遗留问题，接收教师新课内容，开始下一单元的学习。

四、高校微课教学实践活动的应用

（一）微课在教学实践活动中应用的原则

微课是借助先进的信息技术和网络平台实现的，其积极作用不能低估。它表现在优质资源共享和自学的灵活性上。

1. 吸引原则

教师所开发的微课要能对消费者——学生形成一定的吸引力。要想让微课成为资源建设的一支生力军，作为微课开发者，一定要站在学生的角度来下功夫。这方面可以从微课的易学性和趣味性上做文章，所开发的微课应该使消费者流连忘返，教师要放下开发者的骄傲姿态，使得开发的微课符合学生的认知特点。只有消费者不停地反复点击观看，才能发挥出这种学习资源的效力，使学习者满载而归。

2. 效用原则

教师开发的微课要在保证微小的前提下，使学生觉得这些微小的学习资源有用。微课开发者不要在一些没有教育或者学习价值，但是做起来表面漂亮的资源上做文章，这是一切微课都要参照的原则。

3. 灵活原则

微课被引入课程教学的过程中，可以是在课前、课中或者课后等节点灵活应用。在课前，学生个体自主学习微课，预先了解授课内容，便于师生在课堂上探讨问题，直至学习者掌握该知识点或技能。在课中应用微课，教师将微课当作纯粹的教学资源。在教学需要时，集中播放给学生观看，帮助学生更加形象和直观地理解重难点知识。在课后应用微课，为学生提供可以反复学习的课程视频，保证每一个学生都能掌握课堂知识。这种方式能够帮助学生自主补习，反复学习，直到学会为止。

4. 反馈原则

微课开发、应用与交流共享之后，需要对微课程进行多元评价和微课程的教学与应用评价，为接下来微课程内容的设计与开发提供指导和参考意见。教育评价、多元评价等多种评价方法都可以用于微课程的评价，及时的评价与教学反思可以促进优秀微课的开发与共享。

（二）微课教学实践活动的标准

1. 微课应符合课程教学大纲要求

微课内容要与教学内容匹配，反映教学重点、难点或关键知识点。微课要有一定的思想性、启发性和引导性，具有很好的辅助教学效果。微课要表述准确，无科学性、知识性、文字性错误。微课的教学目标不能超过教学大纲的要求，不能包括过多的教学内容，要符合课程要求及专业教学标准，符合学生认知能力和水平。微课整体设计要新颖且有创意，具有较大的推广价值。

2. 微课应符合学习者的学习心理

微课应减少学生的学习时间，提高学生的学习信心和兴趣，创造良好的学习情境。微课的内容要难易适中，深入浅出，适于相应认知水平的学生。有利于激发学生学习热情，有利于学习理解，注重能力培养，注重学生的素质教育。微课应注重教学互动，能起到启发学生思考、激发学生主动学习的效果。

3. 微课应表现教师的教学艺术和教学风格

教师教学语言规范、清晰、准确、简明。教师仪表得当，严守职业规范，能展现良好的教学风貌和个人魅力。微课教学应有创意，能充分表现教师的教学技能。

4. 微课应提供完整的教学资源

除了微课本身要有主题明确的微课程名称、片头、内容、片尾、字幕等完整的媒体文件外，微课的开发者应提供教学设计、教学课件、学生作业等其他教学资源。

5. 微课教学实践对多媒体的要求

（1）视频技术要求

微课一般采用流媒体格式。微课码流在 128kbps—2Mbps、帧速 ≥25fps，电脑屏幕颜色设置为 16 位。微课启动时间要短，片头设计一目了然，进入主题快捷。微课应插入一定的字幕，一是解决教师语言表达和视频表达的难点问题；二是用文字加强对学生知识的记忆。微课进程节奏要快，片头和片尾要简短，主题部分要丰满，镜头切换和"蒙太奇"手法运用合理。视频素材不应有抖动或镜头焦距不准的情况，镜头推拉要稳定，要保证主体的亮度。背景音乐和解说要清晰，解说要用普通话，音量和混响时间适当，音乐体裁与内容要协调。微课播放时要稳定性好、容错性好、安全性好、无意外中断、无链接错误。要使其操作方便、灵活，交互性强，人机界面简洁。

（2）动画技术要求

除与视频技术要求相似外，动画中的配色方案要协调，颜色不夸张，不暗淡。用二维空间表现的立体层次分明，进场和出场前后顺序不能颠倒，动画运动速度合理，视觉不应产生错觉。动画中的字幕规范，字号不宜过大或过小，字体运用合理，字幕不宜过多，以防干扰学生的注意力。动画所演示的概念、原理、结构及其他信息不应使学生理解错误或误会。动画设计应有必要的交互和链接，播放时尽量不用特殊的插件。

（3）课件技术要求

课件中文字大小应符合人体工程学的要求，文字配色要与课件配色方案相符合，每个幻灯片中的文字不宜过多，只能用提纲式的文字，不能用过多的文字来代替教学内容。图形或图像应采用 jpg、gif、png 等常用格式，彩色图像的颜色数不少于 256 色，对色彩要求较高的图像建议使用全真彩，灰度图像的灰度级不低于 128 级，合理使用照片和剪贴画，照片不宜占满屏幕。课件应尽可能利用图片、图表、表格、流程图、双向表、插画等。课件中动画效果不宜过多、过杂，避免转移学生的注意力。

（4）艺术性标准

微课界面布局要合理、新颖、活泼、有创意、整体风格统一、色彩搭配协调、效果好，符合视觉心理。在构图上要合理组织画面，合理分割画面，主体元素突出。在色彩设计上要处理好对比与协调、变化与统一的关系。颜色不宜过多、过杂，在统一的色调中寻求变化。文字要简明扼要，纲要突出，字体、字号和字形要与微课协调，不使用繁体字或变形字。视频拍摄的角度、视距和镜头推拉要合理，主体、光照条件和背景亮度要协调好。解说、背景音乐和音响效果要搭配好，并与视频或动画主体的时间合拍，不得相互干扰。

（三）微课应用的范围

1. 适于教师在备课时借鉴学习

通过"微课"可以募集到许多优秀教师的讲课课件，这些优秀教师对课程标准的理解、对教材的分析、对课堂教学的设计是难得的课程资源。如果教师在备课时能学习、借鉴这些优秀资源，一方面会提高个人的专业素养；另一方面可以直接借鉴学习，提高自己的教学水平。因为微视频不同于过去网上的课堂实录和优秀教案，它是以 PPT 课件的形式配以教师的讲解，对教师的备课能起到直接的启迪借鉴作用。

2. 适于学生的课后复习

根据德国心理学家艾宾浩斯的遗忘规律，学生在课堂上学得再扎实，过后不复习也会遗忘。学生在复习时如果能够观看老师的微视频，会加深自己对教材的理解，会重现老师讲课的情景，激活记忆的细胞，提高复习的效果。所以，老师在课后可以把自己的微视频放到网络上，供学生复习时参考。

3. 适于缺课学生的补课和异地学习

有些学生因病因事缺课，过后找老师补课，一是老师不可能有时间及时给学生补课；二是老师补课时也不会完全像在课堂上讲课那么具体。有了微视频，学生即使在外地，也可以通过网络下载老师的微课自学，及时补上所缺的课程，使"固定学习"变为"移动学习"。现在笔记本电脑、平板电脑、智能手机比较普遍，携带方便，这些设备都能实现这种移动学习。

4. 适于假期学生的自学

学生每年的寒暑假时间都比较长，除了参加一些必要的社会实践活动外，有些学生会预习和复习课堂学习的内容。如果老师能够根据学生的需要事先录制一些"微课"帮助学生预习或复习，也能够提高学生的自学效果。当然，用于预习的视频要区别于教师讲课的视频。

（四）微课教学实践活动的策略

微课作为一个新事物，需要综合考虑学科特点、知识类型、学习者特征等影响因素，其在教学实践中的效果也需进一步探索。

1. 微课教学应突破传统教学

微课教学不必遵循传统教学线性的设计过程，它可以是一个动态的、网状的、循序渐进的、形散而神不散的教与学的过程。一个完美的教学过程应体现出控制性和释放性的统一。因此，微课应突破传统教学，做到教师教学与学生学习"学教并重"的统一步调，"以教师为主导，学生为主体"的"双主结合"，从而实现学生、教师、微课和技术四个实体要素动态交互的过程。

2. 微课教学应打破等同于微视频教学的思想偏见

有很多教育工作者片面地认为，微课等同于包含某个知识点或者教学环节的微视频。其实不然，微课不仅包含微视频，也包括音频及多媒体文件的形式，同时还包含与教学主题相关的教学设计、素材课件、教学反思、练习测试及学生反馈、教学点评等教学支持资源。微课在教学实践中，应注重的是利用信息技术手段与某个知识点或教学环节进行深度融合，而不是拘泥于信息技术媒介的外在表现形式。

3. 微课教学应注重时间与空间的连续与统一

微课为符合学习者的视觉驻留规律及其认知特点，将教学内容以片段化的方式呈现，虽有助于学习者的深度学习，但碎片化的知识给课堂内容的统一、系统化整合带来了巨大的挑战。因此，微课的设计并不是对课堂教学内容进行切割，而是对课程中所出现的重点、疑点、难点进行精心的信息化教学设计，确定好时间单元；在保持知识相对独立性的同时，又与实际教学内容的整体性相联系。此外，学习者应有效地使用教学支持工具，充分利用零散时间开展移动学习，做到课内正式学习与课外非正式学习的统一与连续。

4. 微课教学应实证应用于具体的教学情境

微课教学是否科学，应用效果如何，不是通过简单理论归因、专家评判就能得出的，而是需要将其应用到具体的教学情境中，对教与学的环境、条件、因素等各方面开展实证研究，才能更加科学、客观地设计、开发以及实施微课，从而提高学习者的学习效果。因此，微课教学应用要注意以下三个方面。

（1）要与常规课程相结合

微课是对重点、难点或某个知识的解释，是常规课程的有益补充，使用时必须与课程相结合。

（2）要与课程特色相结合

微课表现的内容必须体现课程的特色，用微课作为课程的名片。

（3）要与学生的学习兴趣相结合

将学生感兴趣、关注的知识内容用微课展示出来，这样才能吸引学生，获得好的学习效果。

在微课教学过程中，教师必须学习先进的教育理念，提升学科专业水平，强调以生为本的思想，掌握信息技术的手段。因此，针对微课教学，应注意以下的要求。

第一，把握课程知识。微课的制作常常需要教师打破原有的知识结构和教学体系，重组教学内容，因此需要教师将教学内容烂熟于心，能够信手拈来，有高度的知识驾驭能力。

第二，谙熟教学技巧。怎样在很短的时间内将知识讲解清楚，这需要教师有非常娴熟的教学技巧，能够熟练运用各种教学工具与方法，掌握教学过程中的每一个环节。

第三，变革教学模式。在教学实践中使用微课，需要变革原有的教学模式，比如采取翻转课堂等方式，这样才能充分发挥微课的作用。因此，教师要有变革教学的勇气，敢于开展教学改革。

第四，了解学生需求。微课是以学生为主体体现学生的学习需求。因此，教师需要换位思考，充分理解和思考学生在学习过程中的各种问题与需要。

第五，追求教书育人。教师是园丁，不仅传播知识，还要教书育人。微课可以将点滴的教育思想和为人处世的原则潜移默化地传播给学生，起到传统课堂说教达不到的效果。因此，教师在利用微课传递知识的同时，要尽量融入育人和文化内涵。

参考文献

[1] 陈立君. 班级管理中美育的渗透 [J]. 西部素质教育，2019，5（24）：84.

[2] 陈琴. 新时代大学教育管理工作发展探寻 [J]. 山西青年，2023（6）：166-168.

[3] 陈庆渊，张雄. 基于创新教育理念的高校教育管理价值意蕴和实践路径 [J]. 科教导刊，2023（15）：1-3.

[4] 陈悦，岳芸竹. 高职院校科研的发展脉络、价值内涵与实施路径 [J]. 教育与职业，2022（20）：96-101.

[5] 笪笑，王晔. "互联网＋"背景下高校教学运行管理的现状及对策研究 [J]. 大学，2022（1）：50.

[6] 丁银军. 大数据时代职业教育多元评价体系在教学管理中的应用研究 [J]. 中国成人教育，2019（9）：23.

[7] 董珏. 大数据时代下高校教育管理工作优化措施研究 [J]. 才智，2023（20）：139-142.

[8] 方凌雁，滕春友. 以教研转型助力学校教学管理变革 [J]. 上海教育科研，2023（3）：25-30.

[9] 郭芹，方来，高春艳. 现代教学管理与校园建设研究 [M]. 长春：吉林人民出版社，2020.

[10] 韩帅. 新媒体技术在高职学生管理中的应用 [J]. 中国报业，2023（6）：110-111.

[11] 呼海涛，孙翠，刘宾，段涛. 高等院校创新内部教学质量保障体系建设的研究 [J]. 中国中医药现代远程教育，2023，21（13）：175.

[12] 胡蓉，王楚薇，李龙静. 论教学目标的审美转化 [J]. 教学与管理，2023（21）：1.

[13] 胡新岗，黄银云，沈璐等. 高职院校教学数字化转型：价值意蕴、实施逻辑和推进路径 [J]. 中国职业技术教育，2023（8）：83-89.

[14] 郎富平，陈璐. 我国高职院校教师教学创新团队研究热点与前景展望 [J]. 教育与职业，2022（15）：79-84.

[15] 李明升. 新形势下高校大学生教育管理实效性的提升 [J]. 创新创业理论研究与实践，2023，6（5）：79-81.

[16] 李枭鹰，何文栋. 论大学教学管理之制度依赖的内在逻辑 [J]. 现代教育管理，2021（3）：101-107.

[17] 李旭，侯怀银. 教育管理学的学科体系、学术体系和话语体系建设 [J]. 教育学报，2022，18（4）：59-70.

[18] 马子涵. 强化职业教学管理的思考 [J]. 山西青年，2022（19）：169.

[19] 孙静巍. 高职高专教育教学管理的特征分析 [J]. 现代交际，2019（11）：147.

[20] 孙园，曾青生. 高职院校高层次人才队伍建设存在的问题与治理对策 [J]. 教育与职业，2022，1022（22）：68-72.

[21] 王玉龙. 数字化时代高职院校教材建设的逻辑、特征与策略 [J]. 职教论坛，2022（8）：41-47.

[22] 吴璐夙，李秀红. 新媒体在高校教育管理中的融合运用探寻 [J]. 中国成人教育，2021（19）：28-31.

[23] 邢月丽，王燕军. 高职院校分层教学管理困境与出路 [J]. 中国成人教育，2021（24）：13-16.

[24] 徐国荣. 基于教师创新能力培养的高校教育管理探讨 [J]. 课程教育研究，2019（12）：175.

[25] 徐良，王玲. 应用型院校学生完全学分制教育教学管理探索 [J]. 中国成人教育，2022（5）：20-23.

[26] 延鸿潇. 基于当代教育理念的高校学生教育管理路径研究 [J].2023（5）：119-122.

[27] 燕晓彬. 大数据时代高校双创教育管理工作探索 [J]. 继续教育研究，2021（8）：92-95.

[28] 张俊华，李国栋. 高校环境科学专业教师职业素养提升与科研创新能力培养 [J]. 高教学刊，2022，8（19）：154.

[29] 郑海生. 校本研修助力教师专业发展 [J]. 教育艺术，2023（7）：31.